体育旅游发展

（原著第三版）

SPORT TOURISM DEVELOPMENT
（Third Edition）

〔新西〕J. 海厄姆
〔加〕T. 欣奇　　著

李　海　杨　鹏　主译

科学出版社
北京

图字:01-2021-6188 号

内 容 简 介

　　本书探讨了体育旅游及其在空间和时间上的表现形式,阐明了体育的特性,解释了其对旅游业的独特贡献,并将旅游发展概念和主题应用于体育旅游的研究中。在本书中,有三个关键问题构成了我们对体育旅游发展的讨论:是什么让体育成为独特的旅游吸引物或活动、体育旅游在空间上是如何表现的、这些表现是如何随时间变化的。这些问题的答案贯穿在全书的五个部分中。

　　本书适合从事旅游学、人文地理学、体育地理学、体育社会学、体育管理学、体育营销学和体育史研究的人员进行阅读,也是体育管理、旅游和/或活动管理等专业学生的宝贵教学资料。

图书在版编目(CIP)数据

体育旅游发展:原著第三版 /(新西兰)J. 海厄姆等著;李海,杨鹏主译. —北京:科学出版社,2023.5
书名原文:Sport Tourism Development (Third Edition)
　ISBN 978-7-03-073797-7

　Ⅰ. ①体… Ⅱ. ①J… ②李… Ⅲ. ①体育—旅游业发展—研究 Ⅳ. ①F590.75

中国版本图书馆 CIP 数据核字(2022)第 220562 号

责任编辑:张佳仪 / 责任校对:谭宏宇
责任印制:黄晓鸣 / 封面设计:殷 靓

科学出版社 出版
北京东黄城根北街 16 号
邮政编码:100717
http://www.sciencep.com
南京文脉图文设计制作有限公司排版
广东虎彩云印刷有限公司印刷
科学出版社发行　各地新华书店经销

＊

2023 年 5 月第　一　版　开本:B5(720×1000)
2024 年 9 月第四次印刷　印张:16 1/4
字数:289 000
定价:140.00 元
(如有印装质量问题,我社负责调换)

《体育旅游发展(原著第三版)》

译者名单

主 译

李 海 杨 鹏

译 者
（按姓氏笔画排序）

可雯心　卢永波　成　莎　姜嵘嵘

译者序

体育旅游是旅游产业和体育产业深度融合的新兴产业形态，作为产业融合发展的产物，体育旅游对于旅游产业和体育产业的转型升级都有着非常重要的意义。当前全球仍在经受新冠疫情的考验，体育旅游面临着复苏的新挑战。在我国已全面建成小康社会、成功举办北京冬奥会等一系列条件的刺激下，中国体育旅游市场正在以 30%～40% 的速度快速增长，远远高于全球体育旅游市场的平均增速。基于新经济、新基建、新客群和新需求，高速发展之下的中国体育旅游需要借鉴国际成功经验，体育旅游人才培养需要更全面的理论指导。但是与体育管理、旅游、娱乐、休闲和赛事管理等相关领域相比，体育旅游仍然是一个新兴领域，该领域的优质教科书在我国仍相当稀缺。因此，我们组织翻译《体育旅游发展（原著第三版）》，正是为了满足这种需求，填补相关领域在研究、实践和教学中国际前沿文献资料的缺失和不足。

原著自 2004 年第一版出版以来，随着体育旅游研究和实践的发展，至今已经更新到第三版。原著为"旅游面面观"（*Aspects of Tourism*）系列丛书中的一册，欲了解此系列所有图书信息的读者可以扫描书后二维码。原著的贡献者来自美国、加拿大、英国、比利时、奥地利、日本、澳大利亚、新西兰和南非，具有广泛的代表性。两位作者分别是来自新西兰奥塔哥大学的詹姆斯·海厄姆教授和加拿大阿尔伯塔大学的汤姆·欣奇教授，同时他们也是日本和歌山大学的杰出教授。他们提出撰写本书的目的是推进对体育旅游发展主题的理论思考和对当地和全球力量在体育旅游发展中相互作用的批判性思考。为了实现这一目标，他们从体育管理学、体育社会学、消费者行为学、体育营销学、经济学、城市学和体育地理学，以及旅游学等领域对复杂的体育旅游现象进行了连贯的整合和分析，为读者提供了该领域的全面概述，也为读者提供了由空间、地方和环境的地理概念构成的体育旅游的多学科研究视角。

本书第 1 部分为引言（第 1 章），该部分介绍了本书的目的和章节安排。它描述了体育旅游的发展历程，并提出若干论题，旨在阐明这些论题之间相关性，同时回应读者对该论题的假设。第 2 部分为体育旅游发展基础（第 2～

4 章)。这一部分旨在为读者提供体育旅游、体育旅游市场和发展过程以及与体育旅游相关问题研究的基础知识。鉴于近年来体育产业和旅游产业的研究取得了很大进展,第 2～4 章内容回顾了当前关于体育旅游的研究现状和主要问题,并为后续进一步讨论奠定了基础。第 3 部分为体育旅游发展与空间(第 5～7 章),重点关注了体育旅游发展的空间要素。这些章节研究了体育旅游发展与空间、地方和环境的关系,每一个主题都代表了体育和旅游地理学发展的一个重要方面。第 4 部分为体育旅游发展与时间(第 8～10 章),主要考察了体育旅游发展与时间的关系,该部分内容为我们提供了一个以短期、中期和长期为时间线建构的分析框架,分别用于分析即时的体育旅游体验、体育旅游与季节性问题以及体育产业和旅游产业在长期演变下的动态变化。第 5 部分为结论(第 11 章),是全书的结尾部分,在回顾和总结前述体育旅游的基础上,作者提出了对该领域未来趋势的展望。

相较于前面两个版本,本书讨论了该领域的新的发展实践,提供了来自全球研究者贡献的新案例和当前研究中新的焦点话题。通过更新实践案例,突出并扩展了体育旅游研究中的基础概念和理论总结等关键问题。这些新的案例来自联合国世界旅游组织关于体育旅游的全球报告、体育与旅游杂志的前沿研究以及体育旅游学术项目的新发展。新的话题包括体育旅游可持续发展与气候变化、体育场馆建设、大型赛事和电子竞技发展等热门领域。此外,还包括了"户外冰球的怀旧""冲浪运动从夏威夷消遣到奥林匹克运动的演变"以及"印度尼西亚和比利时的自行车赛事研究"等广泛的体育研究项目。全书系统回答了如"什么是体育旅游发展?""体育旅游发生在哪里?""什么是可持续体育旅游?""人们如何以及何时体验体育旅游?""体育旅游研究现状如何?""体育旅游领域将走向何方?"同时,在全球和地方层面解决围绕体育旅游的最新问题。

本书的翻译工作由笔者统筹,汇集了上海体育旅游研究团队的集体智慧,其中姜嵘嵘负责第 1 部分和第 5 部分(第 1 章和第 11 章),可雯心负责第 2 部分(2～4 章),成莎负责第 3 部分(5～7 章),卢永波负责第 4 部分(8～10 章)的初稿翻译工作,杨鹏负责全书文稿的汇总、整理和校对等工作,全书翻译过程中还得到其他学者和文字工作者的关心和帮助。最后,我们期待有更多的人通过本书关注体育旅游研究和教学,也期待本书能够为那些寻求对体育旅游研究进行全面而发人深省的讨论的人,提供参考和帮助。

李 海

2022 年 6 月

案例研究和主要贡献者

迈克·博伊斯(**Mike Boyes**):奥塔哥大学体育、教育和运动科学学院,新西兰达尼丁。电子邮箱:mike.boyes@otago.ac.nz。

英奇·德罗姆(**Inge Derom**):布鲁塞尔自由大学体育管理与政策研究组,比利时布鲁塞尔。电子邮箱:inge.derom@vub.be。

亚当·多林(**Adam Doering**):和歌山大学旅游学部旅游研究中心,日本和歌山。电子邮箱:adoering@center.wakayama-u.ac.jp。

黛比·霍普金斯(**Debbie Hopkins**):牛津大学地理与环境学院,英国牛津。电子邮箱:debbie.hopkins@ouce.ox.ac.uk。

伊藤英二(**Eiji Ito**):和歌山大学旅游学部,日本和歌山。电子邮箱:eijito@center.wakayama-u.ac.jp。

丹尼尔·埃文斯(**Daniel Evans**):约克大学地理系,加拿大多伦多。电子邮箱:devans05@yorku.ca。

斯嘉丽·哈根(**Scarlett Hagen**):奥塔哥大学体育、教育和运动科学学院,新西兰达尼丁。电子邮箱:scarlett.hagen@otago.ac.nz。

米莉森特·肯内利(**Millicent Kennelly**):格里菲斯大学旅游、体育和酒店管理系,澳大利亚内森总校区。电子邮箱:m.kennelly@griffith.edu.au。

布伦登·诺特(**Brendon Knott**):开普半岛科技大学体育管理系,南非开普敦。电子邮箱:brendonknott@gmail.com。

科里·库尔茨基(**Cory Kulczycki**):里贾纳大学运动学与健康研究学院,加拿大萨斯喀彻温省。电子邮箱:Cory.Kulczycki@uregina.ca。

马修·拉蒙特(**Matthew Lamont**):南十字星大学商业旅游学院,澳大利亚利斯莫尔。电子邮箱：matthew.lamont@scu.edu.au。

布伦特·莫伊尔（Brent Moyle）：格里菲斯大学格里菲斯旅游研究所，澳大利亚内森总校区。电子邮箱：b.moyle@grifith.edu.au。

格伦·诺克利夫（Glen Norcliff）：约克大学地理系，加拿大多伦多。电子邮箱：gnorcliff@york.ca。

格雷戈里·拉姆肖（Gregory Ramshaw）：克莱姆森大学公园、休闲与旅游管理专业，美国南卡罗来纳州克莱姆森。电子邮箱：gramsha@clemson.edu。

艾丽安·C.里斯（Arianne C. Reis）：西悉尼大学科学与健康学院，澳大利亚彭里斯及南十字星大学商业旅游学院兼职研究员，澳大利亚利斯莫尔。电子邮箱：A.Reis@westernsydney.edu.au。

米歇尔·拉蒂（Michelle Rutty）：密歇根州立大学社区可持续发展部，美国密歇根州兰辛。电子邮箱：mrutty@anr.msu.edu。

理查德·希普韦（Richard Shipway）：伯恩茅斯大学体育运动系，英国普尔。电子邮箱：RShipway@bournemouth.ac.uk。

罗伯特·斯蒂格尔（Robert Steiger）：因斯布鲁克大学公共财政系，奥地利因斯布鲁克。电子邮箱：Robert.Steiger@uibk.ac.at。

鸣 谢

第三版和之前的两版一样，是在众多朋友和同事的鼓励、贡献和支持下才得以完成的。我们要感谢莎拉·威廉姆斯（Sarah Williams）、埃莉诺·罗伯逊（Elinor Robertson）和出版社（Channel View Publications）的芙洛·麦克莱兰（Flo McClelland）以及"旅游面面观"系列丛书的编辑克里斯·库珀（Chris Cooper，利兹贝克特大学）、迈克尔·霍尔（Michael Hall，坎特伯雷大学）和达伦·蒂莫西（Dallen Timothy，亚利桑那州立大学）的支持。这一版的规划和撰写工作主要是在 2017 年 2 月（达尼丁，新西兰）和 2017 年 6 月（埃德蒙顿，加拿大）的学术休假期间完成的，为此我们还要感谢新西兰奥塔哥大学和加拿大阿尔伯塔大学的支持；另外詹姆斯还强调要感谢斯塔万格大学（挪威）访问教授职位和昆士兰大学（澳大利亚）吉姆·怀特（Jim Whyte）奖学金的支持，以及汤姆（Tom）在日本和歌山大学作为杰出访问教授得到的支持。

我们要感谢以下为本书提供案例研究的专家学者：来自伯恩茅斯大学的理查德·希普韦（Richard Shipway）、和歌山大学的伊藤英二（Eiji Ito）、开普半岛科技大学的布伦登·诺特（Brendon Knott）、西悉尼大学的艾丽安·C.里斯（Arianne C. Reis）、约克大学的丹尼尔·埃文斯（Daniel Evans）、牛津大学的黛比·霍普金斯（Debbie Hopkins）、格里菲斯大学的布伦特·莫伊尔（Brent Moyle）、因斯布鲁克大学的罗伯特·斯蒂格尔（Robert Steiger）以及和歌山大学的亚当·多林（Adam Doering）。除此之外，我们要感谢提供了本书重要学术观点的下列人员：来自里贾纳大学的科里·库尔茨基（Cory Kulczycki）、克莱姆森大学的格雷戈里·拉姆肖（Gregory Ramshaw）、布鲁塞尔自由大学的英奇·德罗姆（Inge Derom）、格里菲斯大学的米莉森特·肯内利（Millicent Kennelly）、南十字星大学的马修·拉蒙特（Matthew Lamont）、约克大学的格伦·诺克利夫（Glen Norcliff）、密歇根州立大学的米歇尔·拉蒂（Michelle Rutty），以及奥塔哥大学的斯嘉丽·哈根（Scarlett Hagen）和迈克·博伊斯（Mike Boyes），他们的批判性见解启发了我们在体育旅游领域的工作，并以理论和实证讨论推动了我们在本版中的话题研讨。此外，我们还要感谢奥塔哥大学的萨拜因·帕里（Sabine Parry）和阿尔伯塔大学的艾苏鲁·阿卜迪卡迪罗夫（Aisulu Abdykadyrova），以及奥塔哥大学旅游系和阿尔伯塔大学体育、运动和休闲学院的所有同仁。

最后，来自我们的家人——琳达（Linda）、亚历山德拉（Alexandra）、凯特（Kate）和乔治（George），以及洛兰（Lorraine）、林赛（Lindsay）和吉莉安（Gillian）的支持对于第三版的完成也至关重要。

詹姆斯·海厄姆（James Higham）

汤姆·欣奇（Tom Hinch）

目　录

图　表

第 1 部分

引　言

第1章

变革时代的体育旅游

> 在大众参与方面以及在某些实践方面,(体育和旅游)是密不可分的……而且有充分的理由要加强他们之间的联系。
>
> Glyptis, 1989

【引言】

公元前 336 年 6 月,马其顿国王腓力二世(Philip Ⅱ,公元前 382～公元前 336 年)在为他的女儿克利奥帕特拉(Cleopatra)与伊庇鲁斯国王亚历山大(Alexander)的婚礼做准备。根据格林(Green,1992)的说法,为了让希腊人重新认识到腓力二世是一个"文明和慷慨的政治家",而不是一个军事暴君和独裁者,他把婚礼办成了一个奢华和浮夸的宣传秀。腓力二世召集了马其顿贵族,邀请了希腊的尊贵客人。他不惜重金举办宴会,用音乐表演和对神灵的奢侈祭祀来款待他的到访者(Green,1992)。尽管最终该庆祝活动因菲利普遭暴力暗杀而草草收场,但在本书的背景之下,我们依旧注意到庆祝活动中展示的游戏和体育竞技是菲利普计划中的重要元素。

两年后,即公元前 334 年,腓力二世的继任者——他的儿子亚历山大大帝(公元前 365～公元前 323 年)于埃迦伊或第乌姆举办了一场以纪念宙斯和缪斯女神为目的、为期九天的"奥林匹亚运动会"(以下简称"奥运会")(Green,1992)。他的意图是以奥林匹斯山为背景,通过在巨大的帐篷中举行盛大宴会来消除马其顿财政崩溃的谣言,并以即将到来的与波斯的战役来打动他的高级官员们和希腊城邦大使,赢得他们的青睐。但最重要的是,亚历山大试图通过举办"奥运会"来给所有旁观者留下他(自己)作为希腊主义金色半神的形象,以及超越凡人的印象。显然,对于体育竞赛活动,无论皇室成员、政治家、大使或达官贵人,都在寻求与其建立某种形式的联系,这在历史上是长期存在的(Green,1992;Keller,2001)。

体育运动,特别是可追溯到类似古代奥运会的大型体育赛事,长期以来一直影响着旅游活动(Keller,2001)。然而,迄今为止,在体育的定义里很少能找到充分表达其多样性和动态性的描述,也缺乏其随时间变化在不同社会中的功能表达。虽然体育与文明一样历史悠久(Coakley,2017),而且体育运动最典型的特性已经得到了很好的确立,但很少有体育运动的定义能够反映出体育运动在社会中不断变化的定位。正如 Andrews(2006)所认为的,"尽管以身体为基础的竞争活动几乎是所有人类文明的一个共同特征,但将体育看作一个固定不变的类别的流行神话不过是一种普遍存在的、令人信服的假说"。相反,Andrews(2006)建议采用解释性方法来理解体育,即对体育和体育体验的研究应牢牢扎根于对社会历史背景的理解的基础之上。因此,体育是其历史和社会环境的一种反映。这一观点源于 Bale(1989)通俗但有用的概念,即体育是由当地报纸中体育版面的日常内容定义的。任何一份日报的内容都是对其历史和社会背景的反映。别的不说,相对于它们的时间和地点而言,只要对当地报纸体育版面进行审视就可以发现体育巨大的多样性(Higham et al.,2009),尽管报纸为当地"发声"的功能已被在线新闻推送、博客和社交媒体的发展所淡化,但这些媒体在空间上还是受限制的。

自 1896 年以来,Alexander 利用"奥运会"来展示对个人的虔诚,这在现代奥运会上引发了许多政治和商业上的类似行为。同样显而易见的是,体育旅游的规模、复杂性和潜力,以及因此而发展起来的体育和旅游产业不断扩大的相互利益,都需要学术界的高度关注(World Tourism Organisation,2016)。本书是关于体育旅游及其在空间和时间上的表现形式,它阐明了体育的特性,解释了其对旅游业的独特贡献。然后,它将旅游发展概念和主题应用于体育旅游的研究中。在本书中,有三个关键问题构成了我们对体育旅游发展的讨论:是什么让体育成为独特的旅游吸引物或活动? 体育旅游在空间上是如何表现的? 这些表现如何随时间变化的?

本书分为 5 部分。第 1 部分介绍了本书的目的和结构。它描述了体育旅游的发展和增长,然后提出了一些问题,旨在阐明这些问题的相关性,同时回应读者对该问题的可能假设。第 2 部分是体育旅游发展基础,包括第 2～4章。这一部分旨在向读者介绍体育旅游研究、体育旅游市场和体育旅游发展过程和问题,以及与体育旅游相关问题研究的基础知识。鉴于近年来体育和旅游业的研究取得了很大进展(Fyall et al.,2009;Gammon,2015;Gammon et al.,2013;Gibson,2005;Hallmann et al.,2015;Higham et al.,2009;Lamont,2014;Preuss,2015;Taks et al.,2015;Taks,2013;Weed et al.,

2014；Weed et al.，2012；Weed，2007)，第 2～4 章回顾了当前关于体育旅游的一些研究现状和主要观点，并为后续进一步讨论奠定了基础。

第 3 部分为体育旅游发展与空间(第 5～7 章)，重点关注了体育旅游发展的空间要素。这些章节研究了体育旅游发展与空间、地方和环境的关系。每一个主题都代表了体育旅游发展地理的一个重要方面。第 4 部分为体育旅游发展与时间(第 8～10 章)，主要考察了体育旅游发展与时间的关系，该部分内容为我们提供了一个用短期、中期和长期的时间范围建构的分析框架，用于我们直接考虑即时的体育旅游体验，体育旅游与季节性，以及体育和旅游业在长期演变框架内的动态相互关系。第 5 部分为结论(第 11 章)，以前面的讨论为基础总结了体育和旅游及体育旅游研究的未来。全书的结构提供了一个框架，这个框架提出了与体育旅游在空间和时间上的发展相关的问题并通过相关理论的应用来解决这些问题。

变革时代的体育旅游

近年来，由德国(2006 年)、南非(2010 年)和巴西(2014 年)主办的足球世界杯称得上是世界上真正意义的大型体育赛事之一。这既是一个为期一个月的足球技能展示场合，也是一个锻造集体身份和表达民族主义的舞台(Giulianotti，1996，1995a，1995b)。而这个舞台上的"演员"事实上由球员和国家队、政治家、公民领袖、跨国公司、媒体公司、观众和游客共同组成(Cornelissen，2010)。足球世界杯和奥运会等赛事代表着高水平竞技体育的巅峰。然而，它们依托于一个日益增长的多样化参与体育和娱乐活动的上层建筑，并作为不断发展的全球旅游业的一部分。曾经与运动相关的国际旅游被精英运动员所占据，即代表他们的国家参加国际比赛。随着发达社会个人流动性的扩大，与体育相关的旅行已经扩展到所有空间尺度，包括竞技体育和大众体育、休闲娱乐和深度参与、主动参与和被动参与等不同维度(Higham et al.，2009)。因此，足球世界杯和普遍的大型体育赛事，均被视为与体育相关旅游的多种形式之一。

民主化，即通过开放以使人们获得以前受限制机会的过程，同样适用于描述近几十年来体育和旅游业发展的过程(Standeen et al.，1999)。某些体育的参与仍然是由社会阶层等因素决定的："无论文化或历史时期如何，人们都通过体育来区分自己，并反映他们的地位和声望"(Booth et al.，1999)。体育领域存在后阶级平等主义的消费文化，这与地位相近的群体通常共享生活方式和消费模式这一事实相吻合(Booth et al.，1999)。体育和旅游中的社会人口地位、生活方式和消费模式之间存在的联系，提高了其在实践中确定体育旅游市场的价值和效用。

也就是说，全球化（Bernstein，2000；Milne et al.，2004；Thibault，2009）和民主化（Standeven et al.，1999）的力量对体育消费和体育旅游的发展进程产生了重大影响（第4章）。因此，体育旅游的当代发展处于当代体育参与和体育与旅游发展多种趋势的交汇点上（表1.1）。

表1.1　当代体育参与和体育与旅游的发展趋势

领域	发展趋势
体育参考	（1）参与体育的人口结构不断扩大（Glyptis，1989） （2）20世纪70年代以来，西方社会对健康和健身的兴趣日益浓厚（Collins，1991） （3）20世纪80年代以来，人们在度假期间积极参与娱乐活动的需求不断增加（Priestley，1995；Standeven et al.，1999） （4）力量型和表演型体育的职业化发展（Coakley，2017） （5）参与性和休闲性体育的快速增长（Coakley，2017） （6）对形成个人和集体认同感的运动生活方式的参与兴趣提高（Gilchrist et al.，2011；Wheaton，2004） （7）将体育竞赛表演的参与范围扩大到精英职业运动员之外，现在包括半职业运动员和作为深度休闲形式参与的业余运动员（Kennelly et al.，2013；Lamont et al.，2014） （8）与各种体育活动相关的空间流动性扩大（Higham et al.，2009）
体育与旅游发展	（1）认可特定体育项目与独特旅游目的地之间的关联性（Hinch et al.，2004） （2）对与体育赛事相关的旅游流的深刻见解（Kennelly et al.，2013；Lamont et al.，2014） （3）体育在城市更新和目的地发展（Mason et al.，2008）中的作用（Gratton et al.，2005） （4）体育对目的地形象、旅游意向（Chalip et al.，2003；Kaplanidou et al.，2007）和目的地选择（Humphreys，2011）的潜在贡献 （5）体育通过品牌作用（Chalip et al.，2005）、杠杆作用（O'Brien et al.，2007）和捆绑作用（Chalip et al.，2004）提供目的地营销协同效应的潜力（Harrison-Hill et al.，2005）

这些进程是由新自由主义经济和全球政治力量（Collins，1991；Cooper et al.，1993；Gibson，1998a；Nauright，1996）以及不断变化的社会态度和价值观（Jackson et al.，2001；Redmond，1991）推动的。它们还受到技术进步的推动，例如，影响了"社会体育化"的卫星电视广播和互联网直播流媒体（Halberstam，1999；Standeven et al.，1999），以及对个人和集体身份的（重

新)形成产生根本性影响的全球化力量(Higham et al.,2009)。不过,2016 年的政治事件,包括英国"脱欧"公投(2016 年 6 月 23 日)和美国总统大选公布选举结果(2016 年 11 月 9 日),标志着经济保护主义的新方向以及对游客和移民的国际边境管控的加强,可能会在未来几年对与体育相关的旅游和流动产生重大影响,尤其是与体育相关的劳工移民。由于一些人对全球化进程的抵制并且在观念上表现出的去全球化倾向,当前整个体育领域可能变得不那么全球化了(Bale et al.,2013)。

尽管如此,"与体育相关的旅行的地理范围和数量仍呈指数级增长"(Faulkner et al.,1998)。Glyptis(1989)是较早对这些趋势做出说明的学者之一。她在一项对西欧国家的研究中指出,在 20 世纪 80 年代,所有国家对休闲体育的兴趣都呈现强劲增长的态势。此外,所有社会阶层的参与度都在增加,大多数体育运动的参与者都来自不断扩大的社会范围,而且所有的青少年假期、短期假期和多次年假都有体育参与的显著增加。随后的 25 年,这些趋势逐渐强化(Hall,1992a,1992b;International Olympic Committee and World Tourism Organisation,2001;World Tourism Organisation,2016),大多数有关体育和旅游方面的研究中也证实了这些变化。随着精英体育商业需求的强化,新兴体育的创新融合发展以及作为生活方式(Gilchrist et al.,2016;Wheaton,2004)的快速增长等,改变了体育与环境、体育与场所、体育迷与其团队,以及体育参与者与其身份建构之间的关系(Higham et al.,2009)。

体育旅游发展的基础

体育旅游的发展证明了对相关问题进行严肃思考是很有必要的。它要求我们要更加关注体育旅游本身的概念和界定方式,而不是模糊体育和旅游的属性差异。有很多关于体育旅游的定义,它们为从不同视角研究体育旅游的人们提供了机会。就本书而言,对体育旅游进行界定是将体育视为一种旅游吸引物,并强调体育的特性,这些特性共同构成对旅游业的独特贡献(详见第 2 章:体育旅游研究)。该方法旨在突出体育和旅游业的多样性、动态性和复杂性,从而帮助阐明本书的界限和范围。

第 3 章"体育旅游市场"探讨了体育旅游市场的多样性,它强调了动机的丰富多样性,因此在体育旅游中存在不同的市场细分方法。Bale(1989)指出"工作-游戏、自由-约束、比赛-娱乐以及过程-产品,只是体育活动的一部分"。因此,体育旅游者的体验可能会随着他们所选择运动项目的动机而有很大的不同。与体育旅游细分市场相关的动机为体育赛事组织者和推广者、体育协会、体育场馆经理、目的地经理和旅游营销人员提出了有趣的问题（Higham et al.，2009）。例如，因知名运动员与特定旅游目的地的关联所带来的营销机会是市场潜力之一（Chalip，2004a）。那么，高竞技水平的职业运动员在多大程度上对体育目的地的旅游体验感兴趣，以及如何充分发挥这一市场的潜力？此外，与职业体育相关的旅游业和与休闲体育相关的旅游业发展机会有何不同？与体育相关的旅游体验在细分市场内部和细分市场之间是存在差异的，这就提出了一个问题，即体育和旅游管理者如何更好地理解这些市场以满足不断变化的体育和旅游偏好。

这种市场分析的逻辑延伸到发展进程、可持续性和规划干预措施等方面。其中，发展问题深受体育和旅游从业人员的关注，这一点在联合国世界旅游组织（United Nations World Tourism Organisation，UNWTO）发布的《全球体育旅游报告》（*Global Report on Sport Tourism*）（焦点 1.1）中体现得最为明显。编写这份报告的目的是对基础设施和设施规划、体育和旅游机构之间的合作、体育旅游的政府和社会资本合作（public-private partnership，PPP）模式以及体育和旅游的新趋势（和新兴市场）等事项提供及时和实用的见解。体育旅游发展的其他关键问题涉及商业化/原真性和全球—本土过程。然而，迄今为止，对于体育比赛的修改（例如，规则变更、赛季的长度和时间以及电视/流媒体的现场直播），或者是开发新的或混合的体育项目，特别是在旅游目的地的潜在发展机会方面的考虑较少（Higham et al.，2002a，2002b）。对旅游目的地的影响可能包括出现新的游客市场、改变季节性的旅游流、改变或提升对地方认知、与当地社区利益的紧密结合以及与体育相关的目的地形象的新元素。这些过程和问题的相关性都在第 4 章进行了探讨，同时为后续章节（第 5～10 章）奠定了基础。

焦点 1.1　UNWTO 全球体育旅游报告

2017 年，UNWTO 宣布准备编制《UNWTO 全球体育旅游报告》，旨在为体育和旅游部门之间的多方面动态联系提供系统性的见解。该报告与奥斯特利亚旅游和酒店学院（西班牙）合作完成，概述了体育运动带来的多种可能性，特别是在旅游业对经济和社会文化发展方面作用的可能性。此外，该报告还批判性地审视了"体育旅游固有的挑战和机遇，并从公共和私人的角度确定成功设计和实施体育旅游发展战略所必需的关键要素"。除其他事项外，《UNWTO 全球体育旅游报告》讨论了以下问题：

（1）当地居民参与体育旅游项目的设计。

（2）体育旅游的基础设施和设施规划与开发。

（3）体育和旅游机构之间的合作。

（4）体育旅游中的 PPP 模式成功案例。

（5）通过体育活动促进社会和经济发展。

（6）体育旅游活动作为当地发展的驱动力。

（7）体育旅游目的地克服季节性挑战。

（8）体育旅游的可持续性：克服环境退化。

（9）小型体育旅游活动和节事作为地方经济发展和地方身份建构的机制。

（10）体育旅游的新趋势和新兴市场（如冲浪、无人机、瑜伽、极限运动和新兴运动项目等）。

（11）通过体育旅游实现产品和目的地的多样化。

（12）目的地品牌建设和体育旅游市场。

（13）体育旅游和目的地文化体验。

（14）与健康和保健相关的体育旅游倡议。

（15）发展竞技体育旅游目的地的机遇和挑战。

（16）政策制定者和行业在成功管理可持续体育旅游设施中的作用。

（17）体育旅游高端消费者的忠诚度（例如重复参加马拉松赛事）。

《UNWTO 全球体育旅游报告》对体育旅游现象与发展政策和规划的关系进行了深入分析，并强调了政府部门对体育和旅游业在全球经济和社会文化发展中相关的兴趣正不断扩大。

体育旅游发展与空间

第 5～8 章讨论了体育旅游的空间表现形式以及这些表现形式可能受到的影响。本书第 5 章"空间：地理位置和旅游流"探讨了体育旅游客源地和目的地之间的相互关系，以及与体育旅游市场相关的旅游模式。本章的基本概念和主题起源于经济地理学，它来自体育地理学的研究和体育的空间分析（Bale，1993b，1989），例如，这些概念为体育联盟中职业运动队特许经营权的分配或在何处建设、开发或增强体育资源和设施的决策提供了信息。此外，本章还讨论了体育如何影响游客前往目的地或在目的地的空间旅行模式和行程，无论体育是作为一级、二级还是三级吸引物发挥作用。电子竞技和虚拟现实在体育体验中的迅速发展也引发了体育与空间关系的有趣探讨。

在一个地区进行的体育活动会影响到与其相关的空间。因此，第 6 章 "地方：体育和文化"探讨了地方、文化和地方推广的概念。因为体育在许多 方面为旅游空间注入了最真实的吸引力。体育与文化之间的联系有多种形 式，如"体育与文化""体育作为文化"和"体育亚文化"等。第 6 章对上述三 种形式的概念展开了探讨，并指出，所有体育与文化之间的联系的变化都赋 予了体育旅游空间不同的意义（焦点 1.2）。综合这些文化差异的策略可提 升体育文化在各级市场上的地位，但这也为体育文化的商品化带来了巨大 挑战（Jackson et al.，2001）。

焦点 1.2　体育、遗产和文化

遗产和文化使旅游目的地更具独特性。体育和体育场馆可以是地方遗产 的独特展现，如英国的体育场馆，包括罗德板球场、温布尔登网球场、特维克纳 姆橄榄球场、圣安德鲁斯高尔夫球场、温布利足球场和皇家阿斯科特赛马场 等，都被广泛认为是这些运动项目的精神家园。一些体育界最负盛名的赛事 也都在这些场馆举行。随着时间的推移，每个场馆都形成了自己的传统氛围， 每一个都是英国传统文化遗产的重要体现（British Tourist Authority，2000）。 许多场馆甚至延伸出了博物馆、名人堂和场馆旅游，以促进游客体验并巩固这 种"精神地位"。另外，以体育项目来代表一个地区或国家独特文化元素的例 子也很常见，如巴西足球、加拿大冰球、美国棒球、澳式橄榄球、斐济七人制橄 榄球、日本相扑和泰国泰拳等。

这些运动使人们能够随时感受到目的地的文化。在巴西，足球传奇是建 立在"ginga"的基础上的。"ginga"是贝利（曾助力巴西国家队三次获得足球世 界杯冠军并获得 20 世纪世界足球先生）使用的一个术语，来源于葡萄牙语中 的"sway"一词，用来描述一种基于巴西球员所具有的变幻的创造力和罕见的 个人才华的打法。在斐济，七人制橄榄球是美拉尼西亚和波利尼西亚橄榄球 风格的体现，是个人速度、力量和快速、高风险传球意愿相结合的产物。 2016 年，斐济七人制橄榄球在里约奥运会获得金牌并达到巅峰，这对于一个资 源匮乏的太平洋岛国来说，这是一个了不起的壮举。关于毛利人的哈卡舞（战 舞），Laidlaw（2010）指出，自 20 世纪 80 年代以来，国际橄榄球赛前表演者全 黑队（新西兰英式橄榄球国家队）的哈卡舞具有"真正的文化意义"，其中包括 创建了一个新的全黑队哈卡——Kapa o Pango（翻译为"着黑衣的团体"），与 传统的哈卡（Ka Mate）并列。"它的表演完美地映射了新西兰毛利人的文化复兴"(Laidlaw，2010)。因此,由各体育队表演的哈卡舞,包括全黑队在内的运动队哈卡舞表演,有助于国家名片的生成和游客旅游体验的提升,它代表了新西兰奥特亚罗瓦(Aotearoa)游客文化体验中更突出、更独特和更重要的那部分内容(Jackson et al.，2001)。

参考阅读:

Jackson，S. J.，Batty，R. and Scherer，J.（2001）Transnational sport marketing at the global/local nexus：The Adidasification of the New Zealand All Blacks. *International Journal of Sports Marketing and Sponsorship* 3(2)，55-71.

Laidlaw，C.（2010）*Somebody Stole My Game*. New York：Hachette.

环境是空间层面的第三个主题(第 7 章"环境:景观、资源和影响")。第 7 章考察了体育和旅游的场馆和基础设施的资源基础。体育旅游中的自然资源和建设场馆存在不同的问题。例如,高山滑雪和单板滑雪等户外运动往往依赖于特定类型的景观,有可能对环境产生影响。其他类型的运动项目可选择在更便于运输、配备标准设施、市场通达性最佳的位置开展。体育建筑资源的开发以及向人工、封闭和受控的体育环境转变是过去二十年来的一个重要趋势。然而,自然环境能在多大程度上脱离体育,体育又能在多大程度上脱离自然环境,这种脱离是否会发生反弹? 观察体育与自然环境相互作用的学术探索是很有趣的,例如,探究影响体育参与者更好地理解人类与自然环境关系的研究(Krein，2008)。

体育旅游的发展与时间

第 8～10 章探究了体育旅游在时间上的表现形式。第 8 章(体育和游客体验)探讨了体育旅游在短期时间内的特征。游客体验涉及到访时间和停留时间、在目的地参与的体育和旅游休闲活动等。不同形式的体育旅游表现出截然不同的游客体验,观赏型体育节事、具有竞争性的参与型体育节事、参与型休闲体育项目和体育遗产活动,以及怀旧情绪的体育体验等为第 8 章中提出的讨论提供了结构框架。该框架有助于考虑在目的地共同创造体育体验(Morgan，2007),并将该体验置于 Weed(2005)提到的活动、人和地点的相互作用中。第 8 章还考察了体育和旅游系统在调节目的地体育旅游体验中的相关性,旨在为人们深入了解可能影响和增强体育旅游游客体验的策略性问题。

体育旅游的中期或季节性特征是第9章讨论的主题，即季节性、体育和旅游。很少有旅游目的地不受系统性季节波动的影响。人们对气候变化引起的难以预测的季节性天气知之甚少，从而导致季节性体育资源在可用性上的扩大或缩小表现出区域脆弱性。旨在延长平季或创建四季旅游目的地的策略是很常见的。因此，考虑到气候变化与体育和旅游业之间的不确定性（Hopkins，2014），当前调整体育活动的方式或可能被设计来改变访问的季节性模式（Higham et al.，2002a，2002b）比以往任何时候都重要。

反之亦然，旅游业可能会影响到体育的季节性参与模式。然而，仅仅知道体育和旅游业存在季节性模式是不够的，了解这些模式的原因也很重要。休闲约束理论为此类模式提供了解释（Hinch et al.，2000）。然后，可以考虑一些类似场馆设计、定价和营销，以及可能缓和或改变体育和旅游业季节性模式的策略（焦点1.3）。

焦点1.3 　体育与对自然的征服

越来越多的人造体育资源正在脱离自然环境。封闭的体育场馆既是对体育活动的保护，使其不受天气的干扰，也使体育活动脱离了独特的地方特定的天气条件。2010年，温布尔登网球公开赛宣布完成了一个历史悠久的中心球场的封顶工作，这与美国和法国网球公开赛中大满贯赛事仍在室外进行的传统不同（不过，澳大利亚网球公开赛主场墨尔本公园也有一个可伸缩的屋顶，通常用来保护球员免受阳光的伤害）。尽管温布尔登网球公开赛经常会受到雨水的干扰，但受天气影响造成的延迟也会带来一些怀旧之情，在球员们避雨时，观众可以在山上喝一品脱[①]拉格啤酒或者品尝草莓和奶油，而球童们则带上罩子到中心球场将其遮住。因为天气原因使比赛中断也在历史性的一些经典比赛中发挥了重要作用，并影响了历史上一些令人难忘的篇章。天气干扰也使诸多历史性的经典比赛更具不确定性，并影响了赛事历史上一些经典且令人难忘的比赛的结果。

现代体育竞技场馆技术使得许多运动项目不再受自然因素干扰。在许多情况下，由于体育运动已经脱离天气影响，以至于体育管理者可以调节体育运动的季节性背景。可伸缩的移动屋顶对体育和旅游业的季节性具有重要意义。事实上，第一次在室内进行的国际橄榄球和板球比赛分别于1999年10月在加的夫（威尔士）的千禧年体育场和2001年7月在墨尔本（澳大利

---

① 　1品脱＝568.261 25毫升。

亚)的殖民地体育场举行。前者的特点是体育场的可伸缩屋顶必要时可以拆卸和更换。继这些先例之后,封闭式体育场馆的案例在世界范围内激增。例如,位于日本最北端的札幌穹顶体育场拥有一座充满未来感的穹顶,类似一个巨蛋。2002 年的世界杯比赛就在那里举办。它是一个全天候覆盖的体育场,其设计考虑了当地的气候条件,尤其是冬季的大雪。这一高科技设施结合了室内和室外竞技场以及前所未有的悬停式足球场,使得人们可以不顾天气变化在一年中的任何时候进行比赛。天然草地运动场地可以移入和移出体育场,在不使用时移至球场外让草地生长,然后在需要时移入球场内部。整个球场通过下部气垫的滚动移入体育场。当这样做时,旋转座椅系统会在球场沿其轴侧向转动之前移到一边,座位区会自动滑回原位,整个操作需要两个小时才能完成。在夏季,室内空气由空调和自然通风系统调控;冬季则通过直接应用于座椅的加热系统使观众保持舒适。"悬停台"和"移动墙"功能允许将天然草坪足球场替换为棒球场和外场,即当体育场不使用时,体育场外的开放区域用于种植草坪。

资料来源:http://fifaworldcup. yahoo. com/en/da/c/sapporo. html (accessed 28 August 2012).

第 10 章(体育旅游的演变趋势)研究了在长期演变的背景下体育与旅游之间的相互关系。旅游业的发展过程,正如旅游目的地在生命周期理论中(Butler,1980)所概念化的那样,可能会受到体育强大动力的影响。例如,不断演变的体育空间格局可能对旅游业发展产生直接影响,反之亦然,因为旅游业可能会影响目的地的体育活动类型。冲浪运动充分说明了这一过程,因为冲浪起源于夏威夷并扩散到世界各地,以满足本地和非本地(旅游)的需求。遗产体育旅游是一种独特的旅游形式,随着时间的推移,它可能会提供与早期体育体验相关的旅游发展机会(Gammon et al. , 2007)。

过去十年,体育遗产的需求激增(Ramshaw et al. , 2016)。也许这是对商业利益在体育运动中日益占据主导地位的回应,它支配着球迷和参与者的利益(Laidlaw,2010)。显然,就体育在空间和时间上的表现以及体育与旅游业之间的相互作用而言,体育的研究领域是动态的。例如,与商品化相关的挑战,在进步和传统之间找到平衡,以及对比本土和全球对体育的吸引力,需要在直接参考旅游研究的基础上进行系统的探索。

图 1.1 为本书的概念框架。这些空间维度(空间、地方和环境)和时间维度(体验、季节和演变)主题分别构成了第 5~7 章(第 3 部分)和第 8~10 章

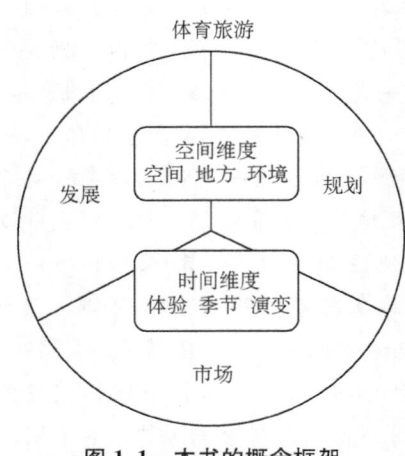

图 1.1　本书的概念框架

（第 4 部分）。因此，该书基于空间、地方和环境的地理原则将这些主题应用于体育旅游是需要多学科方法的，故本书借鉴了体育管理学、体育社会学、消费者行为学、体育营销学、经济学、城市学和体育地理学，以及探讨体育旅游发展在空间和时间上的表现形式的旅游研究等领域。为了说明讨论要点，第 2～10 章提取了多个学科领域内的专家及新兴学者在体育和旅游研究领域中的研究案例。同时每章中试图用"焦点"实例来说明关键要点。本书的总体目标是推进体育旅游发展的理论思考，以及对地方和全球力量在体育和旅游发展中的相互作用提供批判性思考。

第 2 部分

体育旅游发展基础

第 2 章

体育旅游研究

> 从理论的角度来看,了解体育旅游与其他旅游活动的异同是十分必要的。
>
> Green et al.,1998

【引言】

与体育活动相关的旅游现象以及这些活动对人和地方的影响,值得针对性的学术研究。当前理论和实证研究为检验未经验证的假设、理解复杂的关系和过程,以及体育和旅游相互作用而产生的影响结果是供了机会。研究体育旅游的重点方法是捕获这些协同效应,从而对这一现象产生新的见解。第2章将会对这一论点进行阐述。本章讨论了体育和旅游的基础概念,主张对这一领域进行有针对性的学术研究,并在旅游吸引力理论框架内去考虑体育运动。理查德·希普韦(Richard Shipway)关于伯恩茅斯大学成熟而成功的体育旅游项目案例研究突出强调了高等教育体系中体育旅游专业的发展和价值(案例研究 2.1)。

基础概念

理解体育与旅游融合的逻辑起点是阐明每个研究领域的本质,这不是一项简单的任务,因为每个领域都有多个研究视角(Hinch et al.,2001)。体育与旅游的一系列定义可以在不同的背景下得到验证。在重新审视体育的概念时,Hsu(2005)将体育的概念界定为狭义(封闭)或广义(开放)两种。首先,体育被视为可以与非体育活动区分开来的东西,而从狭义角度来看这种区分并非总是可能的。而 Andrews(2006)等评论家赞同广义的观点,并提出这样的警告,即描述社会建构现象的定义一定是徒劳的,因为社会建构会随着时间和空间而变化。就本书而言虽然就某一通用定义达成一致是不可能的，也是不可取的，但却有助于读者理解本书所采用的观点。因此以下我们给出的基本概念并不是为了否定或贬低其他观点，而是为了更好地展开讨论。

体育领域

《牛津英语词典》(*Oxford English Dictonary*)中对体育的界定是："一种涉及体力消耗和技能的活动。特别是指那些(尤其是在现代使用中)有一套规则或习俗规范的活动，其中个人或团队与另一人或其他团队竞争"。在考虑大众感受的同时，这一定义与体育社会学领域定义中描述的关键要素是一致的。例如，Woods(2016)也强调了竞争、体育活动和规则等特征。这些要素与早期的定义一致，即将体育定义为"一种结构化的、以目标为导向的、有竞争力的、基于竞赛的、嬉戏的身体活动"(McPherson et al.，1989)。然而，越来越有人注意到体育的含义可能会因时间和空间的不同而不同。

从这个角度来看，体育的基本维度包括规则、竞争、游戏和身体活动。规则通常与空间和时间有关。规则可以通过各种方式观察到，包括比赛场地的尺寸和比赛或竞赛的时间和流程。一项体育运动在方式上发生变化时，尤其是随着竞争水平的提高，规则往往更加具体。严格且复杂的规则通常存在于国际范围的竞技体育层面，而非正式体育活动的规则通常是可以调整而且非常灵活的。例如，在冲浪活动中不成文的礼仪(Usher et al.，2016)或在小学课间自发组织的足球比赛中商定的简单规则等。

体育运动还具有目标导向、竞争性和竞赛性的特征，这三个特征密切相关。体育运动是以目标为导向的，从某种意义上说运动状态通常是由能力、竞争力、努力、难度、所需技能的掌握、熟练程度或运动表现所构成的。在大多数情况下，这一目标导向扩展到了竞争的某个维度。在极端情况下，竞争是以胜利或失败的方式体现的；竞争也可以不那么严格地解释为与标准、无生命的物体、自然力或自身的对抗。在体育旅游的背景下，后者对竞争的解释提供了一种更具包容性的方法，它涵盖了休闲运动，如通常与户外活动相关的娱乐运动；它还包括休闲运动(Spracklen，2013)和现代运动，如滑板和风筝冲浪等(Wheaton，2013)。最好将竞争概念化为从娱乐到精英的连续统一体。竞争是体育竞赛活动的本质，这种本质的结果是由身体素质、比赛策略以及或多或少的运气共同决定的。

体育定义的第三个维度源自 McPherson 等(1989)的定义，他们认为体育具有游戏和娱乐的性质，这个术语来源于拉丁语 *ludus*。这一定义表明，尽管没有和"游戏"区分开，但是"体育"一词的定义所包含的"游戏"成分说明了其起源于"游戏"。那些被视为纯粹劳动的活动通常不会被视为体育运动,但是有些劳动本身可能也被认为是一项体育运动。因此,职业体育和休闲体育都符合这一定义。体育运动具有结果的不确定性和公众的展示性。结果的不确定性使体育比赛更具有悬念,可以使体育赛事在旅游真实性方面具有特有的优势(第 4 章)。公众的展示性倾向于强调运动技能的展示,因此扩大了观众和运动员的参与范围。

最终,所有体育运动的基础参数都建立在其身体和运动知觉的感知之上。虽然不同的运动需要不同形式的运动配置,但身体运动是最普遍公认的体育特征。身体素质包括速度、耐力、力量、准确性、灵活性、平衡性和协调性,它是具身运动的重要组成部分(Wellard,2016)。超出这些范围,运动也具有旅游的特点。不仅竞争激烈的高水平运动需要旅游,而且许多休闲运动,如滑雪(山地)和冲浪(冲浪胜地)也需要旅游。一旦运动员过了其运动的早期发展阶段,他们很可能会成为经常的旅行者。

旅游领域

旅游通常从三个视角进行界定:一是最常用的一种定义(Simpson et al.,1989);二是用于统计测量的定义(World Tourism Organisation,1981);三是用于阐明其概念领域的定义(Netto,2009)。所有这些观点产生的定义往往具有三个关键维度,其中最普遍的是空间维度(Dietvorst et al.,1995)。空间维度认为游客必须离开自己的家,然后最终回到家中。虽然个人的旅行本身不必然构成旅游,但这是旅游的必要条件之一。在这个维度上经常有一些限定词,例如对旅行最短距离的限定,但旅行的基本概念是通用的。

第二个共同的维度涉及与旅游相关的时间特征。旅游的特点是"至少离家一个晚上"(Leiper,1981)。出于统计目的而发展出来的定义在旅行持续时间的界定上更为具体,联合国(United Nations,2008)将游客定义为在目的地停留时间少于一年且超过 24 小时或一晚的人。在一个国家停留不到 24 小时或一晚的游客被归类为短途旅行者。然而,这种观点常常被人们质疑。流动性领域的学者对这些时间维度进行了批判,他们认为在许多社会中,这些时间维度已经变得过于有限。例如,今天的交通技术允许人们在 24 小时内广泛旅行,而且许多人的旅行时间也超过了一年(Hall,2004)。

旅游定义的第三个常见维度涉及旅游中的目的或活动,旅游研究的许多子领域也正是在这一维度内找到了它们的起源(如生态旅游和探险旅游)。这可能是在三个维度中最被广泛应用的一个观点。例如,常用词典中对旅游者的解释倾向于将休闲作为主要的旅游活动的人(Simpson et al.,1989),而为统计和学术目的制定的定义则倾向于将商业活动包括在内（United Nations，2008）。总之，无论是去城市的另一边还是世界的另一边，人们旅行的原因之一是参加体育活动。

体育旅游的概念

对体育旅游的研究集中在体育和旅游广泛的交叉领域。因此，体育旅游的定义因其重叠的种类和范围而受到挑战，其中体育是旅游的主要动机还是次要动机的问题就是这些挑战之一。为了解决这个问题，Gammon 等（2003）对体育旅游（体育是主要动机）和旅游体育（体育是次要的，有时甚至是附带的旅游活动）进行了区分。在本书中，这些不同程度的体育参与被纳入"体育旅游"这一术语中。大多数的定义包括观众、运动员、休闲参与者和精英运动员（Gibson，1998a；Standeven et al.，1999；Weed，2009）。尽管 Higham 等（2009）强调了典型的短期旅游焦点的变化，如以临时体育移民为特征的旅行，但他们还倾向于对离开家庭环境的旅行进行明确的要求，其中包括隐含的时间维度，表明旅行是暂时的且旅行者将在指定的时间内回家。令人惊讶的是，许多定义的主要局限性在于它们对体育的构成并不明确。鉴于世界各地对体育不同的社会建构，这种情况是可以理解的；然而当人们在试图理解体育旅游发展的范围时，这也是一个问题。

Weed 等（2003，2009）有意识地打破了根据体育或旅游现有的界限对"体育旅游"进行概念化的这种模式，该模式认为体育旅游是一种独特的现象。他们认为体育旅游不仅仅是体育和旅游两个独立实体的总和。相反，他们将其定义为"由人、地方和活动组成的具有独特互动所产生的社会、经济和文化现象"（Weed et al.，2003）。虽然人们一致认为体育旅游不仅仅是其各部分的总和［例如，参见 Higham 等（2009）中使用的基本框架］，但对于本书中体育旅游的概念我们有意识地融合了体育和旅游的主要参数，它反映了旅游业的背景，也是我们对体育理解的一种有意识的尝试。同样，采用"sport tourism"而非"sports tourism"这一术语并不是因为个体运动的独特特征不被重视，而是为了强调体育作为一种社会制度的共同要素，以及区别于其他类型旅游活动的特征（Gibson，2002）。

因此，在本书中，体育旅游被界定为"在有限的时间内离开家庭环境的体育旅行，其中体育的特点是独特的规则设置，与身体能力有关的竞争和游戏"（Hinch et al.，2001）。无论它是旅游的主要、次要或甚至是第三位的特征，体育都被认为是一项重要的旅游活动。它被认为是许多旅行决策中的一个重要因素，在旅游体验和体验评估中显得尤为重要，这种观点往往将体育视作一种旅游吸引物。

将体育视为旅游吸引物

Green 等(1998)指出:"从理论的角度来看,有必要了解体育与其他旅游活动的异同。"我们认为将体育作为旅游吸引物是独一无二的。因此,我们采用了旅游吸引物理论作为深入了解体育旅游独特性的框架。虽然体育作为旅游吸引物的观点并不新鲜(Rooney,1988),但这一主张的理论研究最近才得到发展(Gibson,2006;Higham et al.,2009;Hinch et al.,2004;Weed et al.,2009)。Leiper(1990)的旅游吸引物系统方法和他的经典旅游框架(Leiper,1979)为图 2.1 提供了一个有用的基础。Leiper(1990)最初的旅游系统包含三个部分:游客、中心元素和信息元素。当上述三个元素连接在一起时就产生了旅游吸引物系统。如图 2.1 所示,体育旅游吸引物系统中的这三个要素等价为:①客源地区域内的体育旅游者;②目的地的体育特征;③对旅游者具有吸引力的运动体验的客源地、中转地和目的地区域中的突出标记物。

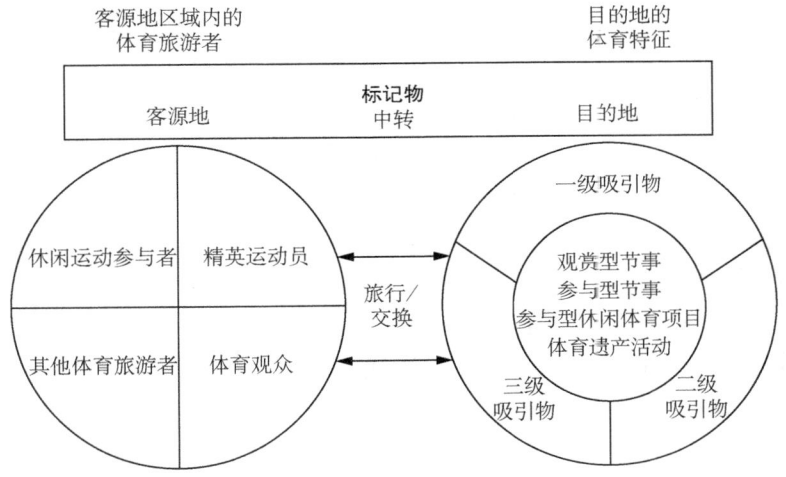

图 2.1 体育旅游吸引物系统

第一,客源地区域内的体育旅游者是指那些离开家去旅行的人,他们的行为是由运动体验所激发的。Leiper(1990)提出了五个关于旅游者行为本质的论断。除了体育旅游者的动机和行为集中在运动体验上,其他论断对于体育旅游者来说都是适用的。

第一,旅游行为的本质是在离家之外寻找令人满意的休闲娱乐(运动);第二,旅游休闲娱乐(体育)意味着寻找合适的目的地,或者更准确地说，寻找吸引物系统核心元素中的个人（现场）体验；第三，这一过程最终取决于每个人的心理和非心理属性，如旅行需求和旅行能力；第四，那些标记物或信息元素在每个游客与寻求个人体验的核心元素之间的联系中起着关键作用；第五，这个过程不是自动产生的，因为（体育）旅游者的需求并不总是能够被满足（这些系统可能在不同程度上发挥作用或没有发挥作用）(Leiper，1990)。

体育旅游者的特点是兴趣广泛，他们在一次旅行中可以选择追求一种或者多种兴趣组合。这类群体主要包括：休闲运动参与者、精英运动员、体育观众和一系列体育旅游相关者，如教练、官员和关注高水平体育赛事的媒体工作者(第3章)。

第二，对目的地的体育活动类型感兴趣。体育活动的表现形式与运动体验产生和消费的地点，以及与当地居民和其他游客的互动息息相关。更具体地说，在体育吸引物的背景下，它通常可以根据与以下相关的场地活动进行分类：①观赏型体育节事；②参与型体育节事；③参与型休闲体育项目；④体育遗产活动。这种体育旅游活动分类建立在Gibson(1998a)的分类基础之上，她对以参与为基础的体育赛事进行了区分，将其视为节事型和参与型体育旅游的结合体。观赏型体育节事的特点是专业运动员数量相对较少，观众数量较多（如职业体育）；而参与型体育节事的特点是不同技能的运动员占有更高的比例，而观众的比例相对较少（如铁人三项和马拉松）。参与型体育节事的类别在组织化程度上不同于参与型休闲体育项目。参与型休闲体育项目的特点是直接参与体育活动，如骑自行车或网球，包括娱乐性参与和深度参与。参与型体育节事（如格兰芬多团体自行车骑行）中的体育旅游者依赖于节事组织者，而参与型休闲体育项目参与者可能会更依赖于目的地特定的资源，如步道系统和设施（如独立自行车旅游）而非节事组织方。最后，体育遗产活动的特点体现在体育名人堂等景点，但也可能包括一些不那么具体的资源，如某人对自己青年时期体育生涯的怀念。虽然这些类别在体育旅游的研究和实践中很有用，但它们之间并不相互排斥。像环法自行车赛这样的大型观赏型体育节事，实际上可能包括观赏型和参与型体育节事、参与型休闲体育项目和体育遗产活动的组合，这取决于体育游客个人的兴趣和行为。

一级吸引物是指那些有能力影响游客决定去一个目的地旅行的景点。二级吸引物在游客访问之前就已知悉，但其本身并不对游客旅行路线的确定起作用。三级吸引物在游客访问前不为所知，但在游客到达目的地后却可能成为其娱乐、活动或体验的中心。这种层次结构在体育旅游中非常明显，许多旅游者主要是受某一特定体育行为的驱使（如观看奥运会），另外一些旅游者的旅行决定取决于体育和非体育吸引物的结合（如观看奥运会、高尔夫度假和一些普通观光的结合等），还有一些旅游者的最初旅行决定没有考虑到目的地中的体育元素，但最终他们在目的地中参与了一些体育体验活动（如在以参观历史遗址为主的假期中进行一天的自行车旅游）。因此，体育旅游吸引物系统也表明，体育作为旅游的吸引物可以以多种方式吸引各种各样的人。体育涉及不同的旅游细分市场，所以认识体育在一个目的地的核心组合和吸引物层级结构中的地位，具有重要管理学意义（如出席率、参与度、出行流、游客行为和访问时间）。

体育旅游吸引物系统的第三个要素由标记物组成，标记物是关于所有现象的信息项目，是旅游吸引物中的潜在核心要素（Leiper，1990）。标记物可以从中心位置、周边位置或现场分离或移除。在任何一种情况下，标记物无论是否被关注到均被视为吸引物系统的一部分。以体育为特色的被关注到的吸引物标记的例子很常见，它们通常通过广告投放的形式向游客展示包含特定目的地的体育活动和节事。例如，由主办城市目的地营销组织（destination marketing organisation，DMO）和体育节事赞助商（如 Visa、可口可乐、里约奥运会的麦当劳）为观赏型体育节事（如奥运会）投放的广告，这些赞助商正是利用大量投资将其产品与赛事品牌联系起来。尽管许多潜在游客大部分时间都会在海滩上晒太阳而并未关注到旅游地广告中的体育元素，例如，以潜水者或冲浪者为主题的度假村广告，但是运动形象经常出现在目的地的旅游广告中。这些不带目的性且含有运动元素的广告投放充满整个旅游目的地。其中最吸引眼球的是那些高水平体育赛事的电视转播以及在能被关注到的目的地进行体育广告的宣传（第 6 章）。这些信息的接收者会将这些地点标记为体育旅游吸引物，从而可能会影响到他们未来的旅行决定。

本书中使用的体育旅游概念强调了体育成为如此受欢迎的令人向往的旅游目的地的多种要素。第一，每项运动都有自己的一套规则，这些规则提供了独特的空间和时间结构，例如比赛场地的尺寸或比赛的时间（Bale，1989）；第二，与身体能力相关的竞争包括目标导向、竞争力和体育竞赛（McPherson et al.，1989）；第三，体育的趣味性特点；第四，体育比赛结果的不确定性和公众展示性等特点。

规则与身体能力有关的竞技以及体育运动固有的趣味性使体育成为一种独特的旅游吸引物。特定类型的体育项目都有其自身的特点，如足球、滑雪或低空跳伞，它们有别于其他类型的旅游吸引物。随着旅游业越来越强调体验，或者将体验作为产品（Tolkach et al.，2016），体育旅游自身的体验性仍将是其最具活力的组成部分之一。通过在体育旅游者、目的地游客感兴趣的体育活动类型和标记物这三个组成部分的背景下进行分析，可以深入了解体育作为旅游吸引物的运作方式。随后也可以在体育旅游发展的空间和时间维度的更广泛背景下去考虑体育吸引物变化的影响。

体育旅游学术

体育学和旅游学具有很多相同的特征：两者都是相对较新的学术领域，在此领域中学者们一直致力于建立受人信服的理论、方法和实证研究。这两个领域的学者都对体育旅游产生了浓厚的兴趣，这些兴趣体现在越来越多的发表的文献中，其形式包括著作（Gibson，2006；Higham et al.，2009；Standeven et al.，1999；Weed et al.，2009）、评论（Gibson，1998a；Hinch et al.，2014，2016；Weed，2006，2009）及经常被引用的文章等（Chalip，2006；Kaplanidou et al.，2007；Preuss，2007）。

经济影响可能是体育旅游领域研究的焦点问题。例如，加拿大统计局的旅游数据分析表明，2015年，体育旅游的支出超过65亿加元，比上一年增长13%。在加拿大，本国游客的旅游支出占72%，美国游客支出占9%，海外游客支出占18%（Canadian Sport Tourism Alliance，2017）。而对于美国这个更大的经济体而言，2015年仅业余体育旅游支出估计为94.5亿美元，比前一年增长5.4%（National Association of Sports Commissions，2017）。然而，重要的是要认识到，虽然与体育赛事有关的收入可能非常可观，但成本也可能很高，尤其是像奥运会等这类超大型赛事更是如此。同样，有人认为在体育旅游背景下可以充分提高诸如社区自豪感等社会效益的作用（Chalip，2006）。体育旅游尽管有这些好处，但它也存在潜在的负面影响（Weed，1999）。例如，在乡村引入"滋扰活动"可能会对社会和环境造成重大负面影响，特别是机械化运动，如越野单车、喷气滑雪和雪地摩托。一些冒险和极限运动可能还涉及安全和责任问题，如在挪威吕瑟峡湾和特罗尔维根地区进行的高空跳伞（Mykletun et al.，2002）。因此，深入了解体育旅游的动态可以让我们在其发展过程中更好地识别、理解和管理这些负面影响。

学术相关性

旅游研究和体育研究的共性是都有许多关联的子领域。在学术机构项目资金竞争日益激烈的时代，对现有研究领域的进一步细化是一种可以感知且真实存在的威胁。因此，批判者不鼓励新的分支领域的出现。不过，关于体育和旅游融合的一些观点源于两个领域各自的视角的这种假设也是存在一些问题的。虽然各自研究领域仍将独立发展，但是两者之间的融合发展仍将是大势所趋。跨学科和多学科的方法将在体育旅游的研究中持续被使用。这种情况也出现在实践中，旅游和体育机构往往无法很好地展开合作（Weed，2003）。《体育与旅游学刊》（*Journal of Sport & Tourism*）（焦点 2.1）等专业期刊的出现为体育旅游领域的融合发展提供研究平台。随着体育旅游基础理论的研究进一步深入（Gibson，2006），只强调在各自领域研究的观点将逐渐失去市场。

焦点 2.1　《体育与旅游学刊》

1993 年，应用性/专业性杂志——《体育旅游学刊》（*Journal of Sport Tourism*）创立，并于 2006 年更名为学术性杂志《体育与旅游学刊》，成为唯一的同行评议的学术期刊，专门关注体育与旅游的交叉问题。该刊的定位为"不仅为从事体育和旅游工作的研究人员提供讨论关键问题的重要渠道，也为相关领域的作者提供促进有关体育和旅游业的讨论的机会，另外，该杂志还向公众展示体育和旅游业的研究还可以在更广泛的领域做出贡献，如关于气候变化和国际恐怖主义的辩论等"（Weed，2011）。《体育与旅游学刊》已成为从事该领域研究的学者认可的领军期刊。在该杂志中发表学术文章构建了该领域的知识体系，形成了理论基础，这有助于学者进一步推进体育旅游领域的研究，而这类研究要远胜于那些虽然有趣，但未能对理论和方法的发展起到推动作用的研究。《体育与旅游学刊》的订阅率在被定位为学术期刊后的五年里翻了一番，越来越多的文章被其他期刊引用，使其影响因子也逐渐提高。为了纪念该杂志创刊 20 周年，《体育与旅游学刊》现任编辑迈克·韦德（Mike Weed）教授（英国坎特伯雷基督教会大学学院）专门阐述了该领域目前面临的"重大问题"，即我们对体育旅游的了解、不了解和应该了解的内容。针对这些问题的四本专刊已经计划出版，包括两本已经发表的关于体育旅游目的地（Hinch et al.，2016）和理论视角（Gammon et al.，2017）的专题，以及另外两本正在进行的关于参与型体育旅游和观赏型体育赛事的专题。

参考阅读：

Hinch，T. D.，Higham，J. E. S. and Moyle，B. D.（2016）Sport tourism and sustainable destinations：Foundations and pathways. *Journal of Sport & Tourism* 20（3 & 4），163-174.

Weed，M.（2011）*The Journal of Sport & Tourism*：A maturing literature. In T. D.

Hinch and J. E. S. Higham（eds）*Sport Tourism Development*（2nd edn；pp. 447-450）. Bristol：Channel View Publications.

除了体育和旅游的母学科领域之外，还有许多其他领域的学术研究与体育旅游重叠，与体育旅游具有很大的相关性（图 2.2）。与之相关领域包括体育节事、户外休闲、体育管理以及健康和健身活动。节事研究包括对体育赛事以

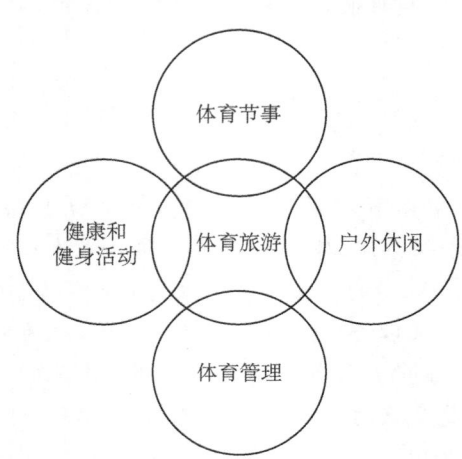

及一系列其他类型的节日、会议和展览的研究（Getz et al.，2016）。虽然体育节事是这一领域的热门话题，但节事研究者很少强调体育节事相对于其他类型节事的显著特征。而且，即使有这方面的研究，也必须认识到，体育节事只是体育旅游一个比较引人注目的方面。事实上，Weighill（2002）在分析加拿大的体育旅游时发现，参与型体育旅游的次数远远超过了观赏型体育旅游的次数。因此，体育旅游的学术研究不能仅局限于观赏型节事。

图 2.2　体育旅游及相关背景领域

户外休闲的本质是它通常发生在自然环境中，涉及相对随意且组织化程度较低的活动，如独木舟、滑雪和冲浪。除了徒步旅行等许多受欢迎的活动外，还包括探险、极限运动等这些往往需要深度旅行才能接触到独特自然资源的运动。Kane 等（2004）致力于背包冒险旅游的研究，他们的研究兴趣虽然没有明确定位在参与型体育旅游方面，但也提供了对该领域一些有趣见解。在概念和研究领域，户外休闲和体育旅游之间再次出现了明显的重叠。然而，这两者之间并不能互相替代。大量的体育活动发生在自然环境之外，反之，许多发生在自然环境中的旅游活动（如露营和野餐）与本书中使用的体育概念不一致。

体育管理倾向于关注组织化程度较高的体育运动。该领域的研究者通常关注组织化程度较高的体育运动的高绩效或发展水平。奥运会、国际足联世界杯（FIFA World Cup）等体育赛事的管理是与体育旅游研究直接重叠的热门议题（Sant et al.，2015）。与之前的领域一样，该领域的研究者同样对体育旅游有着极大的兴趣，但体育管理学者往往忽视非制度化的体育旅游者，将重

点放在体育旅游的管理维度，而忽略了其他层面。

健康和健身活动是我们在图 2.2 中强调的第四个相关领域。这一领域的记载自古至今皆有所体现。如早期最常见的例子是古罗马时代东欧和地中海地区与治疗性温泉相关的旅游活动（Hall，1992a）。现如今，仍有许多人参加治疗性水疗的旅行，如 Panchal（2014）通过健康和积极心理学的视角研究了亚洲的水疗游客。许多温泉目的地拥有运动设施，如网球场和高尔夫球场。虽然健康和健身领域可以用普遍存在的术语来定义，但在文献中，我们发现它通常被界定得过于狭隘（Nahrstedt，2004）。

所有这四个领域的研究都有助于理解体育旅游，然而体育已经超出了这些领域的范畴。被界定体育的范畴与旅游的相关性并不是与体育节事、户外娱乐、体育管理或健康旅游相关研究的核心兴趣所在。因此，本书对体育旅游的针对性研究可以提供给这些相关领域一些通常没有涵盖的新的和具有挑战性的见解。

体育旅游学术研究的出现

正如市场回应了消费者对体育旅游产品和服务的需求，学术界也回应了与体育旅游相关的学术空白。最初，这种反应是相对孤立和偶然的（Garmise，1987），但在过去 30 年中，越来越多的科学出版物促成了一个成熟的文献体系的形成。Gibson（1998a）对 20 年前的体育旅游文献进行了全面梳理。她通过文献分析认为，相关研究体系已日趋成熟，但仍需要在政策层面上进行更好的协调，采取多学科研究方法，并在学术环境中加强旅游业和以体育为中心的机构之间的合作。7 年后，Weed（2005）承认该领域出版物在不断增多，但使用"砖场"的类比来论证这些研究被随意地归为一堆，而不是像建造"大厦"那样，将涌现的新出版物定位在正在进行的工作中。Weed（2009，2006）和 Gibson（2005）都在继续跟踪体育旅游文献的发展，在认为该学科取得巨大进步的同时，也呼吁进一步关注解释性研究而不仅仅是描述性研究。在一项体育旅游研究的元分析中，Weed（2009）确定了 6 个较有实质性进展的研究领域：①经济影响；②利用赛事获得期望的遗产；③影响力研究的整体方法；④行为研究；⑤目的地营销和形象调查；⑥居民对体育赛事旅游的看法。

他因此得出结论，体育旅游领域已显示出日益成熟的迹象，反映在：

> 该研究领域的概念化程度得到进一步加强；有适当的理论支撑实证工作；对方法和方法论进行强有力的、恰当的和清晰的应用；有

一个明确对该领域有浓厚兴趣的学者群体，服务于该学科发展的一个可信的学术期刊和更广泛的知识体系（Weed，2009）。

Hinch 等（2014）分析了 2007～2011 年发表在 5 个主要的旅游和体育期刊上的文献时发现，有关体育旅游的研究仍然集中在观赏型体育节事上，与传统参与型活动和节事类别（即参与型体育节事）相关的混合研究群体正在出现。他们所梳理的基于实证的研究中，近 60% 文献采用定量的研究方法，其中最常见的是调查法（46%）。还有一个更具说服力的发现是除了 13% 的文献没有特定的地理背景外，有高达 68% 的文献来自北美、欧洲、澳大利亚和大洋洲地区。尽管 2008 年北京奥运会、2010 年南非世界杯、2014 年巴西世界杯和 2016 年巴西奥运会分别在亚洲、非洲、南美洲举办，但亚洲、非洲和南美洲的文献比例仅为 19%。尽管对于缺乏阅读亚洲文献语言能力的西方学者来说，很难关注到用亚洲语言撰写的体育旅游的文献，但很明显，体育旅游研究正在亚洲各国逐渐兴起（焦点 2.2）。

焦点 2.2　日本体育旅游研究

当时，日本计划举办 2019 年橄榄球世界杯（Rugby World Cup，RWC）、2020 年东京奥运会和残奥会以及 2021 年关西世界大师赛。因此，体育旅游无论在实践上还是在学术上都是日本的热门课题。鉴于此，Hinch 等（2018）对 1990 年至 2016 年英国和日本关于日本体育旅游的文献进行了系统回顾。其中日文发表文献 107 篇，英文发表文献 21 篇。绝大多数文献是在过去 10 年发表的，其中 86% 的英文文献和 64% 的日文文献发表于 2008 年或之后。用日文发表的文献中，有 91% 的第一作者来自日本机构，而用英文发表的文献中，有略低于 50% 的第一作者来自日本机构。51% 的日文文献关注参与型体育节事，35% 关注观赏型体育节事，13% 关注参与型休闲体育项目，只有 1% 关注体育遗产活动。这一分布与用英文发表的文献形成了鲜明对比，其中 35% 的文献是关于参与型体育节事，50% 是关于观赏型体育节事，5% 是关于参与型休闲体育项目，10% 是关于体育遗产活动。对涉及可持续性概念的文献分析表明，参与型体育节事的国内体育游客的消费往往低于普通游客（Nogawa et al.，1996），并对大型观赏型体育节事具有巨大的经济利益这一假设提出质疑（Manzenreiter，2008）。还有多项研究考察了体育旅游的社会和文化影响，其中一个重要结论是东京奥运会的申办过程促进了体育和国家认同之间的紧密联系（Shimizu，2014）。也有学者认为一些生态体育活动（如潜水）给自然资源造成了压力（Murata，2010），尤其是在像日本这样国家将本国的自然资源基础视为重要的资产的情况下,但关于体育旅游对环境影响的研究并不多见(Harada,2016)。

参考阅读:

Hinch,T. and Ito,E.(2018) Sustainable sport tourism in Japan. Tourism Planning and Development 15 (1),96-101.

体育旅游领域日益增加的就业机会和日益增长的学术研究,为高等教育机构的体育旅游课程开发提供了肥沃的土壤(案例研究 2.1)。在大多数情况下,体育旅游课程是建立在现有的旅游或体育课程基础之上。然而,体育旅游课程将日益成为独立课程和学习项目的重点。这类课程寻求应用知识和理论之间的平衡。我们认为,深入了解体育旅游日益深入的理论基础将对学生的自我发展和实践领域大有裨益,因为这样将使他们对体育旅游的发展方式和原因有更好的理解。

案例研究 2.1 　嵌入、激发和增强学生和毕业生在体育旅游方面的就业能力

理查德·希普韦(Richard Shipway),伯恩茅斯大学

英格兰南部的滨海城镇伯恩茅斯和普尔被公认为是英国两个最重要的旅游目的地,为游客提供了丰富多样的陆上和水上体育旅游活动,距离伦敦约 2 h 车程。伯恩茅斯大学在休闲、旅游和酒店管理方面有着悠久的教育传统,最近又经历了以体育和赛事管理为重点的学位课程的迅速扩张。体育、旅游和赛事行业的这种互动被嵌入到大学本科和研究生课程中,并在这两个层次上为伯恩茅斯大学的旅游、体育、酒店、休闲和赛事学位课程的学生教授专门的体育旅游知识。

这两个城镇已有很多与其生活方式相关的体育旅游活动,作为对大多数旅游目的地拥有的传统主流体育赛事和活动的补充。这些活动包括越来越受欢迎的沿海运动项目,如公开水域游泳、冲浪和桨板运动(又称立桨冲浪板,standup paddle,SUP)。伯恩茅斯将这些体育运动的中心枢纽设置于博斯科姆码头地区,该地区因 2005 年开发已停业的伯恩茅斯冲浪礁而闻名,而伯恩茅斯码头则在岩石礁活动中心和剧院开展了冒险和体育旅游活动。随着英国旅游市场的变化,更为传统和温馨的日场戏剧表演已经被室内攀岩或码头滑索等高刺激肾上腺素的活动所取代。

该地区的自行车旅游,作为区别于普贝克山的山地自行车和流行于整个新森林地区的公路自行车和其他体育赛事旅游,正成为越来越受欢迎的休闲活动,甚至于这些活动如此快的普及引发了因容量问题和对乡村资源利用的

争议，以及与当地居民发生冲突等问题（Shipway 等，2016）。伯恩茅斯也是一年一度的伯恩茅斯七人制橄榄球赛的主办地，被称为"体育格拉斯顿伯里"，该赛事为期三天，吸引了超过 3 万名游客，除橄榄球赛之外还有无挡板篮球、曲棍球和躲避球比赛。而且，因该城镇毗邻包括英格兰超级联赛（English Premier League，EPL）的伯恩茅斯足球俱乐部（AFC Bournemouth）和南安普敦足球俱乐部（Southampton F.C.）等职业球队，也靠近南安普敦的阿盖斯碗（Ageas Bowl）这样的国际板球场地，自伯恩茅斯的职业足球队在 2015 年晋升为英格兰顶级联赛以来，其获得的成功和知名度的提升极大地提高了世人对该地区的认知。伯恩茅斯和普尔的许多体育旅游活动和赛事的举办地都在海滩进行，因此当地的旅游主管部门积极宣传他们的"七英里①的金色沙滩"，如举办沙滩排球、橄榄球、足球和手球活动，吸引了来自欧洲各地的游客。在桑德班克斯半岛上，普尔举办了独一无二的英国年度海滩马球锦标赛，这是高肾上腺素马球运动和晚上海滩派对的有趣结合。

伯恩茅斯大学的体育旅游本科和研究生的课程设置都涵盖了体育旅游的基础性知识和发展历史等内容，并以此为基础，讨论了体育旅游的主要当代问题、各种挑战和机遇，以及新兴的趋势和方向。大型和超大型体育赛事举办规模的扩大和举办频率的提高以及体育的全球化，加之新的体育活动和新兴目的地的出现，为学术研究提供了许多可供探索的研究案例。如对体育旅游者的动机、行为和体验的探究，还有对体育旅游的经济、社会和环境影响的整体分析，包括对赛事体育旅游的评估以及战略战术运用。我们鼓励学生探索参与型体育旅游市场，包括高尔夫、冬季和水上运动、生活方式及探险体育旅游。体育与旅游课程从《体育与旅游学刊》杂志的理论和经验发展中；从体育、旅游、赛事和休闲领域的相关杂志中；从健康和福利、创业和商业、社会学和社会心理学等多学科观点中汲取了大量的营养。全球体育旅游业的波动和变化也需要灵活的课程反应。对当地体育场馆、运动场和赛事进行体验式实地考察是本科和研究生体育旅游课程的组成部分之一。之前的行程还包括带领学生参观伯恩茅斯冲浪礁，聆听当地体育旅游经营者的客座讲座，然后自愿参加冲浪课程。另一种体验方式是在新森林骑自行车，在普尔港划船，或在南安普顿观看板球比赛。这些互动式的实地考察使学生更加了解体育旅游的发展机遇和管理挑战。

沿侏罗纪海岸往前走就是 2012 年伦敦奥运会和残奥会帆船比赛的场地——多塞特郡的韦茅斯和波特兰。奥运会的举办提高了多塞特作为旅游目

---

① 1 英里（mi）＝1.609 344 千米（km）。

的地的知名度,并留下了以帆船场馆为中心的基础设施遗产(Ritchie et al.,2009)。在奥运会期间,伯恩茅斯大学的师生作为奥运会的主要志愿者、奥运会前的火炬传递者或作为组委会的借调人员参与到赛事当中。这些独特的、一生中仅有一次的经历仍被保留并嵌入到当前的课程教学中;而对于学生志愿者来说,2012 年奥运会对于丰富个人简历和提高就业机会都是难得的 一次机遇。对于大学来说,增加学生的就业机会永远都是大学的主要目标;而很多应届毕业生可能会发现,无论是其在大学学习期间还是毕业后作为迈上职业阶梯的第一个台阶而言,他们的工作与体育旅游行业息息相关。为了协助英国教育部门灵活应对课程变化,伯恩茅斯大学在众多本科课程中嵌入了 12 个月的实习期,其中许多实习都与参与型体育旅游和体育赛事有关。

伯恩茅斯大学毕业生近期的就业情况包括有在英超工作的学生,例如,一名毕业于休闲营销专业的本科毕业生目前担任了伯恩茅斯足球俱乐部的商业总监,还有在伯恩茅斯大学就任管理工作和在 Golfbreaks SLtd. 等大型高尔夫旅游公司工作的毕业生。当前的体育旅游课程包括体育旅游相关行业从业人员的启发式的客座讲座,其中包括探讨遗产优势和挑战问题的 2012 伦敦奥运会场馆和体育场运营经理,以及专门从事专业帆船和户外赛事(包括跑步、自行车和冬季运动)的体育营销和赛事公司的高级管理人员等。毫无疑问的是,无论从公认的传统体育活动还是从新兴的体育赛事和体育运动方面,高规格的客座讲座都为学生提供了深入和多角度洞察体育旅游的机会。

伯恩茅斯大学体育旅游课程的成功取决于如下关键因素:提供到场馆或赛事现场的体验性实地考察;在体育、旅游和赛事行业中创造和提高工作经验和就业机会;对体育相关活动需求的不断变化做出灵活的反应;促进学生与行业从业者、客座讲师和目前就职于体育旅游部门的学生的互动。"嵌入""激发学生的热情"和"增加学生就业机会"这三方面的理念是伯恩茅斯大学体育旅游课程成功的关键因素。幸运的是,伯恩茅斯和普尔地区由于其先天的旅游目的地优势为学生提供了一个"体育旅游实验室"和窗口,学生们通过伯恩茅斯大学开设的体育旅游课程探讨体育旅游的发展问题。这些课程从理论、经验和实践上帮助学生深入了解多样的体育旅游现象,也为学生提供了多样的职业道路选择。

小结

体育与旅游在实践方面关系密切。游客在旅行中参与体育活动,而观众和运动员则是为了竞技目的或追求参与体育运动的机会而旅行。尽管体育和旅游之间存在明显的重叠，但体育和旅游之间关系的动态性仍有待探索。对体育旅游领域的重点研究将非常有助于该领域的系统性发展。虽然有关体育旅游的研究还处于初期，但在过去的 25 年里，它已经发展成为一个严谨的学术领域，产生了一系列连贯而有见地的研究，且这种连贯性并不意味着单一视角的研究方法。事实上，一个成熟的研究领域包含了挑战潜在假设、接受甚至赞许伴随这些观点的讨论而产生的分歧等多种视角。本章试图在最大限度上对这些视角进行澄清。特别重要的是，我们将体育旅游概念化为在有限的时间内离开家庭环境的体育旅行，其中体育的特点是独特规则设置、与身体能力有关的竞技和游戏（Hinch et al.，2001）。同样，我们也把体育定位为一种独特的旅游吸引物类型并根据扩大的体育旅游分类方法，确定了 4 个主要类型：①观赏型体育节事；②参与型体育节事；③参与型休闲体育项目；④体育遗产活动。这种分类显示了参与型体育节事的独特性质，但这种性质在以前的体育节事和参与型休闲体育项目中因未阐明二者的重叠关系而被忽视。本章提出的体育旅游吸引物系统有助于读者考虑与旅游体验有关的体育的独特方面。通过使用这种吸引物框架和明确对体育旅游的概念，可以表明"体育旅游与其他旅游活动的异同"（Green et al.，1998）。在接下来的章节中，我们将对体育旅游研究的这些独特方面进行批判性探讨。

第 3 章

体育旅游市场

对于谁是体育旅游者,以及体育旅游者为什么要参与这种类型的旅行的研究比最初展现出来的更加复杂。

Gibson,1998a

【引言】

Delpy(1997)说过,"完全以参与或观看体育活动为重点的旅游市场将成为独特而令人兴奋的概念"。时间来到 20 年后的今天,这种说法仍然具有现实意义。与体育相关的旅游现在被公认为是旅游业中一个充满活力且多样化的细分领域(Higham et al.,2009),它可以扩大吸引游客到目的地旅游的游客市场范围(Bull et al.,1999)。这个市场既可以从高度专业化的竞技体育市场角度去考察(Hagen et al.,2016;Moularde et al.,2016),也可以从一般视角来看待,如大型观赏型体育节事的大众旅游推广(Weed,2007)就证明了这一点。然而,现实情况是体育旅游是由一系列不同的细分领域组成的(Collins et al.,2001;Maier et al.,1993),因此,它需要通过有针对性的实证研究来了解这些市场(Hinch et al.,2016)。

当前对于充分认识到体育旅游现象的多样性并批判性地理解其在一系列空间尺度上独特性的必要性已得到充分证实(Higham,1999)。然而,在公众和政府的意识中,高规格、大规模的国际体育节事的旅游表现比独特和专业的区域体育活动更为突出。1999 年,Bull 等(1999)指出,"体育旅游确实是一个独立的细分市场的集合,这在主要城市地区与大型体育赛事相关的旅游业很兴盛,但在其他领域,体育作为旅游细分市场的潜力并没有受到充分的重视"。因此,当我们对细分市场的体育活动缺乏有针对性的深刻见解的时候,对于旅游目的地经理人想要通过举办大型赛事来获取旅游效应这一做法也就不难理解了。

了解体育旅游市场是体育旅游发展的重要基础。尤为关键的是，学界要以严谨的态度及时地解决诸如"谁是体育游客？""体育游客的动机是什么？""不同的体育旅游者群体之间的动机在多大程度上和以何种方式存在差异？"以及"体育旅游者在体育活动中寻求何种旅行体验？"等问题，因为这不仅为目的地规划和发展、资源管理和旅游营销提供信息，也涉及体育资源和旅游目的地的可持续管理（Hinch et al. , 2016）。因此，市场分析对于在区域或国家旅游目的地的背景下去考察体育旅游发展有效性至关重要。本章的第一部分讨论了体育旅游分类的概念方法，并对体育旅游市场分类和有效理解这些市场的方式进行了研究，最后提出了不同形式的参与型体育旅游所面临的挑战和机遇。

体育旅游需求的概念

对体育旅游的概念界定是体育旅游市场研究的一个有益的切入点。例如，尽管通过体育来促进旅游的方式和方法历经发展与融合，但是区分参与型和观赏型体育旅游之间的异同还是很重要的。Glyptis（1991，1989）使用了"一般涉猎者"和"专家"这两个术语来描述游客对参与型和观赏型体育运动的不同参与程度。Hall（1992b）也对两类参与型体育旅游者进行了分类：一类是将参与视为自我表现的"活动参与者"，另一类是在参与体育活动中进行竞技的"运动员"。尽管这种参与已经扩展到包括那些为了参加深度休闲活动而已经协商各种限制因素的人（例如有一定竞争力的业余运动员），然而这些术语确实提供了对参与体育运动的不同驱动因素的见解（Kennelly et al. , 2013）。"以体育为导向的假日"和"较少以体育为导向的假日"之间的区别是研究体育活动是否作为重要旅游动机的概念基础（World Tourism Organisation et al. , 2001）。随着时间的推移，已经形成了各种试图描述体育和旅游中广泛的参与方式的类型（Gammon et al. , 1997；Maier et al. , 1993；Reeves，2000；Standeven et al. , 1999）。

显然，在目的地参加体育活动的游客，其投入程度、竞技能力和主动/被动参与程度各不相同（Gibson，1998a），基于这些原因，体育旅游市场可以被划分为细分市场或"需求群体"，它们在游客体验的诸多方面都有所不同（第8章）。Maier等（1993）根据游客在目的地进行体育活动的强度，确定了四个需求群体（表 3.1）。然后，他们利用这些需求群体来有效地描述每个需求群体的独特资源开发需求。例如，顶级运动员在旅游目的地寻求那些与提高运动成绩尤其相关（例如训练、运动科学和运动医学设施等）的旅游资源。

表 3.1 体育旅游需求群体及其需求和必要设施(Maier et al., 1993)

需求群体	需求和必要的设施
顶级运动员	效率优先。获得比赛资格与适当的训练条件和设施是这些旅游者的首要需求,在满足这一群体的首要需求后,旅游组织者和目的地管理人员需要考虑到具体的住宿和餐饮需求(例如饮食需求)以及获得医疗、伤病康复设施和其他与运动表现有关的服务
大众体育群体	维护健康和保持体能是这个需求群体的目标。运动表现目标视个人而定,度假区的可及性和体育设施的质量是这个群体的主要考虑因素
偶尔参与体育运动群体	获得回报和声望远比在体育运动中追求体育目标来得更加重要。这一群体偏爱对运动技能要求较低的运动,如休闲滑雪和保龄球。在这个市场群体中,文化观光和其他兴趣与参与体育活动同等重要
观赏型体育旅游者	不追求个人体育活动。这个群体的关注点主要在大型体育赛事和著名的体育景点上,它包括教练和高水平运动员的支持团队、媒体记者等,需要大量的基础设施来满足这类群体的需求

就休闲和独特的旅游体验如何服务于运动员以实现他们的"旅游平衡"而言,人们对训练或比赛场地开展休闲和独特的旅游之后的体验感认知知之甚少(Higham et al., 2009;Hodge et al., 2008)。"旅游平衡"说的是精英运动员偶尔摆脱常规(如训练计划)和高压力运动表现的需要。现在,通过定期体验新的和独特的地方刺激来缓解竞争压力被视为体育表现的一个重要方面(Hodge et al., 2007)。Hodge 等(2008)认为,职业体育中的"旅游平衡"不仅对于在比赛地取得最佳成绩至关重要,而且对于更长的时间(职业)维度上抵御"倦怠"的前景也非常重要。这与"偶尔参与体育运动群体"和"观赏型体育旅游者"形成了鲜明的对比,后者可能会优先考虑目的地可能提供的场所和旅游体验,因为他们更有可能受到"体育文化"和可能与体育吸引物相关的遗产价值的激励影响(Gammon et al., 2013)。

同样地,Reeves(2000)在 Maier 等(1993)早期文献贡献的基础上,确定了体育旅游者的六种类型,并从参与决策、动机、生活习惯和花费等方面解释了他们之间的区别(表 3.2)。这一分类方式再次凸显了体育旅游市场的多样性特征。应当指出的是,Reeves(2000)的分类是对当前存在现象的描述而不是定论,例如,分类当中包含的对游客支出相关的概括性论述还需要更严谨的研究来支撑。目的地选择自主权对于那些在比赛前需要接受严格训练计划和安排（即职业体育组织）的"内驱型"运动员来说可能会受到限制，特别是对于团队项目。不过，现在情况下"内驱型"（精英）运动员偏好需求都可以通过协调、调整（通常由管理机构、管理者或法律顾问调解）得到满足，例如给予一段时间的休假安排，以及对旅行、训练和比赛日程安排和调整方面给予一定程度的自主权等。

表 3.2　体育旅游者类型及其群体特征（Reeves，2000）

| 类型 | 参与决策 | 动机 | | 生活习惯 | 花费 | 群体特征 |
		参与	不参与			
顺带参与	不重要	义务性参与	不像度假般放松	体育很重要	极少	家庭
极少参与	相对重要	在方便前提下参与	行程易变	非必需	较少	朋友和家庭
偶尔参与	一般重要	步入旅游体验行列	有其他的工作安排	炫耀性消费	有时高	通常是个人，特别是商务旅行
规律性参与	重要	休闲娱乐的重要部分	时间与金钱限制	重要	相当多	群体或个人
全身心参与	非常重要	体验是核心	因为不可预见的障碍	决定性因素	非常高且是持续的	个人或与志趣相投的伙伴
内驱性参与	非常重要但不受控	唯一动机	受伤或害怕受伤	业内人士	非常高但是接受资助	精英运动员团体或个人

　　Robinson 等基于体育和旅游动机发展形成了体育旅游者的概念（表3.3）。他们将旅游者动机作为首要因素区分两种体育旅游形式。他们使用"体育旅游"一词，其中体育是主要的旅游动机，其他旅游活动可能重要但属于次要的旅游体验要素。另外，在"旅游体育"中，体育是旅游体验的次要或附带成分。Gammon 等（1997）也对主动和被动参与竞技和非竞技运动进行了区分。因此，"体育旅游"和"旅游体育"都可以从硬参与和软参与的角度来界定，两者的区别在于游客对于他们选择的运动项目的参与深度不同。这个概念框架体现了体育旅游市场的多样性，随着参与规模和竞技性的不同，体育运动可能成为主要、次要或纯粹偶然的旅游动机。它也可以作为第 2 章提出的旅游吸引物层次的概念的补充。

表 3.3　基于体育和旅游动机的体育旅游者概念(Gammon et al. , 1997)

类别	解释
体育旅游	在旅行中主动或被动参与竞技或娱乐运动的个人或群体。尽管旅游的元素可能会加强旅游效果的整体体验,但是体育是旅游的主要动机
・ 硬性定义	主动或被动参与竞技性体育赛事。体育(如奥运会、温网或伦敦马拉松等)是旅游的主要动机
・ 软性定义	主动参与体育/休闲活动(如滑雪、步行、远足和皮划艇等)
旅游体育	主动或被动参与竞技性或休闲性运动,度假或游览而非体育是主要的旅游动机
・ 硬性定义	竞技性或非竞技性的运动(如运动游艇、健康和健身俱乐部)是丰富旅行体验的重要和次要动机
・ 软性定义	竞技性或非竞技性的运动或休闲作为假期体验的纯粹偶发性因素

　　由此,Gammon 等(1997)确定了三个维度,强调了体育旅游需求方面存在的差异性,它们包括体育活动在游客动机中的地位(主要、次要或偶然)、参与体育活动的类型(主动或被动)以及体育活动的竞技性或非竞技性。这样做有助于更好地了解体育旅游消费者市场,从而深入了解每个人所需的体育和旅游相关的服务和体验。游客参与体育活动的程度也构成了 Standeven 等(1999)提出有关体育旅游活动分类的基础(表 3.4)。Standeven 等对体育活动假期的分类在某种程度上也说明了体育旅游市场的多样性。例如,以单一体育活动作为假期的旅游适合那些寻求从事特定运动,如高山滑雪、越野滑雪或单板滑雪等的游客。在这种情况下,目的地更广泛的旅游元素可能在旅行决策过程中没有什么影响。这与多元化的体育活动假期市场形成鲜明对比,在多元化体育活动假期市场中,参与体育活动的机会更多更广,而且不太可能成为游客活动的唯一重点。

表 3.4　体育旅游活动分类(Standeven et al. , 1999)

类别	举例
体育活动假期	
・ 单一性的体育活动假期	滑雪、骑自行车和徒步等
・ 多元化的体育活动假期	运动营地和度假俱乐部(如地中海俱乐部)等
假期体育活动	
・ 有组织的假期体育活动	高尔夫球、漂流和游轮等体育活动
・ 独立的假期体育活动	探险活动(如蹦极)

续　表

类别	举例
假期观赏型的体育活动	
• 专门性的体育观赏	奥运会、高尔夫大师赛、温布尔登网球锦标赛、肯塔基赛马会、博物馆、名人堂和体育场馆参观等
• 休闲性的体育观赏	冰球（爱尔兰）、泰拳（泰国）和斗牛（西班牙）等
非休假期间参与型体育活动	训练营、商务和会议旅行期间的休闲运动
非假期时间的观赏型体育活动	在香港出差时观看龙舟比赛

这些分类以及这个分类范围内的其他细分都显示了鲜明的市场特征。尽管体育旅游活动分类的界线日益模糊，但在这一分类中，"主动"和"被动"分别指参与体育和不参与体育的情况。这些不应该与积极参与体育旅游的其他形式（例如团队管理或为参加比赛的人提供支持的团队）相混淆。此外，在某些比赛中，会有现场鼓励观众积极参与支持参赛运动员或团队（如在比赛中悬挂横幅或场间观众助威）这样的活动方式，以此在体育场和其他运动场馆营造气氛。不过，在其他场合下，并不鼓励观众采用上述方式进行自己的文化展示，因为这可能会突出球迷认同行为，反而导致场上运动员的运动技能不能充分发挥。

上述学者的分类在 1993—2000 年被提出和发表后，在体育旅游领域的学术发展中发挥了重要作用，他们为行业、政府和学术界提供了关于体育旅游市场中游客类型的重要见解。他们还通过明确体育游客类型的概念，为市场营销人员提供了对体育旅游的独特表现形式的见解。然而，尽管这些分类对这一学术领域的发展做出了重要贡献，但仍被批评者认为具有局限性，因为它们将复杂的现象简化了（Weed，2005）。有人认为，类型学方法虽然在解释方面有用，但不足以促进对体育旅游现象的理解（Weed，2005）。

因此，自 2005 年以来，学术界一直试图将体育旅游领域从描述和解释转向批判性理解（Gibson，2006；Higham et al.，2009；Weed，2005）。为此，Weed（2005）反对将体育或旅游置于首要地位的观点，认为"在许多体育旅游体验中，体育或旅游的首要地位是无法确立的。事实上，对于许多体验而言，单独的、可区分的体育或旅游元素可能并不存在"（Weed，2009）。他反而认为正是不同地方的独特文化现象，包括其下延伸的体育文化，如价值观、信仰、行为（包括比赛风格和规则解释）和传统（Hinch et al.，2004）等，形成了体育旅游研究的复杂性。由此可知，正是这种复杂性引起了对上述分类的批判。Weed（2005）提出，所有的体育旅游现象都代表着活动（各种体育活动）、人（主体和客体)和地点(体育活动发生的独特地点)之间复杂而独特的相互作用(图3.1)。Weed 的这一概念有效地推动了该领域的发展,使人们能够理解与活动、人和地点相互作用形成的独特体育旅游现象(Evans et al.,2016;Morgan,2007)。

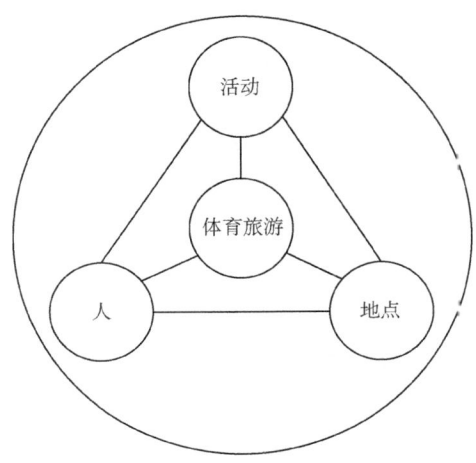

图 3.1　体育旅游作为活动、人和地点的相互作用(Weed,2005)

Redmond(1990)对体育旅游市场进行了系统分类,其中包括体育度假、多样性的体育活动节日和世界锦标赛,以及体育名人堂和博物馆等三类。在Redmond 分类基础上,Gibson(1998a)通过文献分析提出了体育旅游分类的方式,包括参与型、节事型和怀旧型体育旅游。在此,我们借鉴了 Gibson(1998a)和 Redmond(1990)的早期贡献,提出了体育旅游的四种分类方式,并将其用作以下讨论的框架:

　　(1) 观赏型体育节事;
　　(2) 参与型体育节事;
　　(3) 参与型休闲体育项目;
　　(4) 体育遗产活动。

观赏型体育节事

　　体育节事旅游的突出特点是为体验体育节事而进行的旅行,其中观众的数量超过了少数精英运动员(Hinch et al.,2004)。研究观赏型体育节事的实例集中在奥运会、国际足联世界杯、橄榄球世界杯和一级方程式大奖赛等大型体育赛事上（Burgan et al.，1992；Fourie et al.，2011；Jones，2001；Ritchie，1984；Weed，2007）。不过，体育竞赛本身并不一定是一项体育节事旅游的首要吸引物，例如，温布尔登网球公开赛等标志性体育节事可能是因其遗产和传统价值而被吸引；美洲杯和超级碗则可能出于商业目的而受到关注（O'Reilly et al.，2008）。因此，大型观赏型体育节事可能会吸引到游客，但体育竞赛本身对他们的旅游动机来说只是一个偶然的或次要的因素，这表明市场细分的方法同样适用于观赏型体育节事市场的分类，这一方法需要进一步的实证研究。

众多的旅游发展途径可能需要将与观众驱动的精英体育节事联系起来。Faulkner 等（1998）强调，体育和旅游部门需要建立一套机制以确保抓住这一机遇。在对 2000 年奥运会的研究中，他们指出：

> 实际上，举办奥运会既可以带来旅游机会，也可以抵消负面影响，而前者的突出程度和后者的改善程度最终取决于行业和相关公共机构采取的杠杆策略的有效整合程度（Faulkner et al.，1998）。

2000 年悉尼奥运会的筹备工作涉及一项协调的杠杆计划，要求联邦和州一级的体育和旅游管理人员积极参与其中。该计划最终实现了目的地的有效宣传、成功的赛前训练和适应性训练、常规活动激励和由奥运引发的旅行、赛前和赛后旅游路线的推广，以及将游客对于目的地的负面观点有效转移并降至最低等目标（Faulkner et al.，1998；O'Brien，2006）。利用精英体育节事需要清楚地了解除体育节事引发的旅游之外存在的其他旅游发展机会。事实上，已经有大量关于由现代奥运会引发的旅游的预测与评估研究（Kang et al.，1994；O'Brien，2006；Pyo et al.，1991）。值得注意的是，奥运旅游的范围和规模很容易被高估和夸大（Weed，2007），正如 Faulkner 等（1998）所观察到的："一旦将前往主办城市的正常旅行水平考虑在内，由奥运会诱发的旅行的净值效应将会大大降低。"

重要的是要认识到游客进出空间分析单元的复杂流动（这个空间随体育节事目的地的定义规模而变化）（Preuss，2007；Weed，2007）。媒体对目的地容量限制（如交通拥挤、住宿需求过多、造成不便、费用增加和安全问题等）的关注可能会助长转移效应（实际的或感知的），当举办体育节事时，这些因素可能会带来压力。Pyo 等（1991）指出了一系列可能阻碍人们参加夏季奥运会的因素，如政治抵制、价格垄断、拥挤和堵塞以及安全问题等。门票的分配也可能会影响体育游客参加奥运会等赛事的倾向（Thamnopoulos et al.，2002）。Chalip 等（1998）对参加奥运会的旅游兴趣来源进行了分析，就旅行决策过程而言，这些分析使人们了解到体育节事本身和举办体育节事的目的地在旅游决策过程中的相对重要性。这些研究为举办体育节事的成功提供了非常有用的信息。

体育旅游市场虽说因体育节事而异,但一些概括性总结还是可能的。例如,Faulkner 等(1998)使用"体育迷"一词来描述专门前往目的地参加体育赛事的游客,这些游客专注于赛事本身,对于赛前和赛后旅游安排没有明确倾向。这个术语描述了一个专注于体育节事本身的体育旅游市场。Chalip(2001)观察到,在 2000 年奥运会之前,许多澳大利亚城市都瞄准了特定的细分市场。其目标人群针对的是国家奥运代表队和跟随其队伍的旅游爱好者们。

同样,2006 年德国世界杯也促进了参加世界杯的各国国家队与世界杯期间接待这些球队的城市之间的联系。这种联系发生在各国足球队、主办城市和与大批希望靠近"他们"球队的球迷之间。越来越多的证据表明,在比赛前和比赛期间,球迷的行为可能会受到"他们"喜欢的球队所在地(如训练基地)的影响。英格兰板球球迷群体"巴利军"(Barmy Army)就是一个很好的案例,该群体并不在乎所支持球队的战绩好坏,他们花费大量时间和金钱追随球队到世界各地观看比赛(Weed et al.,2012),其旅行决定也与球队的比赛行程密切相关。

与"体育迷"相比,体育观众可能与体育的关系更为随意,在这种情况下,"观众的兴趣和比赛上座率会随着胜负、场地状况、明星球员的出场,以及天气的变化而变化"(Stewart,2001),这些相对随意的消费者对体育旅游需求市场提出了挑战。有研究清晰地表明了去了解体育旅游者的旅行动机和更广泛的赛前赛后行程的重要性。充分利用体育旅游节事需要考虑目的地的体育和旅游产品,体育设施和服务的供需,以及赛前、赛中、赛后的旅游体验(Faulkner et al.,1998)。当前对于精英运动员的旅游体验研究知之甚少。尽管与那些到目的地体验体育表演的游客的原因不同,将精英运动员视为前往旅游目的地的游客是一个有趣的命题,现在已经有一些旅游目的地积极行动起来,探索吸引和迎合精英运动员和运动队的方式方法(Chalip,2004b;Francis et al.,2005)。

参与型体育节事

体育节事旅游领域的许多研究都集中在大型观赏型节事上(Weed,2007),其实,这只是体育节事旅游的一部分(Bull et al.,1999;Gratton et al.,2005)。参与型体育节事旅游包括竞技性的非精英、业余和休闲体育节事,这些节事的参赛者的数量可能很大，而观众人数可以忽略不计或不存在（图 3.2）。非精英体育节事吸引大量家人和朋友作为观众这种情况也是存在的（Carmichael et al.，1996）。在某种情况下，精英和非精英选手被安排在同一个比赛中，这就造成了精英运动员（和观众）和非精英选手的广泛汇聚。伦敦、纽约和波士顿马拉松比赛就是此类赛事的成功写照。节事体育旅游中的参与与观赛两者之间的关系更值得学界关注。这些不同形式的节事体育旅游可以进行单独的分析，因为其中涉及的市场、营销的可行性、基础设施要求、游客行为、旅游模式以及相关的游客体验的研究都可能形成显著性差异。

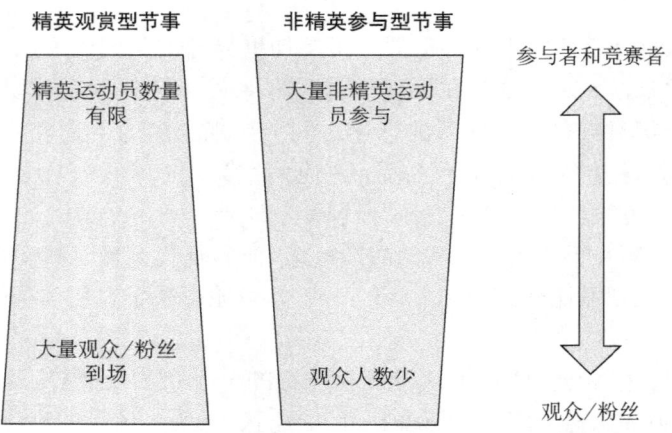

图 3.2　精英和非精英体育节事的观众和参与者的参与度

Bale（1989）指出，"即使是相当小的体育赛事也能为其所在的社区带来大量的收入"。第 1 章概述的趋势有助于解释为什么参与型体育在近年来有如此大的增长，这为旅游目的地创造了大量可利用的机会（Derom et al.，2016）。那些由于容量限制而无法举办大型体育赛事的目的地可能会竞相举办吸引优秀的或非精英参与的体育节事（Gratton et al.，2005；Higham，1999）。以 Chogahara 等（1998）关于日本全国老年人体育节的报告为例。该研究表明，参与者倾向于参加一系列旅游活动，特别是在节事期间和节事结束后参观游览和泡温泉。这项研究证实，那些参加较小或非竞技性体育节事的人更有可能利用目的地节事的机会从事旅游活动。对于竞技性不强的旅游市场中的那些参与者旅游偏好研究还鲜有探讨。这个细分市场的特点是游客旅游动机不同于精英和竞技性节事的参与者。

区别精英和非精英节事体育旅游很重要（图 3.2）。Carmichael 等（1996）认为，应从观众和参与者角度来区分节事体育游客，参与型节事的体育游客包括运动员、官员和教练员,他们的研究关注了游客来源、停留时间、支出模式、陪同参与者的亲朋好友数量以及他们返回主办节事城镇的意向等方面,这种动机研究将精英体育节事的参与者和非精英体育节事参与者区分开来(第 8 章)。

针对这一点,一些二线城市或省一级的城市为了追求"在全球舞台上大放异彩",将注意力放在"次顶级"体育节事的举办上(Whitson,2004)。但是,Gratton 等(2005)针对此种现象提出了不同的观点,他们警告说要防范举办这些"次顶级"节事所带来的旅游和经济效益被过度夸大;Black(2008)在提到"次顶级"体育节事时指出,"由于节事带来的效益长期被过度营销,其机会成本将被最小化或被忽视"。同样地,Whitson 等(1996)指出,在没有一个成熟的旅游贸易体系的情况下,"认为仅凭这些节事就能建立起一个可观的旅游经济是一种幻想,毕竟市场效应太小,竞争又太激烈。"Higham(1999)指出,小规模节事也可能产生与大型节事(在自己的地理分析范围内)相同的积极影响,但关键是要在较小社区的基础设施和"旅游经济"的限制条件下现实地去考虑这些问题。

撇开这些观点不谈,本书单独阐释参与型体育节事的一个重要理由是近年来参与高竞技性的非精英体育节事的人数显著增加。这是自 2010 年原著第二版出版以来体育旅游发展的一个新特点。许多这样的参与者在为他们的目标节事制定了严格的训练计划,但他们的目标是以自我为参照的,而不是以结果为导向(Falcous,2017)。这类节事包括山地自行车和铁人三项等运动,众多比赛的参与者不是与其他竞争者对抗,而主要是进行自行训练、参加比赛和自我表现的衡量等。

参与型休闲体育项目

参与型体育旅游市场是由在旅游过程中追求身体参与竞技或非竞技体育的个体构成。这些参与可以被定义为"去体育化",因为它们是"松散的、非竞技性的和与社会联系的"(Falcous,2017)。多篇已发表的文献探讨了参与型体育旅游市场(Funk et al.,2007;Getz et al.,2011;Gillett et al.,2006;Green et al.,1998;Shipway et al.,2007;Yusof et al.,2001)。然而,Gibson(1998a)指出,参与型体育旅游市场研究通常是"稀缺的、描述性的、理论性的"。1992 年,Yiannakis 等提出了"体育爱好者"的概念,用以描述在商务或休闲旅游中,越来越多积极参与体育活动并始终保持这种状态的个体所代表的旅游市场,这里面有专程去进行体育活动而度假的游客(比如滑雪和单板滑雪），也有在度假期间从事休闲体育活动的游客（Standeven et al.，1999），而更重要的可能是另一类人，他们受热爱体育的内心驱使主动前往某特定地点积极参与体育活动，而且当前这类人的人数增长的趋势非常快。这些体育活动的积极参与者有的是为了提高他们的运动技能和能力，有的纯粹是为了竞技；不过更多的人是为了亲历那些独特的、有名的运动场所所带来的一种个人或集体的认同感，并加强与之在一个体育亚文化群中的联系（Green et al.，1998；Higham et al.，2009）；参与型体育旅游还可能会允许活动参与者有机会接触到优秀的高水平/精英运动员。

参与型体育旅游市场人群通常被描述为身体活跃度高、受过大学教育、经济相对富裕、年龄在18～44岁的人群（Delpy，1998），但是这种宽泛的分类可能被泛化，从而掩盖了其在范围、种类方面越来越呈现出来的多样性。如果不能理解这一点，就会对该领域的发展和认知造成危害（Green et al.，1998；Lamont et al.，2014；Shipway et al.，2007）。事实上，无论是从事体育活动的人（Ross，2007；Stewart et al.，2003；Taks et al.，2006）还是从事旅游活动的人（Bieger et al.，2002；Dolnicar，2002）都面临着如何进行市场细分的问题。同样，各种细分方法也被应用到参与型体育旅游市场（如 Gibson et al.，1998）中。

地理市场细分

基于客源或地理位置对参与型体育旅游市场进行细分是体育旅游实践的一种常用方法。人们进行体育活动的地理位置建立了其居住地与其接触的特别建造的或天然的（如季节性的）体育资源之间的联系，同时也决定了在特定地点从事某些体育运动的机会（Bale，1989；Rooney et al.，1992）。这些体育资源，无论它们是自然资源（如冲浪海滩）、建筑资源（如体育场馆）还是两者的结合资源（如滑雪场），都会影响到作为体育活动竞赛者、参与者或观众的选择。尽管体育和旅游市场的全球化挑战日益加剧（Higham et al.，2009），但本地体育文化依然举足轻重，深刻彰显个人和社区的品质，因此本地体育文化仍然在很多情况下具备广泛持续的研究讨论空间（焦点3.1）。还有观点认为，独特的本地体育文化的保护和美化对于彰显体育的独特性以及与体育相关的旅游业的可持续性至关重要（Hinch et al.，2005）。

焦点3.1　体育与空间

体育不仅仅是一场比赛，它本身就是一种"社会现象"（Laidlaw，2010）。

Laidlaw(2010)认为,体育对国家认同非常重要,它可以改变社会和政治历史的进程。体育在一系列空间尺度上作为一种社会现象发挥作用。Laidlaw(2010)指出,体育运动在新西兰(橄榄球联盟)和澳大利亚(橄榄球联盟)等国家塑造民族认同方面发挥着重要作用,同样的例子还有印度(板球)、巴西(足球)、加拿大(冰球)和爱尔兰(爱尔兰式足球)等。"体育和国家形象的耦合很常见"(Ward,2009)。在地区层面上,英格兰北部已经发展成为联盟式橄榄球的大本营,以回应英式橄榄球联合会对英国本土郡县球队的排斥(Laidlaw,2010)。北美的橄榄球联盟也是同样的问题,这项运动在美国和加拿大两国的西海岸非常盛行。另外,空间分析也适用于城市和郊区层面。尽管现在大家都在说体育全球化,但墨尔本的维多利亚仍然是澳式橄榄球的大本营,而悉尼(新南威尔士)则是国家橄榄球联盟(英式橄榄球)和布里斯班(昆士兰)橄榄球联盟的大本营。在郊区也可以看到同样的社会学现象:如巴尔曼和帕拉马塔等悉尼工薪阶层居住的郊区是橄榄球联盟的忠实社区;在惠灵顿(新西兰),怀努约马塔郊区则被认定为橄榄球联盟家园,同样由橄榄球联盟认定的佩托尼也是如此(Laidlaw,2010)。总而言之,我们可以在国家层面、区域层面、地方甚至郊区层面开展对体育的认知分析。

参考阅读:

　　Laidlaw,C.(2010)*Somebody Stole My Game*.New York:Hachette.

国家与体育参与模式的联系现在毫无疑问已被充分证实(Breuer et al.,2011;Wicker et al.,2013)。积极体育旅游参与模式可以在国家层面概括为参与率、具体体育项目的参与和参与性别(Coakley,2017)。例如,加拿大的体育参与高度集中在相对较少的运动项目上:高尔夫球、冰球、游泳、足球、篮球、棒球和滑雪等;在参与率方面,男女比例显著失衡(Ifedi,2008)。诸如此类的研究为体育和旅游管理者提供了丰富的信息,这些信息帮助人们更深刻了解体育参与和旅游偏好之间日益增多的交集和不断变化的模式。

社会经济市场细分

社会经济市场细分的标准以职业和收入等要素为基础(Swarbrooke et al.,1999)。在北美和古巴,参与廉价的、基于团队的如街头篮球和棒球等接触性运动项目,是社会经济地位较低的城市青年的典型特征(Thomson,2000)。低门槛、低成本的个人体育项目,如篮球、拳击和综合格斗(mixed martial art,MMA),也为一些运动员打破困难境况、虐待或贫困等恶性循环开辟了道路(Coakley，2017)。相比之下，昂贵的、个人的和非接触式的运动长期以来一直受到社会上层阶级的青睐(Yiannakis，1975)。Booth 等(1999)认为，"高尔夫、网球、帆船、障碍赛和滑雪等运动反映了上层阶级独特的审美和道德观、时间或空间概念，参与这些运动也是代表其物质和身份地位的象征"。这些体育消费者"可以随意地在中午、周中或淡季(通过前往另一半球)参加运动，并且他们拥有体育资源，这些资源地可能是不对外开放的，也可能处于偏远地方比如隐居地、乡村俱乐部和旅馆、私人活动保护区等"(Booth et al.，1999)。体育运动可以用来制造和巩固阶级差异，其发挥的作用就像距离在旅游度假决策中发挥的作用一样(Casey，2010)。

体育与社会经济地位之间的联系也受制于社会和经济全球化的力量(Higham et al.，2009；Maguire，2000)，在参与和观赏体育两个方面都是不可避免的。根据 Laidlaw(2010)的说法，英格兰的许多运动项目——槌球、马球、网球和橄榄球联盟——已经"很长一段时间处于分裂状态"。那些在英国公立学校中仍然保留的运动项目……对于中上阶层以下的人来说是无法企及的。Laidlaw 指出，因为足球运动技术门槛较低且可及性强的特点，无论在英格兰还是在世界范围内，大众都毫无疑问地被足球这项运动所吸引，转而去踢足球。但从观众的角度，橄榄球联盟一直被认为属于异端现象，这与风靡于全球各国和五大洲的足球俱乐部的球迷群体形成鲜明对比。因此，虽然民主化是近几十年来的主流趋势(Coakley，2017；Standeven et al.，1999)，但这些体育运动固化了社会经济地位(Booth et al.，1999)。

人口市场细分

Swarbrooke 等(1999)证实了"基于人口特征对群体进行细分在旅游业中特别受欢迎"的观点。例如，北美体育旅游市场的人口统计数据表明，积极参与体育活动的人数因年龄而异(Ifedi，2008；Loverseed，2001)。在美国，最受欢迎的参与型运动包括休闲游泳(94%)、散步(83%)和保龄球(74%)。健步行、跑步机、伸展运动、高尔夫、钓鱼等运动是老年人市场(55 岁以上)的首选，而篮球、足球、棒球等运动更受青少年群体的青睐(6~17 岁)。参与高尔夫球运动的群体会受到如收入、高龄和"空巢"状态(Tassiopoulos et al.，2008)等人口统计学变量的影响。在加拿大，参与冰球、排球和足球等运动的主要是富裕的年轻男性，他们通常是学生(Ifedi，2008)。Hudson 等(2010)一项针对中国人和英裔加拿大人的研究显示了文化或种族背景差异对于加拿大高山滑雪者的影响作用。

Gibson 等(1998)从一个完整生命周期的角度对参与型体育旅游市场进

行了更详细的人口统计分析。他们将参与型体育旅游市场划分为成年早期(17～39 岁)、成年中期(40～59 岁)和成年晚期(60～91 岁)三个人生阶段。虽然参与型体育旅游往往在成年早期的人群中进行,但"相当多的男性和女性在成年中期和晚期也会选择以体育为导向的假期"(Gibson et al.,1998)。Harahousou(1999)和 Tokarski(1993)都认为,成年晚期的体育活动呈上升趋势。参与型体育旅游市场也受到女性参与体育的社会习俗变化的影响。Gibson 等(1998)指出,"由性别类型带来的社会期望如何影响妇女参与体育运动和身体活动,是探讨性别和体育相关主题一个很好的例证"。当前,因性别适宜性的社会意识形态的改变,原来历史上由男性主导的一些体育活动尤其是接触性运动项目现在也出现了女子参与的现象(Carle et al.,1999;Wiley et al.,2000;Wright et al.,1999)。例如,女子橄榄球联盟和足球已经成为主要的增长市场,这反过来又刺激了基于性别差异化的体育参与体验的研究(Green et al.,1998)。

心理市场细分

心理学研究的前提是"人们的生活方式、态度、观点和个性决定了他们作为消费者的行为"(Swarbrooke et al.,1999)。例如,全民健身参与者的心理就不同于那些通过积极参与运动来追求技术挑战或竞技者的心理。全民健身的定义标准包括无需参赛资格、没有冠军奖金和无需参与者之间的竞技等(Nogawa et al.,1996)。相反,"全民健身……注重体育参与的乐趣和与健康相关的健身,并不强调过度竞争。全民健身节事的概念是每个参与者都是赢家"(Nogawa et al.,1996)。因此,基于全民健身参与者与有竞技追求的参与者之间的差异,可以有效地对参与型体育旅游市场进行纽分。

积极参与一些体育运动也可能与独特的亚文化相关联,这是身份的一种表达(Green et al.,1998)。Wheaton(2004,2000)在她的帆板冲浪人种学研究中分析了这样一种现象。她发现,帆板冲浪、单板滑雪和山地自行车等新兴的个性化休闲运动的出现,"不仅是间歇性的娱乐,而且是参与者参与了一个多层次的休闲亚文化"(Wheaton,2000)。亚文化可以以多种方式表达,包括诸如职业、工作时间、居住地和旅游目的地偏好等(Wheaton,2013)在内的生活选择。Heino(2000)在单板滑雪方面也有类似的结论。这两项研究都表明,与个人运动相关的价值观对塑造参与者的态度和个性有很大帮助(第 6 章)。缺乏组织和监管的体育运动,如沙滩排球、街头篮球、山地自行车和滑板,"强调了诸如兴奋、自发性、叛逆、不从众、善于交际和创造力等价值,这些价值观在青年文化中具有相当重要的意义"(Thomson,2000)。

体育游客的心理特征也受到文化的影响。跨文化研究表明，体验情感的标准在诸如对行为、幸福和快乐理解方面在不同文化中都有影响（Eid et al.，2001）。这种方法已被有效地用于分析欧洲、美国和东亚文化在高唤醒积极情感状态下（如主动参与、兴奋和肾上腺素）和低唤醒积极情感状态下（如被动参与、平静与安宁）的差异研究（Tsai，2007）（案例研究3.1）。当然，在相同的文化内部也存在着差异，体育活动的类型还可能会随着时间的推移而变化，例如，到新西兰旅游的日本游客通常会参加一些相对轻松闲暇的活动（看风景、乘热气球和打高尔夫等）。随着时间的推移，这个市场加进来更多的参与型活动，如跳伞、激流漂流、喷气快艇和洞穴探险等，这些动态趋势反过来又促进了旅游目的地的发展（Higham，2005）。

同样地，也有人认为，随着时间的推移，职业成为形成亚文化群体的一个重要因素，在这个过程中，人们到目的地参加某个特定的赛事，或者把某个特定的地方视为其职业阶梯的一个发展阶段（Getz et al.，2014）。这些研究"强调了在推广体育节事时利用节事消费者与运动亚文化的认同效用"（Green et al.，1998）。事实上，Green等（1998）提出，在目的地积极参与体育运动的人优先考虑的是如何利用运动分享和亮明他们的身份，而竞技元素并非是首要的。

案例研究3.1　文化、理想情感与体育旅游动机

伊藤英二（Eiji Ito），日本和歌山大学旅游学部

情感价值理论（Tsai et al.，2006）被用来研究休闲、情感和文化之间的关联。Tsai（2007）提出参加休闲活动可能是人们试图减少理想情感和现实情感差距的一种方式。具体来说，想感受到高唤醒积极情感的人（即他们的理想情感）更愿意参与跳伞等刺激活动，而想感受到低唤醒积极情感的人则更愿意参与温泉沐浴等放松活动。在Tsai（2007）对理想情感的研究中，她发现欧洲裔美国大学生更喜欢高唤醒积极情感，因此热衷于参与型的体育活动，而亚裔美国学生更喜欢低唤醒积极情感。因此，Tsai将理想情感（即人们想要体验的情感）与人们想要从事的活动类型结合起来，并证明这种关联可能受到了文化的影响。最近，Tsai的观点得到了Mannell等（2014）的支持，他们认为在休闲而非带薪工作期间，欧洲裔加拿大成年男性达成了他们理想的低唤醒积极情感水平。

鉴于休闲和体育旅游之间的密切关系，情感价值理论也有助于理解体育游客的动机。Tsai（2007）的研究认为，当欧洲裔美国大学生被问及他们的理

想假期时,他们与香港华裔大学生相比更倾向于参与积极主动的体育活动(如冲浪和跑步等)。另一个例子是一些人在休闲旅游过程中参加户外游憩活动时发现的。根据 Walker 等(2001)的研究发现,欧洲裔的北美户外游憩者偏好高唤醒度活动(如徒步旅行),而中国户外游憩者偏好低唤醒度活动(如观赏风景)。因此,我们有理由怀疑,理想情感可能是研究体育旅游者旅游动机的关键,尤其是在跨文化情境中。

2015 年,全球国际游客人数达到 11.86 亿人次,预计到 2030 年将达到 18 亿人次(World Tourism Organisation,2016)。亚洲国家的发展趋势也不例外。日本正成为一个越来越受欢迎的旅游目的地,国际入境游客人数超过 2 400 万(Japan National Tourism Organisation,2017)。尽管大多数入境游客来自中国和韩国,但在欧洲和北美国家中,美国成为第一个在 2015 年超过 100 万赴日游客的国家,并在 2016 年超过 120 万(Japan National Tourism Organisation,2017)。这种模式表明,日本国际入境游客的文化背景日趋多样化。因此,针对日本入境旅游的现状,我们需要密切审视旅游、动机和文化三者之间的关系,这将为日本体育旅游业的发展提供重要的现实意义。

情感价值理论意味着要充分考虑旅游者的文化背景,以保证有效的旅游营销。当然,这也适用于日本的体育旅游以及其他类型的旅游者。首先,鉴于日本丰富的海洋资源,如它拥有 6 000 多个岛屿(Harada,2016),海洋体育活动是日本参与型体育旅游的重要形式。正如 Tsai(2007)所说的那样,西方人预计会对像冲浪这样激烈的海洋活动感兴趣,而东亚人则更可能对浮潜(戴呼吸管潜水)这样轻松的海洋活动感兴趣。现在,冲浪已作为正式比赛项目亮相 2020 年东京奥运会,因此,日本很有可能抓住西方人的"注意力"成为冲浪旅游胜地。

其次,日本的棒球比赛提供了一个有趣的视角,让我们了解到赛事观看、体育旅游动机和体验之间的差异。根据 Tsai(2007)的理论,西方人对在场外的座位上观看棒球比赛感兴趣,并有私人的啦啦队(即日本独特的用喇叭或鼓等乐器进行的集体加油方式),而东亚人则对在远离啦啦队的豪华场内座位上观看比赛感兴趣。除了激动人心的啦啦队,在第七局发射气球,或者从穿着非常性感的制服、背着啤酒罐在看台上漫步、微笑着挥手示意的"啤酒女孩"那里购买啤酒,也会为日本棒球场的西方游客提供高唤醒度的体验状态(Graczyk,2014)。

最后,在遗产体育旅游方面,西方人可能特别喜欢参观具有尖端科技交互式、设计和技术互动式的博物馆,而东亚人往往对被平静气氛包围的传统博物馆式介绍更感兴趣。例如,世界知名的日本体育公司亚瑟士(ASICS),在神户建成的亚瑟士体育博物馆就是一个广受欢迎的旅游目的地。鉴于该博物馆通过新技术（ASICS，n.d.）提供了一种互动的和完全沉浸式的虚拟体育体验，因此这个体育遗产设施对西方人的吸引力可能超过对东亚人的吸引力。虽然有理论依据，但没有科学研究针对这些可能性进行实证调查。因此，有必要进行更多类似的研究。

综上所述，Tsai（2007）指出，"理想情感……引导着人们的行为选择"。如果是这样，只有关注文化背景，才能对体育旅游者的动机有更全面的了解。如果我们能根据游客的文化背景来预测他们在参加休闲旅游时想要的感受体验，我们就能制定出更有效的营销策略，特别是针对体育旅游产业。这将为创建有针对性的体育节事旅游套餐开辟道路，为积极的体育参与者提供体育节事设计，并允许特定市场开展有针对性的营销活动，以支持2019年日本橄榄球世界杯、2020年东京奥运会和2021年日本关西世界大师赛等赛事。

参考阅读：

Eto, E. and Walker, G. J. (2016) Cultural commonality and specificity in Japanese and Euro-Canadian undergraduate students' leisure experiences: An exploratory study on control and positive affect. *Leisure Sciences* 38, 249-267.

Tsai, J. L., Chim, L. and Sims, T. (2015) Consumer behavior, culture, and emotion. In S. Ng and A. Y. Lee (eds) *Handbook of Culture and Consumer Behavior* (pp. 68-98). New York: Oxford University Press.

行为市场细分

这种细分方式根据消费者与产品的行为关系（Swarbrooke et al.，1999）对消费者进行分类，并对游客体验产生影响（第8章）。例如，Millington等（2001）分析了探险旅游参与者人数的增长，并根据软性探险活动（如骑自行车、划独木舟和骑马等）和硬性探险活动（如漂流、皮划艇、攀岩和洞穴探险等）划分了市场。这些探险活动还可以根据参与者的行为进一步区分，例如，山地自行车速降和激流皮划艇属于极端运动，可以根据参与者的动机和行为进行细分，然后进行人口统计分析（Millington et al.，2001）。动机和行为之间的联系在体育和休闲文献中得到了很好的证实（Jackson，1989），与体育旅游高度相关。对于目的地营销人员来说，了解体育旅游细分市场的动机和行为特征非常重要，它们决定了真正期望的旅游体验和与特定旅游市场细分成员相关的间接旅游活动类型（Nogawa et al.，1996）。

滑雪运动为旅游市场中存在的各种动机和行为提供了一个例证

（Klenosky et al.，1993）。例如，Richards（1996）分析了英国滑雪者受到技术挑战和滑雪能力提高的激励程度，这项研究确定了一个以挑战滑雪体验为驱动的细分市场。滑雪条件的情况和多样的地形被认为是该细分市场寻求体验的基础（Richards，1996）。相比之下，滑雪初学者的决策过程更多地受到价格和住宿条件的影响。随着潜水（Tabata，1992）和运动垂钓（Roehl et al.，1993）的参与者运动经验越来越丰富，对运动体验质量的重视程度将超过其他方面。这些研究证实了在进行体育旅游市场分析时动机和行为特征的重要性（Davies et al.，2010）。

遗产体育旅游

尽管现在已经发表了一些关于遗产体育旅游的重要文献（Gammon et al.，2013），但在四种分类方式中，遗产体育旅游的研究是最少的。这种形式的体育旅游包括参观体育博物馆、名人堂，前往主题酒吧和餐馆，参与遗产节事和体育聚会（第 10 章）。此类旅游正在成为体育旅游的一个迅速发展的领域。Gammon（2002）讨论了旅游业中有关如何将过去（历史）进行包装的商业化问题，并将其与体育旅游联系起来。他参照北美成熟的体育怀旧产业，梳理了遗产体育旅游的发展（Gibson，2002；Redmond，1990）。遗产体育旅游的资源基础主要集中在名人堂和体育博物馆。前者是用来崇敬著名的、有天赋的或特殊的人，后者收藏了某项运动的文物和纪念品，而不是针对某项运动中表现出色的个人或团队（Gammon，2002）。对体育遗产需求的增长延伸到体育场馆参观和其他各种形式的遗产参与中（Gammon et al.，2005；Ramshaw et al.，2010），但遗憾的是这种游客需求的增长还没有反映在大量已发表的文献中。

怀旧是体育旅游的一种方式，与遗产旅游有着明显的相似之处（Redmond，1990）。Bale（1989）指出，体育场馆可能会散发出一种神秘感，从而成为游客关注的对象。具有巨大遗产价值的体育场馆，包括温布利体育场和温布尔登草地网球俱乐部（伦敦）、雅典（1896 年）和柏林（1936 年）的奥林匹克体育场以及霍尔门科伦滑雪跳台（奥斯陆）等（Bale，1989）。不过，许多与体育遗产相关的问题仍未得到解答。有必要了解人们为什么从事这种形式的旅游，以及怀旧与目的地的其他形式的遗产旅游和体育旅游有何关系等。

很显然，迄今为止体育遗产资源是当前学者们关注的重点（Redmond，1990），但对于研究人们参与遗产体育旅游的动机与方式还缺乏关注度（Gammon，2002），虽然这种情况已经开始有所变化（Lamont et al.，2012；

Morgan，2007；Ramshaw et al.，2010）。此外，人们对如何将体育遗产与参与型和节事型体育旅游体验的需求相联系也知之甚少。不过，大家在某一点上达成了清醒的共识，即遗产体育旅游与观赏型体育节事、参与型体育节事和参与型休闲体育活动旅游的界限越来越不明显，比如，通常由前明星球员带领，跟随国际运动队巡回比赛的旅行套餐活动就说明了观赏型体育节事和体育遗产旅游之间多有重叠；同样，为游客提供与体育名人会面或接受其指导机会的游轮套餐活动（Gibson，1998a）既具有主动参与型体育旅游特点，也兼具怀旧的元素。最近一项对自行车赛事的研究揭示了节事参与、主动参与和具身行为以及怀旧等要素之间的复杂互动关系（Derom et al.，2016；Lamont et al.，2012）（焦点 3.2）。事实上，在过去十年中，体育节事的发展有一个日益明显的趋势，即这些节事涵盖了尽可能广泛的细分市场，其中包含了竞技（精英和非精英）、主动参与、观赏和遗产等要素。焦点 3.2 指出了不同形式下的那些难以区分的体育参与的特征，以及当代多元体育旅游中的多模态体验。

焦点 3.2　后现代体育旅游之环法自行车赛
马修·拉蒙特（Matthew Lamont）

有组织的环法自行车赛（Le Tour）经常通过主动的自行车旅行活动来增加观众的观赛机会。作为一种新兴的、多模态的旅游体验，这种方式更需要我们从新的理论视角去分析探讨，以同步于不断发展的体育旅游体验实践。后现代主义的观点挑战了现代主义的旅游体验理论，后者认为旅游者的动机、体验和环境是同质的（Uriely，1997）；而前者强调现今的游客会通过变化的、具身的和怀旧的多层面旅游行为追求真实性。此外，媒体报道中的场所建筑通过与个人、文化或历史地点共存的模式获得的效果，可能会对顾客产生深刻的和强烈的满足体验。

为了了解 2011 年环法自行车赛活动参观者的动机和消费习惯，本研究采用了质性访谈法。在与他们的访谈中得知，与环法赛道的动态性景观互动在一定程度上可以揭示出他们的旅游动机。大多数人谈到，他们多年来一直在电视上关注环法自行车赛，并对骑行路线上的风景表达了明显的兴奋之情。2011 年环法自行车赛在法国阿尔卑斯山的爬坡登顶赛段中建造了一个移动路线图，它可以使参与者能够享受在环法自行车赛的部分赛段路线上骑行，其中包括标志性的登顶赛段——阿尔普迪埃（Alpe d'Huez）和加利比耶山（Col du Galibier），它们又被称为"神圣而无情的背景板"（Gaboriau，2003），这里是那些人们传说中的自行车职业选手留下荣光的地方。之后参与者又迅速转变为观众角色,看着比赛的随行人员经过,然后在一天结束时由大巴送回酒店。

　　虽然法国阿尔卑斯山在视觉上很震撼,但参与者所期望的不仅仅是凝视壮观的风景,这里呈现出来的后现代旅游特征很明显,因为这些自行车爱好者渴望真实的、自我实现的和身体刺激的体验。沉浸在环法自行车赛风景中的动态性体验是他们的普遍动机,对于接受环法自行车赛先前观赛体验和现实体验的差别至关重要。正如一位参与者所描述的,"某些伟大的(山峰)在以前的巡回赛中见证了很多有历史意义的记录……对我来说,能够向他人说我曾经骑过骑手 A 向骑手 B 发起进攻的地方,就像朝圣一样"。与环法自行车手的偶遇进一步增强了他们体验的真实性。同样在路边与大量人群聚在一起成为观众观看比赛也是如此,这是因为参与者的行为建构了一个"场所",从而赋予了这些场所"身临其境"的真实感(Cohen et al.,2012;Lamont,2014)。

　　这项研究也指出了正在不断发展壮大的体育旅游类型的局限性,这些局限性在于低估了当代体育游客可能接受的变化的和多面性的角色。后现代主义的视角有助于概括推动体育旅游参与的多种动机,同时也有助于解释当代多样化的、追求令人满意的和真实性体验的消费模式。

参考阅读:

　　Lamont, M. and McKay, J. (2012) Intimations of post mocernity in sports tourism at the Tour de France. *Journal of Sport & Tourism* 17 (4), 313-231.

小结

　　本章认为,体育旅游的概念本身可以被准确地定义为一个专门的市场,同时也具有多样化细分市场的特征(Bull et al.,1999;Chalip,2001;Higham et al.,2009)。这些细分市场可以通过地理、社会经济、人口统计、心理和行为细分技术加以区分,并因文化因素而有所不同。要真正理解体育旅游市场,就要深刻了解其组成要素的多样性,正是这些组成要素共同构成了体育旅游市场。旅行者给旅游目的地带来的旅行特征(如停留时间、交通方式、住宿偏好)和次级旅游动机(如旅游吸引物和活动)是旅游市场研究的主题。针对不同体育旅游细分市场的学术研究,对于我们理解各种体育旅游现象,使目的地有效和可持续地发展与体育相关的旅游至关重要(Hinch et al.,2016)。

　　有关体育旅游市场的研究提供了丰富且及时的多条研究途径。不同的体育旅游市场的旅行动机和偏好以及它们所提供的旅游发展机会已经成为一个正在发展的学术研究主题。Glyptis(1991)是最早指出体育旅游发展需要"体育和旅游部门相互交流并建立真正的工作伙伴关系"的学者之一。对体育旅游市场的详细了解将有助于促进这种伙伴关系的建立，包括观赏型和参与型体育节事，以及对休闲体育和体育遗产的积极参与。

第 4 章

体育旅游发展过程和问题

对产品和服务的更新以及重新设计过程的管理是体育和旅游可以交流宝贵经验的领域。

de Villers，2001

【引言】

变革是当代社会为数不多的常量之一。通过了解发展的性质和过程，可以确定发展趋势和潜在影响。本章讨论了与体育旅游相关的发展概念，并认为，如果体育旅游开发要遵循可持续发展的范式，那么就需要有计划地、明智地对发展过程进行干预。本章后半部分强调了体育旅游发展面临的三个关键问题，包括商品化/原真性、全球化和组织分散化。如果不了解这些问题，那么势必会影响未来体育旅游的发展。本章还包括了学者 Brendon Knott 对南非体育旅游发展的案例研究，说明体育旅游作为发展媒介所面临的众多机遇和挑战（案例研究 4.1）。

发展的概念

"发展"是一个难以捉摸的术语，在不同的语境中有着不同的含义。不同的学科和专业的学者以对自己有意义的方式诠释"发展"。即使在通俗用法的语境中，该术语的含义也存在根本的不同。常见的解释包括将发展视为哲学、过程、计划和产品（Sharpley，2014）。作为一种哲学，发展暗指一种理想的未来状态。作为一个过程，它指的是社会从一种状态走向另一种状态的方式。这种特定的条件或状态反映了发展的产品观，而为达理想状态采取的行动则是作为计划发展的一种表现。虽然这两种观点值得注意，但与本章最相关的发展观点是将其视为产品和过程的观点。就前者而言，发展被视为一种状态。当提到"发展水平"时，就会使用这种方法。发展水平通常是根据收入和就业等经济指标来评估的，但现在越来越多的非经济指标如社会条件等也开始被纳入进来了。

规划者和政策制定者寻求那些能带来积极影响和意义的变化，例如，他们特别关注的几个关键增长目标，包括与体育有关的游客人数、这些游客的消费金额以及体育旅游景点的实际发展等。然而，简单地将增长等同于发展是错误的，特别是当从长期角度出发，将多个利益相关者的利益结合起来时（Atkisson，2000）。发展不仅仅是增长方面的变化，这种变化应具有积极的影响意义。因此，考虑到众多利益相关者时而竞争时而合作的矛盾性，我们应该全方位地评估发展这个概念。

虽然人们一致认为，发展作为一个有计划的过程，其目的应该是随着时间的推移而产生积极的变化。但对于用什么方式来衡量这种变化，却没有达成一致。通常情况下，经济措施被用作衡量指标，这与整个发达国家主导的政治经济体系是一致的，即把经济增长作为一个不可动摇的政策目标（Hall，2008）。尽管有这种根深蒂固的观点，但随着时间的推移，发展的定义趋于扩大，并逐渐被视为一个社会和经济过程，包括条件的逐步改善和潜力的充分发挥（Wall，1997）。例如，联合国机构已经越来越多地将减贫视为一个关键的发展目标（Hawkins et al.，2007；Rogerson，2014）。显然，人们对发展的理解随着时间的推移发生了变化，从狭隘地关注经济到更广泛地关注其他层面，根据 Sharpley（2014）的研究，包括：

（1）经济，创造财富和公平分配；

（2）社会，卫生、教育、就业和住房方面的进步；

（3）政治，人权和政治自由；

（4）文化，身份认同和尊重；

（5）全生命范式，强化意义系统、符号和信念；

（6）生态学，环境可持续性。

在本书中，我们采用了 Sharpley（2014）对发展的定义："在选择自由原则的指导下，人类状况在环境能承受的限制范围内，在经济、社会、政治和文化层面发生的持续、积极的变化"。

体育旅游可持续发展

可持续发展是一个有争议的概念。虽然几乎所有人都声称他们支持可持续发展原则,但这一概念的含义并未得到普遍认同(Hopwood et al.,2005;Pesqueux,2009)。商业倡导者倾向于强调"发展",而环保主义者倾向于关注"可持续性"。因此,可持续发展有时看起来像是一个矛盾的术语。通过争论其优点的各种利益相关者和学者的言论,也证明了可持续发展是一个具有广泛吸引力的概念。

世界环境与发展委员会(World Commission on Environment and Development,WCED)(1987)对可持续发展的定义是"……既满足当代人的需要,又不损害后代人满足其自身需要能力的发展"。虽然还有许多其他定义,但早期大多数研究倾向于自然生态系统的可持续性。然而,WCED 的定义经得起推敲,能够包含文化在内的其他类型资源的可持续性。Mowforth 等(2015)从旅游目的地能够保持其文化身份的角度进行了证实。就体育旅游而言,这一方面的定义包括体育作为一种文化的表达(第 6 章),以及体育旅游对自然环境的影响(第 7 章)。

可持续旅游和可持续发展之间是有区别的(Liu,2003;Saarinen,2006;Zhu,2009)。可持续旅游是"……一个地区的旅游业可以无限期存在和发展的状态"(Butler,1993)。相比之下,可持续发展背景下的旅游是指在一个地区(社区、环境)以这样的方式和规模发展和维持的旅游,使其无限期保持活力。它的存在不会使环境(人文和自然)退化,或阻碍其他活动和过程的成功发展和福祉(Butler,1993)。Bramwell 等(2017)在《可持续旅游杂志》(*Journal of Sustainable Tourism*)前 25 年的编辑总结中,可持续旅游的概念已经发展到"现在被视为一种规范性的方向,旨在重新引导社会制度和行为走上一条广泛而综合的可持续发展道路"。在这一演变过程中,它与环境问题一道被纳入了社会、文化、经济和政治层面。对这一更广阔的发展脉络进行探讨,虽具有挑战性,但也是必要的。可持续体育旅游的实现需要在各个可持续层面的目标之间取得平衡,有时还需要权衡取舍。

可持续体育旅游的本质如图 4.1 所示,但在可持续发展的背景下,更广义的体育旅游概念应为图 4.1 毗邻中心的领域,它表明了要实现可持续体育旅游,它的经济/政治目标应能够健康发展,并支持和加强社区的社会/文化目标的发展,还应在环境目标发挥类似的作用。自然环境在许多类型的体育旅游活动中都是一个重要内容。此外,体育旅游中的社会/文化目标应该成为与自然环境有关的积极力量。然而,体育和旅游之间的互动并不能保证一定带来正向结果。为了取得积极的成果,那些对体育旅游的管理和规划感兴趣的人必须意识到他们的决定对整个领域的影响,而不仅仅是在中心领域。这种意识需要伴随着具有建设性的综合发展观念和方法意识。

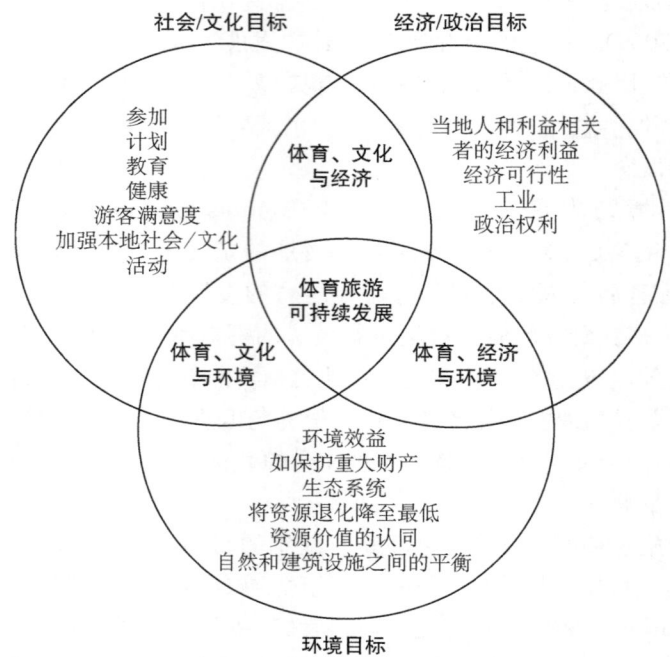

社会/文化目标　　经济/政治目标

参加
计划
教育
健康
游客满意度
加强本地社会/文化
活动

体育、文化
与经济

当地人和利益相关
者的经济利益
经济可行性
工业
政治权利

体育旅游
可持续发展

体育、文化
与环境

体育、经济
与环境

环境效益
如保护重大财产
生态系统
将资源退化降至最低
资源价值的认同
自然和建筑设施之间的平衡

环境目标

图 4.1　可持续体育旅游（Hall，2008）

体育和旅游业既有既得利益，也有实现可持续发展目标的道德义务。从微观层面来看，可持续发展将对体育旅游企业旅游地的投资回报产生直接影响。从宏观层面来看，可持续发展可能对错综复杂的社会、经济和环境领域带来全局性影响（焦点 4.1）。开发商自然是关注经济目标的，但如果环境和社会文化资源被视为一种资本形式，那么可持续发展的做法就有了强有力的商业论据（Hall，2008）。除商业论据外，在微观和宏观层面都存在着追求可持续发展的道德责任（Pawjowski，2008）。联合国将 2017 年定为"国际可持续旅游促进发展年"，强调了可持续旅游的全球相关性。这一定义与联合国的可持续发展目标（表 4.1）一起，为体育旅游等行业提供了强大的依据。

焦点 4.1　**可持续的参与型体育节事——加拿大"死亡竞赛"马拉松（Canadian death race，CDR）的案例**

CDR 是一项超级马拉松赛事，在加拿大大卡什（这是个人口只有 4 000 人的偏远小镇）举行（Hinch，2013）。该活动得到了当地政府的大力支持，因为它让本地区"出名"了，当地政府还通过旅游刺激方案以贴补本地区这种资源开采型经济周期性带来的损失。这项超级马拉松比赛全程 125 km,分为 5 个赛段,包括 3 个山峰,海拔变化达 5 181.6 m,而且必须在 24 h 内完成全程(CDR,2017)。该赛事于 2000 年开始,到 2012 年,参与人数达到顶峰,光注册选手就超过 1 600 人,如果算上选手和他们随行的支持人员、团队等,那在比赛的这个周末人员数量会达到大卡什人口数量的两倍。自 2012 年以来,由于其他赛事活动的增加以及来自大卡什本地区人们逐渐产生的倦怠和疲劳感等问题,赛事的注册人数才下降。超级马拉松赛事给本地区几乎所有的领域带来了效益,包括:①为住宿和餐饮业带来大量收入;②因举办如此成功的活动而获得赞誉,从而增强了本地居民的自豪感;③对周围景观和自然环境之美的品鉴欣赏。然而,尽管有这些好处,该活动的可持续性在许多方面受到了挑战,尤其在社会/文化目标方面。许多居民对周末比赛期间大量游客带来的益处表示赞赏,但也有人对扰乱了他们的正常生活感到不满。考虑到游客大规模涌入,居民有如此不满的反应并不奇怪。事实上,目前大卡什面临的一个更为紧迫的挑战是志愿者的工作倦怠问题。虽然社区团体和居民个人在活动开始时热衷于提供帮助,但随着活动需求的增长,他们的参与度开始下降,志愿者对持续参与感到厌倦,对活动收入分配的公平性也提出了担忧。市政府通过雇佣员工,把帮助举办活动作为工作职责的一部分,并从社区外招募志愿者(一些对其知之甚少的体育游客),从而在一定程度上解决了这一挑战。在类似规模的社区中,以 CDR 和其他以参与者为基础的活动能否可持续发展,与战略制定的长期性密切相关。

参考阅读:

CDR (online) (2017) The Canadian Death Race. See http://www. canadiandeathrace. com/home. html (accessed 29 August 2017).

Hinch,T. D. (2013) Ultra-marathons and tourism development: The case of the Canadian Death Race in Grande Cache, Alberta. In B. Garrod and A. Fyall (eds) *Contemporary Cases in Sport* (pp. 22-40). Oxford: Goodfellow.

表 4.1　联合国可持续发展目标(2015～2030 年)

序号	目标	内容
1	无贫穷	在世界各地消除一切形式的贫困
2	零饥饿	消除饥饿,实现粮食安全,改善营养和促进可持续农业
3	良好健康与福祉	确保健康的生活方式,促进各年龄段人群的福祉

续　表

序号	目标	内容
4	优质教育	确保包容、公平的优质教育,促进全民享有终身学习机会
5	性别平等	实现性别平等,为所有妇女、女童赋权
6	清洁饮水和卫生设施	人人享有清洁饮水及用水
7	经济适用的清洁能源	确保人人获得可负担、可靠和可持续的现代能源
8	体面工作和经济增长	促进持久、包容、可持续的经济增长,实现充分和生产性就业,确保人人有体面工作
9	产业、创新和基础设施	建设有风险抵御能力的基础设施,促进包容的可持续工业,并推动创新
10	减少不平等	减少国家内部和国家之间的不平等
11	可持续城市和社区	建设包容、安全、有风险抵御能力和可持续的城市及人类住区
12	负责任的消费和生产	确保可持续的消费和生产模式
13	气候行动	采取紧急行动应对气候变化及其影响
14	水下生物	保护和可持续利用海洋及海洋资源
15	陆地生物	保护、恢复和促进可持续利用陆地生态系统,实现可持续森林管理,防治沙漠化,制止和扭转土地退化现象,遏制生物多样性的丧失
16	和平、正义与强大机构	促进有利于可持续发展的和平和包容社会、为所有人提供诉诸司法的机会,在各层级建立有效、负责和包容的机构
17	促进目标实现的伙伴关系	加强执行手段,重振可持续发展全球伙伴关系

资料来源:http://www.un.org/sustainabledevelopment/sustainable-development-goals/(2017.8.29).

　　《体育与旅游学刊》的两期特刊对我们理解体育旅游背景下的可持续性做出了重要贡献。第一个是 Fyall 等(2009)关于体育旅游可持续性研究的特刊。该期特刊提供的主要见解包括:①认识到有必要从空谈到实质行动;②越来越广泛地采用三重底线方法来分析可持续发展;③认识到体育旅游不仅影响旅游的可持续性,也被对体育旅游活动产生直接影响的外部来源所影响。第二个是 Hinch 等(2016)关于可持续性背景下的体育旅游目的地研究的特刊。该特刊的贡献是研究了体育旅游目的地的可持续性:①不同规模的活动和目的地(Derom et al.,2016);②单项与多项运动的旅游目的地(Carneiro et al.,2016);③公共管理资源(Halpenny et al.,2016);④新兴体育运动(Moularde et al.,2016)与传统体育运动(Evans et al.,2016);⑤季节性(Hodeck et al.,

2016)；⑥理论结合实例，包括 Usher 等(2016)对冲浪案例中"属地性"分析，以及 Bunning 等(2016)对参与型体育旅游节事背景下旅行条件的作用的研究。

规划

规划是管理变革的一种手段。考虑到体育旅游存在于动态环境中，并且这些过程不一定会产生可持续的结果，因此需要对体育旅游的发展过程进行某种干预以促进可持续性。从本质上讲，"规划是人类思想和基于该思想的行动过程……"(Chadwick，1971)。规划"关注于预测和调节系统的变化，以促进有序发展，从而增加发展过程中的社会、经济和环境效益"(Murphy，1985)。基于这样一个假设，即使对体育旅游的动态及其所处世界仅有部分了解，也可为影响变化提供基础。通过有意识地发起这类进程，可让体育旅游开发商不仅能从自身利益出发，而且还能对其所处的社会、文化、经济和环境系统的可持续性做出积极贡献。

规划的基本过程在广泛的领域和学科中是一致的。它首先基于对当前形势的评估，像是计划实施环境中可能发生的变化、关于预期最终状态的决定、某种行动计划的制定、实施情况等，然后根据需要进行监测、评估和调整(Esfahani et al.，2009)。Bagheri 等(2007)认为"过程导向"的规划比"目标导向"的规划更重要，因为可持续发展是一个理想的而不是绝对的终点。从这个角度看，真正的益处在于参与的利益相关者的社会学习过程。Yang 等(2009)对中国西双版纳民俗旅游的可持续规划的研究说明了这一点。他们指出，规划者必须处理动态问题，这些问题需要持续解决，而不是一次性的关注。虽然 Yang 等在民俗旅游的背景下得出了结论，但在体育旅游领域也存在需要持续关注的相似问题。

发展中的问题

如果规划发展进程的干预措施想要取得成功，那么就需要了解体育旅游领域存在的许多问题。接下来的内容介绍和讨论了一些具体问题，以下三个问题对体育旅游发展具有重要意义。这些问题包括商品化、原真性与原真性验证，全球化和组织分散化。

商品化、原真性与原真性验证

体育旅游发展的最基本问题之一是商品化的过程及其对原真性的影响。

这个问题的前提是，对原真性的追求是游客的主要驱动力之一（MacCannell，1976；Urry，1990），而体育代表着一种动态的、日益突出的旅游吸引力（Hinch et al.，2001）。

Cohen（1988）将商品化定义为：

> 在贸易背景下，物品（或活动）主要根据其交换价值进行评估，从而成为商品（或服务）的过程，形成交易系统。在这种系统中，物品（或活动）的交换价值是以价格表示的，形成了一个市场。

同样，在体育领域，McKay 等（1992）将商品化定义为：

> 物体和人员被组织起来成为在市场上进行交换的东西的过程。虽然体育等文化活动曾经主要基于内在价值，但现在越来越多地由市场价值构成（McKay et al.，1992）。

这些定义具有相同的基本特征：它们都是一种将物体或活动附加了经济价值的商业化过程，而这种价值评估方式是之前没有出现过的。

旅游评论家认为，文化的商业化将经济关系引入一个以前没有发挥过作用的领域。在商业化的过程中，真正的原真性被破坏了，出现了一种隐蔽的"舞台化的真实性"。当这种虚假的原真性不被游客真正理解，就会阻碍他们真正的原真性（MacCannell，1973；Yang et al.，2009）。然而，Cohen（1988）认为商品化可能会改变文化吸引力，但并不一定会破坏它。

对体育商品化持批判态度的人认为，各种比赛的职业化，以及媒体和大型制造/零售公司为了其自身利益对体育进行的广泛的商业化，都已经造成了负面影响。Stewart（1987）在阐述这一立场时认为：

> 当体育运动被市场的价值观和工具性所塑造和支配，其作为商品的社会霸权属性就非常明显了……体育运动的理想化模式，以及它传统的仪式化的意义、形而上的现场气氛和技术性的民主，随着体育成为商品而遭到破坏（Stewart，1987）。

奥运会的商品化就是对这一论点的很好例证。奥运会最初是一项纯粹的业余体育节事，起初的设想是成为表达全球良好愿景的工具，但现在已经发展成为一个具有强大影响力的全球商业巨头（Barney et al.，2002）。与此类似，Morgan（2014）认为，旅游场所的商品化往往会破坏热门旅游地的文化和身份认同。当然，体育和场所的商品化并不总是存在问题，它也会给经济、社会和环境带来好处。

原真性与商品化密切相关。Cole（2007）区分了印度尼西亚东部的当地政府、游客和村民的观点。尽管政府和游客发现原真性存在问题,但村民们认为文化的商品化是一种赋权。在旅游情境中,原真性传统上被视为与感兴趣的对象、原物或游客看到的事物或活动有关(Wang,1999)。这种观点与博物馆馆长的观点相似,专家们在这类问题上会测试艺术品是否是它们看起来或声称的样子(Cohen,1988)。体育方面的相似之处体现在对任何违背传统的改变持批评态度,特别是在规则变化方面。从这个角度来判断一件事或一项活动是否真实,是比较客观的。Reisinger 等(2005)对此观点质疑,认为对象的原真性是无法判断的。对客观原真性的追求,已经逐渐让位于对原真性更灵活的解释。人们认识到很少有绝对的原真性,而更多的是以某种方式进行协商。Wang(1999)将此称为"建设性的原真性"。作为商品化过程的一部分,旅游业继续呈现"阶段性的原真性",尽管这种表现越来越明显。旅游经营者不是把游客带到目的地的"后台"去体验真正的文化,而是利用前台,通过博物馆、遗产中心、文化表演和其他类似的论坛,以一种可控的方式展示目的地的文化。一个专门的旅游"舞台"可以产生更大的影响并解决与旅游活动相关的运营限制,如对特定游客的行程安排。

Timothy 等(2002)对遗产旅游背景下的原真性讨论进行了梳理,总结出几个与遗产体育旅游特别相关的重要问题。他们提出了五种常见的歪曲过去的方式:虚构地点或重建过去;承认解读过去主观的相对原真性;以非本地解释者的形式出现的种族入侵者;对过去净化和理想化;对过去的解释只是片面的未知的过去。这些类别中的体育旅游示例包括:梦幻般的体育营地、对历史性体育比赛的矛盾看法、在比赛和教练名单上反映出的地理多样性、对过去的体育荣耀和英雄崇拜的怀旧诠释,以及建立在精英比赛相关统计总结上的对过去的记忆(Gammon et al.,2007)。这些对事实的扭曲会损害客观的原真性,但它们并不一定会削弱游客的体验。

虽然许多学者批评旅游业未能提供"客观的原真性"(Boorstin,1975;Greenwood,1989),但其他学者认识到,游客经常寻求人为的体验并将其作为他们获得乐趣的一部分(Moscardo,2000;Urry,1990)。尽管有这种观点,但不得不承认许多游客在寻找真实的体验而不是真实的物品(McIntosh et al.,1999;Tolkach et al.,2016)。这与消费者更普遍地在产品、服务和体验中寻找原真性相一致(Gilmore et al.,2007;Yeoman et al.,2007)。Wang(1999)认为,需要对这种原真性进行"重新思考",他认为这种真实性与活动相关,他将其称为存在原真性:

存在原真性指的是一种潜在的存在状态,它将被旅游活动激活。

相应地,旅游中的真实体验是为了在旅游的有限范围内实现的这种激活的存在状态。存在原真性可能与旅游中的物品的原真性毫无关系(Wang, 1999)。

这种原真性似乎与注重体验的体育旅游非常相关。它还代表了一种与体育和娱乐模糊相关的有趣动态。这种原真性的关键在于体育参与。如果游客作为观众或运动参与者积极参与其中,他们可能会认为自己的经历是真实的,而不会去考虑别人如何评价。体育活动在体验真实性方面与其他类型的旅游景点相比是独一无二的。能增加体验原真性的体育活动的主要特征包括:不确定的结果、作为表演的部分展示、身体机能与感官、自我实现和身份构建以及社群的形成。在很大程度上,原真性是体育的魅力所在(Hinch et al., 2005)。

Wang(1999)在他的研究中引入四个子类别来扩展他对存在原真性的解释。第一个是个人内在的原真性,表现为身体感受——这也是参与型节事和参与型体育旅游的一个主要方面。第二个是表现为自我身份的个人内在原真性,又可以称为"自我实现",通常出现在极限运动和有体育运动的生活方式中,在这些运动中,参与者可以重新确定和发展他们的身份认同感。第三个是能增强家庭关系的人际原真性。在体育领域,家庭关系与团队的概念密切相关。第四个是在与各种运动相关的充满活力的社区中可以发现人际原真性,包括球迷文化和体育亚文化。

迄今为止,关于旅游原真性吸引了很多学者的注意并引发了很多讨论,但仍未形成共识。考虑到这种情况,Cohen 等(2012)将焦点重新定位到原真性验证的某一面,或者找寻形成原真性的社会过程,他们将原真性验证定义为某物被确认为原创的、真实的或值得信赖的过程,这个"某物"有可能是角色、产品、地点、对象或者事件。在此基础上,他们用"冷"〔这与 Wang(1999)的研究中的客观性概念密切相关〕和"热"来进一步划分真实性验证,前者主要指由专家指导的,有科学根据认定为真实的对象、地点、事件、习俗、角色或个人(值得说明的是,这种界定虽饱受争议但仍广泛用于旅游领域);后者"热"的真实性验证相比之下与 Wang(1999)的体验真实性概念更为接近。Cohen 等(2012)将"热"的真实性验证描述为"一种情感的自我强化过程",在这个过程中,源自场所、物体或事件的神圣感、崇高性或真实性通过公众实际体验得到延续、确认或增强,而非经由专家断定获得声明认可。

Lamont(2014)关于体育旅游真实性验证的研究是最早检验这一过程的实证研究之一。他将法国阿尔卑斯山作为环法自行车赛的重要景观进行研究,利用商业旅游的背景,包括在职业车手之前骑自行车部分路线的机会来研究认证过程。从他对参与者观察和访谈中发现了三种关键的验证类别。第一种是通过"具体的运动表现"进行验证,即在环法自行车赛职业车手比赛的同一地点进行类似的活动。在这种情况下,真实性验证超越了旅游业宣传信息的独特视角(Urry,1990),更接近 Spinney(2006)在类似的自行车体验中描述的一种全方位感官体验。第二种真实性验证过程涉及"集体路边实践",在此过程中,体育游客成为巡回赛节日气氛的一部分。旅行团和比赛本身的交流或庆祝活动打破了正常的社会障碍,培养了真实的体验。Lamont(2014)发现的第三种真实性验证过程是"游客与地方相遇的中介"。特别是,这些体育游客通过照片和社交媒体交流他们的旅行经历的方式,被证明是他们验证环法自行车赛山脉原真性体验的强有力方式。

全球化

"全球化"这个词可以带来各种响应,比如对"地球村"概念的积极反应,以及对经济不平等和文化帝国主义的抗议,这些都已经成为世界经济峰会上可预见的一部分。简单地说,全球化是一个跨越国界的、促使联系日益紧密的过程。它的特点是对世界范围内的时间和空间进行压缩(Mowforth et al.,2015)。体育正越来越多地被用作在全球范围中定位目的地的一种方式(案例研究 4.1)。

案例研究 4.1　将体育旅游节事作为地方可持续发展品牌的催化剂——南非和 2010 年国际足联世界杯

布伦登·诺特(Brendon Knott),开普半岛科技大学

体育旅游节事一向与城市更新、与节事相关或以节事为主题的可持续发展项目相结合。除了提升住宿能力、服务能力等旅游利益之外,这些投资往往旨在表明或加强一个国家的活动举办和项目管理能力,并提高其全球声誉。这在新兴国家中尤为明显,这些国家往往通过举办大型节事来提高其全球声誉或国家形象:

> 许多新兴国家冒着很大的风险,将举办大型节事作为提高世界知名度和声誉的捷径,大量证据表明,这种风险赌注对作为产品生产者和旅游目的地的国家形象和声誉却产生了积极影响(Heslop et al.,2013)。

就南非而言,举办大型体育节事已经成为国家建设议程的一部分,同时也展示了该国作为一个"全球中等强国"的形象(Cornelissen,2008)。该国举办

了一系列大型体育节事,如 1995 年橄榄球世界杯、1996 年非洲国家杯(足球)和 2003 年板球世界杯等。然而,鉴于 2010 年南非世界杯的规模和国际影响力,本案例将其作为研究的重点。组委会的首席执行官明确表示,此次节事是关乎"国家建设,如基础设施的改善、国家品牌的塑造和重新定位、国家形象的改善,以及旅游推广"(Allmers et al.,2009)。基于对该节事的实证评估(Knott,2015),接下来将重点介绍与赛事相关的几个关键性发展问题。

城市发展

根据 2010 年南非世界杯的经验,此次大型赛事的成功和积极意义在很大程度上归功于与赛事相关的城市发展项目遗产,特别是那些旨在改善城市和旅游基础设施的关键性工程。除了体育场馆,主办城市和所在省份的私人和公共实体都投入了巨资建设基础设施,并作为相关城市复兴项目的一部分。例如,约翰内斯堡和开普敦国际机场不仅进行了重大的机场升级,同时在德班建造了一个全新的国际机场。南非各地因为节事筹备还对国内航站楼进行了大大小小的翻新。其他交通项目还包括高铁项目(约翰内斯堡和比勒陀利亚市区之间先进的新型轨交服务)、启动新的公共汽车快速交通(bus rapid transit,BRT)运输网络,以及升级开普敦市中心主要的铁路终点站等。

原真性与文化展示

对新场馆的设计有意识地考虑到了能反映当地文化和身份的美学和图像元素。新体育场馆采用引人注目的标志性设计,投资者认为这些设计增强了城市的吸引力,而不是削弱城市的特征。内尔斯普雷特的姆博贝拉球场(具有类似长颈鹿的支撑结构和斑马条纹造型的观众席)和约翰内斯堡索韦托区的足球城体育场(仿照非洲的卡拉巴什——一种传统的木碗)等都采用了真实的非洲主题。这些设计本来是被用来区分不同的体育场馆的,但它们也从整体上向世人展示了南非作为世界杯主办国的形象和南非是拥有丰富文化遗产的新兴经济体的形象。

遗产的可持续

为 2010 年南非世界杯建造的几个体育场尽管在建造初期制定了崇高的目标并且投入了巨量资金,但它们如今的生存却举步维艰,比如,开普敦体育场一直未得到充分利用,因此就不能被认为是一项可持续的遗产,而其他大多数类似的体育场馆虽说当初设计新颖,但却因赛后不具有可持续性而广受批评。赛后的评估表明,如要更有效地利用体育场馆,应从多功能用途和商业活动开展的角度进行设计,在这个方面德班的体育场提供了很好的成功案例。德班体育场目前有蹦极、零售和餐饮等各种商业样态,还在继世界杯之后举办了各种其他体育赛事和慈善活动。

此外，场馆本身也可以考虑用来作为重要的国内和国际旅游景点，成为主办城市目的地品牌效应的一个元素。在一项针对南非体育场馆的利用率调查中，受访者表示不满意，并敦促南非人在开展场馆活动方面应该"跳出常规思维"。南非体育场馆的利用案例告诉我们，FIFA 世界杯的体育遗产项目不仅仅是为了给世人留下深刻印象，它们还需要在可持续发展原则指导下，以助力经济发展、社会团结和环境完整为目标进行中长期的规划。还有人援引巴塞罗那的例子，称巴塞罗那较好地利用了 1992 年奥运会这个平台，完成了该城市的品牌形象的转变和旅游业的复兴，因而很大程度上助力了城市的发展。像南非这样的一个国家的可持续发展，要求从超越直接举办赛事的主办地区或城市的角度去考虑大型体育赛事带来的益处或留存下来的遗产；而较小的城市地区，如姆博贝拉市则与之相反：它有极大可能从与修建新体育场相关的基础设施项目中获得巨大收益，包括道路和交通改善以及其他旅游服务业的发展等。

上述提到的各个项目或活动都起到了关键的影响作用，它们增加了人们对节事成功的感知，提升了国家在国际的声誉，改善了游客的体验，从而对国家的品牌建设产生了积极影响。未来如要举办类似的体育节事，其基础设施建设的投资者要从节事本身、主办地区、企业、游客和投资者出发，考虑如何营造有利的环境，还要将未来可能举办更大型的体育节事所需因素考虑进去。如果以可持续的方式进行规划、建设和管理，这些举措可以为旅游业的发展创造积极的意义，当然这些有积极意义的规划、建设和管理等活动都应在国家战略发展目标的可持续发展框架内进行。尽管本案例研究的是与大型节事相关的影响作用，但研究对象也支持其他更多可持续的小型、定期、当地（本土制造）体育赛事。相较于大型赛事，这些小型赛事成本较低，并能获得更多细分市场的收益。总体而言，本研究提供了通过构建地方认同和定位目的地，来发展体育旅游节事的证据（Higham et al.，2009）。虽然 2010 年南非世界杯被认为是南非在世界舞台上的成功之作（Roche，2000），不过，就经济和社会遗产而言，无论在地方还是国内层面上都存在相当多的问题。

参考阅读：

Knott，B.（2015）The strategic contribution of sport mega-events to nation branding：The case of South Africa and the 2010 FIFA World Cup. Unpublished PhD thesis，Bournemouth University.

在许多方面，全球化是一种看待发展的新方式。全球化体现在政治、经济、文化和社会互联互通的网络中（Go，2004；Lew，2014；Milne et al.，2004）。社区不再可能脱离世界其他地区而发挥作用。全球化是一个复杂的过程，因此产生了各种各样的解释和观点（Silk et al.，2000）。文化帝国主义的解释认为本土文化被外国文化所取代，造成了同质化的趋势和全球共同文化的产生。这种形式的帝国主义通常被等同于美国化，因为美国经济和文化被视为全球体系中的主导力量，尽管它们目前正受到中国经济增长的挑战。文化霸权主义的解释认为全球化是一个双向的过程。本土社区接收全球的图像、商品和服务，但以自己的方式对其进行解释。在这种双向关系中，本土群体在其所在地区的全球化趋势中起着关键作用（Whitson et al.，1996）。最后，形象化的观点主张将全球化视为一个过程，这种观点强调用长期的、历史的方法去考察诸如控制、抵抗（反控制）这样的案例，Maguire（1999）对全球化的定义符合这一解释。

全球化进程被认为是一个长期的过程，在此过程中，地球上的各个地区发展并不均衡。尽管如此，全球化的进程（包括日益增强的全球互联互通）势不可当，因此如果对这些全球性流动不加理会，就很难了解当地或本国的真实情况，因为社会现实的各个方面，如人们的生活条件、信仰、知识和行动等，都与正在发生的全球化进程交织在一起，这个过程里有全球经济的产生、超越国家的世界性文化和各种各样的社会运动等。

经济与文化之间的关系是全球化的主要特征之一。一方面，全球化可以被描述为一种包括体育和旅游的消费文化。另一方面，它也被认定为一种文化消费（Higham et al.，2009）。例如，媒体集团和像耐克这样的体育用品制造商、零售商，就被认定为影响体育全球化的强大力量（Harvey et al.，1996；Thibault，2009）。虽然 Maguire（1994）认为互联网等发展的影响表明全球化进程并不一定是有指导性或计划性的，但 Thibault（2009）则认为大型国际公司在操纵全球力量方面具有非常强的战略性。这些参与者在全球化中的行动是由体育商品化的自身利益驱动的。

Mowforth 等（2015）提出了旅游业中类似的变化趋势。旅游业中持续呈现的商品化现象是因为执着于寻求"新的目的地"所致。随着这些地方与旅游发展地区联系越来越紧密，通过旅游业实现的全球化正以一种非常明显的方式表现出来。旅游体验生产中的"外包"等做法就是其中一个例子（Nowak et al.，2009），这种做法使生产日益碎片化。在旅游领域，全球化的其他特征包括跨国所有权、劳动力流动、跨境营销和知识产权的销售（Hjalager，2007）。即使是在一个更加全球化的世界中推广旅游目的地，也会因为地方形象与文化和身份的分离而带来挑战（Morgan，2014）。

事实上，旅游业是体育全球化的重要力量。Jackson 等（1999）指出，精通旅游业思维的迪士尼公司的大卫·斯特恩（David Stern），在其担任美国职业篮球联赛（National Basketball League）总裁期间，将迪士尼公司的商业模式带了进来。在对体育全球化的批判中，Thibault（2009）描述了其"难以忽视的真相"。这些事实包括新出现的劳动分工，使用发展中国家的廉价工人来制造体育用品，精英运动员从贫穷国家到富裕国家的流动性增加，全球媒体的影响力增加，以及部分由于体育旅游而造成的环境影响的增加。

从旅游的角度来看，这些争论最有趣的一个方面是，全球化是否会导致体育文化的同质化，或者当地的抵制是否会保留甚至助长各地之间更大的差异（Go，2004；Maguire，2002）。这一点尤其重要，因为如果世界各个地方之间的相似性越来越大，去旅行确实不再必要。同质化被认为是旅游业的一个重要问题（Dwyer，2014），在体育领域也是如此。例如，Silk 等（2001）认为，电子空间或"流动空间"可能会取代"场所空间"。在体育旅游的背景下，如果体育文化演变成一种同质化的全球文化，那么现有的为体育而旅行的动机就会丧失。因此，体育旅游发展需要重点考虑这个方面。

Silk 等（2000）很好地总结了体育运动中同质化/异质化辩论的本质：

> 同质化预示着一个以全球标准化为主导的时代的到来。然而，异质化抵触全球技术和产品的影响，而倾向于强调本地内在的独特性。前者表明我们正在变得越来越相似，并朝着统一的全球文化迈进，后者强调文化差异和特殊性的力量（Silk et al.，2000）。

那些认为全球化的力量导致体育运动同质化的人认为，有充分的证据表明，世界各地的体育文化正在变得越来越相似。例如，在标准化的体育场和运动场中出现的同质运动设施（Bale，1993b）就符合这一观点。Rowe 等（1996）也肯定了这一点：有文化学者发现国际体育媒体上呈现的体育赛事场景中出现了同质性现象，例如奥运会或者国际足联世界杯；再例如现在"流动"到全世界的篮球、高尔夫运动；还有源自美国但各地都在仿效的广告、促销、营销和"包装"做法（如名人代言和体育用品的强行推销）等。

不过，即便有很多持上述观点的批评者，但他们也承认还有其他力量在对抗同质化过程。

> 因此，全球化最好被理解为一种相互之间达到平衡和融合的过程，即对比度的减少和多样性增加，文化的混合以及更成熟的群体控制和规范全球流动的尝试。全球体育发展可以用同样的术语来理

解：也就是说，在 20 世纪后期，我们目睹了体育的全球化和体育文化的日益多样化（Maguire，1999）。

许多体育理论学家都认同同质化与多元化并存的观点（Denham，2004；Melnick et al.，2002；Washington et al.，2001）。在实证层面上，也有观点支持地方阻力确保地方体育文化之间存在显著程度差异的说法。尽管如美式橄榄球等美国运动项目有全球化出口的趋势，但澳大利亚规则的足球和橄榄球联盟等地域性突出的运动，在澳大利亚仍然盛行（Rowe et al.，1994）。同样，有人认为新西兰人已经按照自己的条件谈判引入篮球（Jackson et al.，1999）。另外 Bernstein（2000）发现，尽管全球媒体力量强大，但对 1992 年巴塞罗那奥运会的新闻报道仍具有地方或国家视角的特点。对体育赛事和表演的民族主义解释仍然主导着媒体报道。

尽管全球化进程势头强劲，但它们产生的环境是动态的。在政治环境方面尤其如此，民众普遍反对这种有利于财富集中在越来越少的人手中的新自由主义观念（Mitlin et al.，2007）。最近，欧美的民众运动对自由贸易协定提出了挑战，自由移民政策表明，全球化进程并非像最近出现的那样不可避免。

组织分散化

全球化意味着更高程度的互联互通。这些相互联系采取了相互作用和相互依赖的行动者网络的形式。March 等（2009）将其描述为"随着时间的推移而发展和演变，以响应环境和组织的发展和需求的复杂且可变的实体"。合作的压力包括全球化趋势，如：①追求公共部门的效率；②公共部门预算削减和重组；③体育和旅游部门的分散化；④追求最佳做法和行业趋势；⑤体育和旅游部门的制度化（Zapata Campos，2014）。旅游行业充满了各种不同的伙伴关系，其中包括旅游委员会、行业协会、商会、旅游局和战略联盟，而体育行业则是更具有层次化的公共部门框架。如加拿大和日本（焦点 4.2），正越来越多地引入体育旅游联盟，从而获取体育节事相关的协同效应。

焦点 4.2　加拿大和日本的体育旅游联盟

加拿大体育旅游联盟（Canadian Sport Tourism Alliance，CSTA）成立于 2000 年，已从 18 个创始成员发展到 500 多个成员，包括 200 多个城市、250 多个国家和省级体育组织、20 多个教育机构，以及该行业的各种产品和服务供应商。它与加拿大旅游局密切合作，支持加拿大以节事为基础的体育旅游的发展。CSTA 成功的关键在于它有能力将这一领域的各利益相关者联系起来，并为他们提供信息和资源。体育组织与主办地建立了有效的伙伴关系,从而竞标和提供广泛的体育赛事。CSTA 的活动基于坚实的规划框架,其使命是提高加拿大这个国家的吸引力和举办体育节事的能力和竞争力。具体目标包括:①将加拿大打造为首选的体育旅游目的地;②提升体育旅游业的形象和知名度;③增加网络、教育和交流机会;④开发和促进获取行业工具;⑤吸引公共和私营部门对体育旅游的投资;⑥协调体育旅游业内活动的研究、数据收集、监测和报告。CSTA 的成功也被日本所效仿,日本参照加拿大的做法成立了体育旅游联盟,不过,日本体育旅游联盟做了一些实质性的补充,如它扩大了其任务范围,将参与型节事和参与型体育活动包括在内。因而更符合体育旅游景点全面发展的目的(第 2 章)。因此,它提高了日本体育旅游联盟采用广泛的体育旅游战略以支持区域发展等预期成果的能力。

参考阅读:

Canadian Sport Tourism Alliance(2002)CSTA official website. See http://www.canadiansporttourism.com/portal_e.aspx(2017-08-10).

Japan Sport Tourism Alliance(2011)JSTA official website. See http://sporttourism.or.jp/(2017-08-10).

在如此复杂的环境中,制订明确目标并成功实施战略是一项挑战。目前,各部门之间的相互割裂仍然是一个问题,因为虽然可能存在一个共同的基础,但由于各方在此类合作伙伴关系中利益不同而将必然产生巨大的矛盾(Zapata Campos,2014)。解决这些问题的先决条件不仅要承认现有和潜在关系网络,而且还要让这些参与者真正愿意并有能力共同努力,追求与可持续体育旅游发展相关的共同利益。当每个合作伙伴都清楚地了解合作关系所能获得的协同作用,以及这种协同作用如何对每个合作伙伴的核心任务做出贡献时,这种结果才最有可能实现。

然而直到最近,体育旅游方面的合作成效仍然显得低下。1980 年初,一项对 6 个欧洲国家的研究表明,参与者、商业供应商和地方当局都认为体育与旅游业之间存在联系(Glyptis,1991)。尽管有这种认知,但国家层面的政策制定者、规划者和公共服务提供者却缺乏有意识的整合。Weed 等(1997a)指出,一直到 1990 年末,在英格兰负责体育(体育委员会区域办事处)和旅游(区域旅游局)的区域机构之间仍然很少有联合体育旅游倡议。即使是在体育旅游合作方面处于领先地位的澳大利亚,其制定体育旅游政策的初衷也是因为该领域的认知缺乏一致性和凝聚力所致(Commonwealth Department of

Industry et al., 2000）。

在过去的 25 年中，旅游和体育领域对合作关系和战略联盟的呼声越来越高，尤其是传统上用于这些领域的政府资源正在日益减少（Zapata Campos，2014）。随着各种各样合作伙伴关系的出现，目前人们普遍将其看作是"……双方或更多方为实现合作目标而自愿将资源（劳动力、金钱、信息等）汇聚到一起的行为模式"（Selin et al.，1995）。体育旅游中涉及众多的利益相关者，合作伙伴关系因而显得尤为重要，如 Tuppen（2000）在研究法国阿尔卑斯山冬季度假区的重组时指出，此重组行为"……是由不同组织、不同利益集团的共同行动完成的，其成员身份可能是公共的也可能是私营的，这使得管理工作成为一项复杂艰巨的任务"。而且，除了数量众多、身份迥异的各利益相关者之外，在整个重组过程中始终变动的各方的权力转移加重了这种合作关系的复杂性。

体育旅游合作关系受到诸多条件的限制，如利益相关者之间的竞争、官僚主义的惰性、地理和组织上的分散都是典型的问题（Selin et al.，1995）。在体育旅游领域内，澳大利亚的英联邦工业、科学和资源部强调了缺乏对建立联盟的共同利益的认识，以及协调资源和信息的困难。Weed（2003）也在对英国体育与旅游政策的研究时补充指出，意识形态的差异、对关键概念和定义的不同理解、地区背景的差异、政府政策的不支持、顽固的组织文化和结构以及人们的风格和利益矛盾是制约体育旅游合作成功的主要因素。

合作关系的最基本一点是合作各方要认清楚他们的共同利益，各方参与组织也应有工作重点，而且这个工作必须是以目标为导向而非以组织方为导向的。Kennelly 等（2014）对体育旅游中的各方参与组织进行了专门性调查，他们的研究对象包括澳大利亚国家体育组织、澳大利亚橄榄球联盟和体育旅游经营者。对这三者之间构成的战略联盟的案例表明了这是一个有潜力的体育旅游联盟。他们还发现，这个联盟中的各伙伴获得了许多有形（包括财务）和无形的收益，而这种收益反过来也鼓励了这种伙伴关系的持续性，这种关系还为橄榄球爱好者提供更好的橄榄球体验，并对国家经济的发展贡献带来积极意义。

小结

本书的基本前提是：通过积极干预体育和旅游领域的运作过程，可以促进体育旅游的可持续发展。这些干预措施应针对体育旅游的观赏型节事、参与型节事、参与型休闲体育项目和体育遗产活动等方面。制定规划将有助于优

化体育旅游产品和服务的设计（或重新设计）和开发，从而影响体育旅游发挥
作用的环境。

体育旅游开发者需要意识到他们在商品化/原真性、全球化和组织分散化
方面所面临的挑战。同时，他们也应该意识到这些问题可能带来的机遇。在
商品化和原真性方面，保护好体育带来的吸引力应该是一个基本目标，因此必
须注意保持体育竞争性和娱乐观赏性的适当平衡，尤其是媒体报道方面（第
6 章）。体育景点的原真性应在不限制体育动态演化的前提下得以保留（第
10 章）。相对于许多其他类型的旅游景点，体育在表现的乐趣、不可预测的戏
剧性场面、自身的性质以及与之相关的社区等方面具有重大优势。通过保持
体育运动的完整性，观众和参与型体育游客将能够进入体育目的地的"后台"，
享受真实的目的地体验。

全球化问题围绕全球和地方利益之间的权衡展开。在许多情况下，举办
大型体育赛事的动机是让主办城市成为全球范围内的重要参与者。为此要实
现这一夙愿，需要考虑和协商节事所在地的实际情况，参与型体育旅游和以遗
产为基础的体育旅游景点可用于调和全球需求。旅游目的地应大力推动以培
养积极的当地身份和目的地形象为本的体育旅游战略。

体育旅游合作伙伴关系应以对伙伴成员和更广泛的社会（从区域到全
球）都有利的方式建立合作和运营。这种做法的第一步通常是认真地讨论协
商以使各方都清楚这种合作伙伴关系能带来的好处和双方期望达成的目标。
对于旅游产业来说，展示体育群体参与的利益显得尤为重要。体育利益相关
者必须相信，他们的合作将带来门票收入增加、设施发展、新的体育项目参与
者以及类似的利益。旅游业仅仅成为体育旅游的一个无声的伙伴和重要的受
益者是不够的。除了承认这些益处之外，还需要制定专门的战略来解决本章
所讨论的联盟和伙伴关系的制约因素。利益相关者之间无益的竞争是发展的
重大障碍。建立沟通联系、减少利益相关群体之间和其内部的分散，是解决这
些障碍的方法之一。

第 3 部分

体育旅游发展与空间

第 5 章

空间：地理位置和旅游流

虽然体育旅游可以促进特定地区的出口支出,但并非所有地区都有同等机会成功举办节事、锦标赛或组建团队。

Daniels，2007

【引言】

体育旅游发展是在复杂的空间限制环境中进行的,不同的运动项目在不同程度上依赖于自然或人造资源。一些运动严重依赖于特定且不可移动的自然资源条件,相较而言,其他运动的资源限制少,可能位于人口密度较大和/或旅游经济能为其带来的最大竞争优势的地区(Mason et al.，2008)。距离-时间-成本阈值也塑造了体育游客的空间旅行模式(Bale，1989)。不过,可以通过战略规划行动和一系列空间层面的合作关系来调节和促进体育旅游市场范围和旅游流(Higham，2005)。一个成功的策略就是需要考虑到体育、旅游和空间之间的关系。本章讨论了不同形式的体育旅游发生的地理位置以及"游客从客源地市场到他们选择的休闲目的地的流动"(Mitchell et al.，1991)。具体讨论了体育旅游的资源需求、目的地层级和旅游流,然后讨论了与发生在中心和边缘地区的运动相关的定位要求和旅游流,并考虑了与参与型体育旅游相关的空间旅行模式。在这些讨论中,地理理论的核心概念——规模(Higham et al.，2006),以及它是如何被全球政治和环境变化所重塑的是一个反复出现的关键因素。

体育、旅游和空间

空间和地理位置是体育地理学(Bale，1989)和旅游地理学(Lew，2001；Pearce，1987)的核心概念。与休闲和自由嬉戏不同,许多体育项目需要明确的空间划分，如马拉松赛程的长度（26 英里，385 码[①]），或篮球场的大小（29 米×15 米）等，各个运动项目的空间界限也明确写进了规则和比赛章程中。这些规则可能是明示的，如在有网的球类运动的球员动作上，有防守队员必须留在防守半场的明确规定；而有些规则不是明示的，比如球员位置的偏离会导致防守阵型的削弱或者是破坏。"在许多情况下，体育运动涉及对场地的支配或对距离的掌握，空间违规了会受到惩罚，因此追求空间的胜利通常是主要目标"（Bale，1989）。

旅游业的特点也是由空间成分决定的。一个人要被认为是游客，就必须先离开家并最终返回到自己的家中（第 2 章）。旅行是旅游的必要条件之一，也正因为如此，空间含义在旅游中尤为重要，旅游概念中的旅行要素在空间维度上有诸如最小旅行距离之类的限定词，但这与旅行的基本概念是一致的（Hall，2004）。空间维度对体育和旅游两个领域来说都至关重要。

本章所讨论的体育旅游的空间要素，主要是指特定运动开展的地点和区域、与这些运动直接或间接的旅行流量，以及调节和促进这些流量的方式。在探讨的过程中，出现了与体育景点相关的资源基础、位置和管理的各种问题。例如，体育资源可以在多大程度上再生和转移？运动项目的变化对观众前往参加体育赛事的倾向有什么影响？体育运动和旅游流的相互作用在地方、区域、全球的哪一层面上产生并发展到何种程度？

体育旅游空间分析

体育旅游空间分析包括研究体育运动发生的地点，以及游客在这些地点的流动。体育地理学为此分析奠定了理论基础（Bale，1993a，1989；Rooney，1988），在体育旅游研究中引入了诸如体育地理学的中心地理论、距离衰减和位置层次等概念，这一分析也借鉴了旅游地理学的理论，认为"旅游作为一种物理活动的空间表现，它关注客源地和目的地以及两者之间的联系"（Boniface et al.，1994）。规模，即表达城市、州/省、国家、全球等空间的概念一词，将对本章的讨论非常重要，而更为有趣的可能是电子竞技和虚拟现实的出现，它们的发展因几乎不受（物理）空间的限制而为新的体育体验形式开辟了道路。

体育旅游的（物理）空间要素在中心地带（城市）和边缘地区开展的运动中的表现形式有很大的不同，当然何为中心（核心）、何为周边（边缘）的定义也是从全球、国家、区域这样不同的分析规模或分辨率来变化的。中心和边缘地区的空间要素都值得单独拿出来进行分析，城市地区的体育旅游通常以人工建

---

① 1 码（yd）＝0.914 4 米（m）。

造的体育设施为基础,而边缘地区的体育旅游则主要依赖于自然资源的存在,这些资源还可以通过设施建造加以修缮或补充,这种方法反映了 Boniface 等(1994)对旅游资源的三分法。

(1)用户导向型:位于市中心的密集开发项目,靠近市场和旅游基础设施,并以建筑或人工设施和景点作为基础。

(2)中间型:以建筑和/或自然的资源为基础,着眼于可及性。

(3)资源型:高质量的自然资源,空间上往往远离人口集中的地区,并以有限的资源供应为基础。

距离衰减的空间概念同时适用于体育和旅游。例如,在高水平竞技运动中,参赛选手在体育比赛的主场或客场中的状态以及获胜概率方面存在一个明显的模式,即举办地在主场比在客场获胜可能性更大,而且"胜利的概率与主场的距离形成一个明显的梯度"(Bale,1989);一支球队离主场越远,获胜的可能性就越小。

在体育旅游中,居于中心地带的体育运动通常因靠近市场而更具有优势。相对于在赛事发生地的居民而言,边缘地区或周边地区的居民不太可能去参加体育赛事或活动(Daniels,2007;Pearce,1989)。距离衰减的引力模型表明旅游流随着距举办地距离的增加而减小(Boniface et al.,1994)。因此从理论上讲,体育运动对旅行决策过程施加的吸引力随着与主场距离的增加而减少。基于引力模型的距离衰减函数受到旅游成本的增加和对遥远地区认知的下降的影响(Mitchell et al.,1991)。因此在体育赛事旅游中,一个团队在其他条件完全相同的情况下,距离主场越远,来自主场的支持越少。

实际上,线性距离衰减函数由一系列因素(Miossec,1977)影响,如文化和气候特征,它们可能成为旅游的阻碍因素或促进因素(Cooper et al.,1993;Mitchell et al.,1991)。旅游流也可能受一些相互关联的变量影响(Boniface et al.,1994)。区域旅游模式还可能受度假目的地的等级、主要交通路线所提供的便利,以及著名(独特)的地点的改进而变化(Mitchell et al.,1991)。基础设施和服务业发展可以改善物理距离,发挥调节作用并重新定义空间,过去十年来,低成本(廉价)的航空服务就是一个典型例子(Casey,2010)。体育旅游的距离衰减函数也可能受竞争对手的水平、比赛的重要性、赛事的持续时间、球队或运动员将参加的比赛数量,以及比赛场地之间的距离等影响。此外,还可以通过体育运动的吸引力和主办地(目的地)影响的结合(Higham,2005),借助品牌营销、包装、杠杆手段和捆绑举措等一系列美化措施来创造一个美好的旅游前景,进一步调节距离衰减函数(Chalip,2006;Chalip et al.,2005,2004;O'Brien,2007)。这些因素结合起来,可以显著增强与体育运动相关的空间范围和旅游流。

体育场所、位置层次和旅游

现代体育运动一直在持续变化中，这种变化往往是由竞争性体育结构（如新兴联赛的发展）、运动设施的位置以及体育景点的兴起和衰落等经济过程所驱动。Bale（1989）提到了"不同运动场所重要性的增长和下降"，这与 Butler（2006，1980）的旅游地区生命周期理论（第 10 章）相似，这些变化是会对旅行者和观众的规模大小产生影响的。在职业体育行列，通过外部招募（地区、国家或全球）、球员转会和选秀计划，突破了仅从主队场地附近地区招募球员的限制。观众流量以及本地或非本地居民参加体育运动的倾向对体育营销经理而言是两个独立的问题，却有着类似性。职业体育特许经营权努力寻求吸引最优秀的运动员将他们加入到自己的球员名单中，同时建立和留住尽可能广泛的球迷群体。与体育旅游目的地的经理进行合作，可能会显著提高在团队实际代表的地域之外建立团队形象和粉丝基础的兴趣。

中心地理论对体育和旅游业的研究非常有利（Daniels，2007）。与其他旅游景点一样，体育景点（场所）也有分层的组织结构（表 5.1）（Leiper，1990）。这种层次结构反映在一些体育中心主要被使用于当地区域，而另一些体育中心则会对标一个地区、国家或是国际使用的更高层次的标准。Bale（1989）解释说，位于中心位置的运动设施会"尽可能地离潜在客户近一点，这样可以让他们最大限度地从运动体验中获得乐趣，同时还减少了旅行成本，从而降低成本"。近年来，由于出现了影响运动场所地位的新因素，这一特征变得更加复杂。这些因素包括设施共享、基础设施和旅游节点的不断变化、接近旅游和服务的发展项目，以及在媒体市场中的突出地位（Stevens，2001）。

表 5.1　体育场所位置层次理论（Bale，1989）

序号	观点
1	运动场所的主要功能是为周边地区提供人们进行体育活动的地方，因此，运动设施主要位于其市场区域的中心位置
2	运动场所能提供的运动项目数量越多，其层级越高
3	低层级运动场所提供的体育设施由较小的区域使用；较低级别运动场所的人口门槛较低
4	高层次运动场所的数量较少、间隔距离更远；入口门槛要求很高
5	体育场所层次结构的存在，是为了更有效地给如下人员组织、开展各项体育运动：①希望尽量减少旅行成本就能获得运动机会的消费者；②制定运动场所入口门槛最低标准的运动管理人员

对体育运动的需求随着体育运动所在地的距离的增加而减少,这个概念既适用于观众也适用于参与者。Bale(1989)引入了"影响范围"一词,它描述了运动队对观众的吸引力。正如距离衰减模型所指出的,体育观众的空间需求曲线的斜率和区间是有弹性的。它可能会受到一些因素的影响,而这些因素在某种程度上是体育管理者无法直接控制的,如球队的命运(胜负记录)、比赛环境、联赛举办地和天气。一系列不同的因素影响着与体育参与有关的需求曲线。这些因素包括访问成本(White et al.,1999)、体育资源的标准和体育旅游经验的独特性。额外的旅游机会,例如访问亲友或在目的地实现其他所需的旅游体验也可以使需求曲线变得平缓。

这里体育场所的层次概念是讨论的核心,不仅仅体育资源存在着层次结构(Bale,1989),旅游目的地亦如此(Higham et al.,2006),而且这种分层一直在动态地变化着,使得体育运动的参与者和参与兴趣也发生变化(Coakley,2017),最终也导致旅游地的地位重要性随之发生变化(Butler,1980)(第10章)。基于此,体育和旅游管理者需要合作统筹,综合考虑那些能鼓励人们做出旅行决策的因素,如深刻的体育体验、体育历史性的瞬间和独特的目的地因素等;而这其中的关键,根据 Harrison-Hill 等(2005)的说法,在于能够形成体育运动和目的地之间强大的协同作用,而能成功创造这种协同效应的目的地可能比竞争性的目的地更突出,由此提升体育旅游区位等级。

体育场所的位置等级是体育旅游的一个特别具有竞争力的方面,见焦点5.1。

焦点 5.1　体育场所位置层次结构

各个体育场所的层次、地位一直都在竞争中变化着(Bale,1989)。可以说一个体育场所的层次、地位对城市经济发展、旅游和服务业收益等都具有重要意义。千禧体育场(加的夫)、罗杰斯中心(多伦多)、阿提哈德体育场(墨尔本)和西太平洋体育场(惠灵顿)是在市中心开发的体育场馆,紧邻交通枢纽和城市服务中心。位置层次的概念证实,除了城市体育场设施的重要性之外,体育场馆在空间政治区域内的相对位置也十分重要。新西兰在经历了50年的发展期后,迎来了一个密集的体育场馆(再)开发时期,这对主办一级体育赛事的举办、职业体育特许经营权的选址、吸引音乐会和其他文化活动的开展、媒体的关注和赞助都有影响。在最初的1996年橄榄球联盟的专业化和随后在2011年举办的橄榄球世界杯的推动下,新西兰各地的体育场馆都经历了一段密集的重建时期。最突出的莫过于惠灵顿历史悠久的运动公园在1990年后期关闭，并于 1999 年被惠灵顿市中心的新西太平洋信托体育场取代。这个主要项目（以及其他项目）的建成，也将惠灵顿重新定位为全球旅游胜地，并成功竞标赛事，例如，IRB 惠灵顿七人制系列赛(1999—2017)将惠灵顿推向了新西兰体育场位置层次的顶端。新西兰南部城市达尼丁后续的体育场开发可能会促使我们对体育场位置层次结构的进一步了解。福塞斯巴尔体育场（新西兰达尼丁）是一个绿野项目，它的落成导致历史悠久的卡里斯布鲁克体育场终止使用，代之而起的是毗邻达尼丁火车站和奥塔哥大学的市中心位置开发的新体育场。新体育场于 2011 年完工，采用了固定屋顶，并具许多革命性的设计，如世界唯一一个具有固定屋顶（不可伸缩），并有永久天然草皮的比赛场地。该体育场的屋顶由乙烯—四氟乙烯共聚物（ethylene-tetrafluoroethylene copolymer，ETFE）制成，这是一种氟基塑料，最初是为航天工业开发的，随后用于伊甸园项目（英国）和北京 2008 年奥林匹克国家游泳中心（水立方）的建设。这项技术隔绝了阳光中的有害元素，同时允许紫外线照入，可使用体育场屋顶采集的水灌溉自然草生长。新西兰新体育场使用的固定屋顶被认为是一项战略优势，其在吸引体育赛事和其他赛事以及促进高档门票销售方面具有重要意义，因此新西兰南部气候的变化无常可以被中和并从消费决策中消除。它还提供给观众优于新西兰任何其他体育场的观赛体验。但同时产生的问题在于，在标准化设施中进行体育运动，完全脱离地方的独特元素，是否真的对旅游业构成威胁。对于一些人来说，体育场封闭的屋顶代表着真实性的丧失，因为天气曾经是比赛风格的一个重要方面，它提供了独特的主场优势。那么这样会有反弹吗？标准化最终是会导致地方独特性的丧失，还是实际上增强了地方差异化、独特性和可识别性？目前，固定的体育场屋顶是独一无二的，但它可能会被邻国城市克赖斯特彻奇所复制，在 2010～2011 年地震摧毁了克赖斯特彻奇的翡翠体育场（原兰卡斯特公园）后，该市正在进行重建，而在克赖斯特彻奇地震发生前夕，该体育场已经进行了大规模重建。如果是这样，寻求举办体育赛事的独特目的地的地位可能会受到影响，因为运动场馆变得更加标准化、不那么独特和可识别，但体育场位置层次结构的动态将继续存在。

参考阅读：

Bale, J.（1989）Sports Geography. London：E & FN Spon.

Forsyth Barr Stadium. Construction facts and figures. https://forsythbarrstadium.co.nz/news/article/716（2017-09-08）.

中心地段的体育旅游空间分析

在实践中，存在"大量的因物理、经济和社会因素造成的对中心位置模型的扭曲"现象（Bale，1989；Daniels，2007；Mason et al.，2008）。例如，一个职业运动体育特许经营的支持会受该地区居民对球队的态度倾向的影响；而那些来自小城市的职业球队，诸如萨斯喀彻温省的骑兵（Roughriders）队（加拿大橄榄球联盟）和绿湾队（美国国家橄榄球联盟）等证明球队在体育场所获得的支持水平可能与主办城市人口没有什么关联之处。例如，Roughriders 队之所以能够幸存，是因为有一支来自萨斯喀彻温省的强大支持队伍。这个例子证实"人类和文化因素会扰乱中心位置模型做出的对经济的理性预测"（Bale，1989）。这些因素有助于解释一些球队为什么能够在当地观众范围内外产生高于预期的忠诚度。

城际旅行是一个越来越常见的体育副产品。Bale(1989)指出："在一个区域和国际旅行相对容易的时代，体育赛事能够产生大量的聚集人群。因此有助于提升大城市的经济发展及其财富集聚。"越来越多的体育赛事和设施被用作高层次城市中心娱乐区的经济指标（Mason et al.，2008）。体育场所层次结构和空间需求曲线随时间而变化，并影响着体育旅游目的地的地位。大多数情况下，运动队在主场比赛时，观众会从主办区域内甚至更远的地方前往该场地（Gibson，2002；Higham et al.，2000）。

传统联赛的特点是有一系列的主客场赛，并有不同比例的两支球队的粉丝参与。虽然体育经理和旅游经理可能制订策略以鼓励球迷、休闲观众和目的地的游客追随球队参与赛事并支持球队，但是主场比赛往往由其主场的球迷主导。值得注意的是，主场粉丝不一定是其家乡的居民。例如，由于纽卡斯尔联合足球俱乐部返回英格兰足球联赛，支持该俱乐部的挪威人每年估计有170 000 次在长周末前往纽卡斯尔（Law，2002）。挪威人对纽卡斯尔和利物浦足球俱乐部的强大而持久的支持源于 20 世纪 70 年代挪威开始定期转播英国电视报道，当时这些俱乐部是英格兰甲级联赛（现为英超联赛）的主力（案例研究 6.1）。

其他模式确实存在于体育比赛的空间组织中。"空间组织的另一种形式是通过体育向人们传播信息，以吸引足够的企业来满足其人口门槛"（Bale，1989）。虽然一些运动被严格地限制在特定且不可运输的自然资源上，但仍有一些其他体育运动相对来说是没有资源限制的（第 7 章）。例如，一场马拉松赛可以利用人口集中、独特的城市地标或独特的风景区等优势来设置赛程。

职业体育巡回赛在不同赛季选择不同的举办地点,旨在提高观众参与体育运动的机会并因此增加收入,并在诸如高尔夫球(如职业高尔夫球协会之旅)和网球(如网球职业选手协会之旅)等项目上充分利用体育旅游目的地的季节性条件(第9章)。职业巡回赛对体育旅游有两个值得关注的意义。首先,当巡回赛从一个场地、城市、国家转移到下一个场地、城市、国家时,它将运动员或参赛者转变为精英体育旅游者。其次,它为体育旅游发展和定期营销创造了机会,这与职业体育旅游的定期重复访问相关联。世界橄榄球(前身为国际橄榄球委员会)汇丰世界七人制系列赛,其中最著名的是在香港地区举办的年度锦标赛,目前已发展为体育节,并经常与其他城市旅游活动一起推广。香港国际七人橄榄球赛数十年来一直取得持续成功,与此同时,在20世纪90年代发展成为丰富多彩的当代文化节日和平台的惠灵顿(新西兰)七人制橄榄球赛近年来却逐渐衰落。这归因于竞争对手奥克兰九人制橄榄球队(橄榄球联盟)的出现以及惠灵顿七人制橄榄球赛中出现的过度饮酒的现象(Gee,2014)。

目前,F1大奖赛每年有17场比赛,它是另一个基于周期性营销原则发展起来的年度职业体育比赛的例子,各个城市之间为了举办F1大奖赛还展开了激烈的竞争(Henderson et al.,2010)。经常性的体育赛事会有举办地点不停变化的潜在问题,它还与两年一次和四年一次的体育赛事形成鲜明对比,例如国际足联举办的足球世界杯、国际板球理事会(International Cricket Council,ICC)举办的板球世界杯和国际业余田径联合会(International Amateur Athletics Federation,IAAF)举办的世界锦标赛和奥运会等。主办这些赛事的城市会因申办过程的不同而发生变化,这给体育旅游目的地的管理者带来了不同的挑战和机遇。在这些情况下,体育和旅游管理者通过合作充分利用这些活动带来的机会尤为重要。无论是资源再生、业务发展、目的地营销、重塑形象、旅游还是体育遗产的形式(Weed,2007)。其中一种策略是通过举办与主办地的著名标志性旅游景点相关的特定体育活动来建立与赛事相关的形象。皇家骑兵卫队游行和白金汉宫(2012年伦敦奥运会)、基督救世主(2016年里约热内卢奥运会)以及香榭丽舍大街和凯旋门(巴黎、环法自行车赛)等,都是曾经作为著名标志物向全球观众投射其作为体育赛事城市形象的典型范例。除此之外,景观和强识别性的体育遗产地也可以被用来作为投射于外部观众的该城市的体育形象的标志物。

体育旅游市场范围

一支球队的市场规模有多大是受各种因素影响的,包括胜负记录、比赛风格、球队形象,公众宣传和球队比赛胜利等,这些因素将影响球队能否作为旅游景点的吸引物(Hinch et al.,2001)。类似的因素也适用于主客场球队。例如,北美职业体育联盟最近趋向于在观众观看收视率最高的球队出场时收取额外的费用。对于大多数体育俱乐部来说,虽然一些成功的俱乐部已经设法拓展了球迷市场、粉丝群体和媒体的辐射范围,但球迷的范围依旧是本地/区域的为主。

"标志性球队"已成为那些"能比较固定地吸引大量观众并发展成为旅游场所推广和短期休闲旅游套餐内容"的代名词(Stevens,2001)。在这种情况下,可能需要从国际性或全球性的维度分析观众流的规模。Bale(1993a)指出,像巴塞罗那和曼彻斯特联足球俱乐部(以下简称"曼联")这样的足球俱乐部受到很多媒体的关注。这有助于建立一个远远超出团队实际代表位置的支持基础。虽然曼联将曼彻斯特市与其当地俱乐部竞争对手曼城足球俱乐部(以下简称"曼城")分开,但该俱乐部是一个拥有全球粉丝基础的国际体育品牌(Hill et al.,2006),曼联队在 20 世纪 90 年代、21 世纪初以球员大卫·贝克汉姆的个人品牌为主进行的品牌打造,对亚洲市场产生了深刻的影响。巴塞罗那足球俱乐部现在在印度尼西亚拥有比在西班牙更多的官方球迷俱乐部成员。这对旅游市场范围的影响是显著的。在劳特拉福德举行的曼联英超联赛定期吸引 4 000~6 000 名国际游客前往曼彻斯特地区(Stevens,2001)。同样,在卡姆登球场观看巴尔的摩金莺队(美国)棒球比赛的所有观众中有 46%是远道而来的观众和体育游客,其中约 11 000 人至少在巴尔的摩停留一晚(Stevens,2001)。

使用比较容易获得的二手数据(例如,季票成员或粉丝俱乐部成员的居住地点)可探寻与球队相关联的空间旅行模式。由于电子票务和大数据系统的发展,现在将体育观众旅行流的研究扩展到包括"休闲"观众的市场比过去简单得多。这些大数据源可以深入了解一段时间内的旅游量,由此总结影响空间旅行流量和出勤率的关键因素。这些分析可以提供一些关于体育旅游观众来源范围和特定区域的线索。通过参加比赛以及商品销售或粉丝俱乐部会员资格,可以在指定球队特许经营区域的当地地理边界的基础上将市场范围扩大到国内/国际市场。一个团队的持续成功会影响其市场范围,但持久的成功也较罕见。仅凭这个因素并不能解释一些球队所享有的持续扩大的球迷基础。个人明星球员以及与球队相关的光环、魅力和传统,以及他们比赛的场地有助于培养一些球队经久不衰的吸引力。同样的因素可能会影响游客参与怀旧体育旅游的倾向(Ramshaw et al.,2016)。主场的氛围、主场球迷、主队色彩和主队本位主义以及杰出球队球员的公开展示也可能促进球队粉丝聚集区的诞生。这些因素适用于不同竞争水平和分析规模的运动队和专业球队(Mason et al.,2008)。

很明显,体育旅游现象和相关流动性的空间范围已经大大拓展(Higham et al.，2009)。全球化的驱动力和影响(第4章)一直是体育和旅游领域学术界关注的焦点(Maguire，1999，1994；Mowforth et al.，2015；Silk et al.，2001)。Higham 等(2009)指出:"体育和旅游在城市、地区和州之间的国际贸易、商业发展、资本投资和就业增长方面的发展中发挥了重要作用。"重点讨论集中在新自由主义和全球化下谁赢谁输的问题(Harvey，2007),以及全球化是否会导致标准化程度的提高,或者地方阻力和谈判是否会保留甚至促进地方之间更大的差异(Bale，2002；Hall，1998；Page et al.，2003；Silk et al.，2001)。大家普遍认同的是同质化的力量和阻力并存(Harvey et al.，1994；Washington et al.，2001),但是欧盟"脱欧"公投(2016年6月23日)、特蕾莎·梅触发的代表英国脱欧的第50条款(2017年3月29日)和美国总统大选(2016年11月8日)可以看作是影响全球化的历史性时刻。可以预料的是这些全球的政治巨变将重塑体育联盟、旅游流、体育劳动力市场、体育劳动力迁移,以及更广泛的体育旅游流动性的空间格局。

体育,空间和访客体验

体育旅游游客的旅行距离通常会影响他们在目的地的体验。旅游的时间-距离-成本阈值会因为游客可自由支配时间和收入的增加而对游客体验的各个方面产生影响(第8章)。例如,体育旅游游客旅行的时间越长,他们就越有可能在目的地花时间游玩其他类型的旅游活动(Nogawa et al.，1996)。值得注意的是,球队所代表的地区实际上可能需要"家乡"的粉丝长途跋涉来支持他们的球队。在国内参加国际比赛的国家队可能会吸引其全国各地的粉丝,他们长途跋涉以国内游客的身份前来观看比赛。事实上,外籍侨民也可能返回他们的祖国去支持或参与运动队(Higham et al.，2006)。因此,运动队或俱乐部所代表的空间区域可能与球队粉丝的空间范围有很大差异。例如,曼联代表曼彻斯特市的一部分,与当地竞争对手曼城完全不同;两者都是非常成功的英超足球俱乐部,拥有忠实的全球球迷群体。这种情况提高了观众作为国内或国际游客旅行的可能性,而且他们不会有自己正在离开"家",或者肯定地认为自己正在"回家"的感觉,这可能对游客体验产生有趣的影响。

与体育旅游经验相关的游客消费模式对体育、旅游和服务行业尤为重要。Bale(1993b)的研究课题对此有深入见解,他认为"社区吸引专业体育机构的成本和收益,以及现有体育特许经营权对其所在城市的经济影响"。与城市地区体育俱乐部或特许经营权的位置相关的支出可能包括俱乐部支出、与体育生产相关的支出,以及当地和非当地观众产生的支出。此类支出将随城市区域的大小及其地理参数的定义而变化。Bale(1993b)提到英国足球时指出，"随着与足球俱乐部的距离增加，对零售商的积极溢出效应可能会下降，直到俱乐部无法产生直接经济影响"。值得注意的是，不同体育观众群体的消费模式可能非常独特，本地和非本地游客消费模式之间的差异尤其明显(Gibson et al.，2002)。然而，针对体育旅游这一方面的研究相对较少(第 8 章)。

体育旅游和体育中心的地位

在本地域范围内，城市中心一直处于娱乐消费新阶段的前沿，Belanger (2000) 将其描述为空间的壮观化。这个过程正在"创造一个包含赌场、大型电影院、主题餐厅、模拟剧院、体育场和体育综合体的新城市景观"(Belanger，2000)。在很多情况下，这种新的城市景观存在于节点娱乐区，可以作为"体育区"和"旅游区"(Leiper，1990；Mason et al.，2008)。这些空间相关景点和设施的特定群体组合被称为"综合体"(Dietvorst，1995)。当设施开发计划与娱乐、旅游和服务部门的利益相协调时，体育中心的地位就会得到提高。毗邻城市服务和娱乐区的中心体育场所已成为体育中心规划的重要方面(Chapin，2004；Gratton et al.，2005；Thornley，2002)。

现代体育场馆的发展在提升作为旅游目的地的体育中心的地位方面具有重要意义。作为城市复兴和城内旅游开发计划的一部分，体育场与酒店和会议中心综合体一起开发，一些北美城市拿到体育特许经营权后，通过结合城市体育的历史，最大限度地提高旅游体验的遗产价值(Mason et al.，2005)。这些项目刺激了服务业的发展，包括专门从事体育旅游的旅行社，以满足游客的需求。这些发展与住宿、交通、餐饮和娱乐等配套旅游服务相结合，提升了体育中心的地位。在澳大利亚，墨尔本和奥林匹克公园区(Melbourne and Olympic Park，MOP)就是一个以与旅游业和服务业发展密切相关的方式集中开发的世界级城市体育资源的案例(Hede et al.，2010；Smith，2010)。除了体育设施之外，举办大型体育赛事可以给目的地形象(Kaplanidou et al.，2007；Smith，2005)和城市形象带来显著变化。至关重要的是，体育和目的地管理者以及公民领袖和城市规划者要意识到体育和赛事发展的潜力，以保证主办城市的独特性(案例研究 5.1)。

案例研究 5.1　　**大型体育赛事与"地理排斥"**

艾丽安·C. 里斯(Arianne C. Reis)，澳大利亚西悉尼大学科学与健康学院

奥运会等大型体育赛事具有改变城市的潜在力量。然而这种转变并不总

是能带来积极意义的，其改变带来的红利在主办城市及其居民区也并非人人都能有机会均等地享受得到。事实上，过去和现在都有人对赛事引发的城市转型的好处提出了质疑。例如 Gustafson(2013)提到的亚特兰大 1996 年奥运会的案例。他认为，亚特兰大在准备 1996 年奥运会的时候，为了对基础设施进行大规模检修，"为了给奥运会场馆腾出空间，大型公共住房项目被摧毁，清理奥运场馆周围的街区，并将无家可归的人群从新兴的奥运景观中驱逐出去。"据 Gustafson(2013)估计，从 1990 年亚特兰大奥运会申办成功到 1996 年举办奥运会期间，有 3 万人被驱逐，流离失所。在伦敦，大多数奥运场馆所在的东伦敦地区纽汉斯特拉特福地区的年轻居民说，他们的社区确实变得高档，但他们对自己在奥运会后是否能留在该地区继续生活的能力感到担忧(Kennelly et al.，2012)。同样，Silvestre 等(2012)也在"2016 年里约奥运会"中报告了城市西区地理环境的变化，以及对一些社会经济地位低下(socio-economic status，SES)的社区的负面影响，这些社区至少在奥运会前四年就已经被迁移，为新的高速公路、地铁线和体育场馆让路。显然，这些城市转型对个人和社区的生活有重要影响，并加强了人们对那些已经生活在社会边缘的人的排斥感(Broudehoux，2016)。

由此导致的后果衍生到主办城市的生活各个方面，休闲活动即是其中之一。休闲娱乐包含了体育参与，而正是这种体育参与活动成为大型赛事存在的基础。学术界普遍认为，一个人居住的物理环境会影响休闲和体育活动的习惯(Sallis et al.，2006)。休闲空间不仅可以帮助人们形成休闲参与习惯，而且人们与空间的关联也可以促进和影响他们进行身体活动的方式，并有助于培养"地方归属感"，这是构建个人和社区身份的基础(Sampson et al.，2009)。而零散、不熟悉、不安全、不干净的区域可能不仅会影响一个人对自己居住地的感觉，还会影响自我感知。因此，社区内的公共休闲空间可以彰显居民对社区的身份认同感，这种身份认同感当然可以通过外部力量强加，但还是会显著影响生活在该社区内的人们的自我感知。先前的研究还表明，参与型休闲空间的可用性、可及性和物理/社会属性(如美学和安全)受到社区社会经济水平的影响，并且社会经济地位较低的地区拥有的设施低于平均水平(Vieira et al.，2013)。这些论点与 Sibley(1995)的"地理排斥"非常吻合。

受到大卫·哈维(David Harvey)作品的影响，Sibley(1995)提出"地理排斥"一词。而大卫·哈维的作品又在很大程度上借鉴了马克思和恩格斯以及他们关于资本主义社会和资本积累的理论。恩格斯有句名言：人类景观可以被解读为空间排斥的景观。马克思在《资本论》中说明了资本主义如何利用空间来解决其内部矛盾，大卫·哈维进一步阐述了这一论点，以解释在现代资本主义社会中,社会空间问题如何强化排斥的各种方式。大卫·哈维和西伯利 (Sibley)拿购物中心和公寓来举例,他们的重点集中在彰显排斥的有意设计上,尽管是以一种隐蔽的形式进行。但总的来说,对贫困社区内边缘化强化和排斥空间发展的关注较少。尽管之前有社会化住房(廉价房)问题可勉强算得上是关于空间研究的(Hackworth,2008)。遗憾的是,迄今为止,很少有人关注通过举办大型赛事来实现的城市转型,这就解释了为什么地理排斥可能会被拿来适用于那些虽然没有直接被迁移,但仍因相关的城市"升级"项目而遭受严重损失的社区。

为解决这一问题,在 2016 年奥运会举办之前、期间和之后对在里约热内卢处于低社会经济地位的社区进行了一系列研究。研究探讨了为举办 2016 年里约奥运会对主办城市的转型影响以及休闲空间的可用性对当地居民归属感的影响(Reis et al.,2016,2014,2013;Sousa Mast et al.,2017,2016,2013)。我们发现,这些社区内的休闲空间反映了里约热内卢和世界其他主要城市中心的低社会经济地位社区将面临着广泛的排斥现象。表现为这些社区的休闲空间通常建设质量较差,存在严重的暴力破坏且缺乏维护,而且经常是短暂存在的,社会、政治的任何改变都会造成这些基础设施维护的断裂。大型赛事是这些弱势社区在"社区重生"话语中的影响之一,而且无疑是非常重要的影响之一。

这些研究从两个方面对大型体育赛事的未来提出了挑战。首先,如果我们将休闲理解为体验感产生之前的因素(Elias et al.,2008),并且休闲是大型体育赛事这种核心的理念,那么休闲这种社会实践所占据的空间地点对城市改造项目至关重要。其次,休闲空间的民主化,包括物理"现实"的永久存在以及由此产生的有意义的联系,必须得到活动组织者和支持举办活动的政府的重视。但直到今天,我们仍常会谈到,那些生活在边缘地区的人经常被城市更新项目迁走或被中产阶级化"转移"的报道(Lea et al.,2012)。正如 Sibley (1995)所说,"权力表现在对空间的垄断和将社会中的弱势群体排挤到不太理想的环境中"。通过改造城市环境,为运动员、官员和游客搭建一个接待舞台的粗暴做法,显示了大型赛事的组织者和他们背后的政治机构的问题,正是他们的这种做法导致这种地理空间的垄断,以及在地理位置上被强化的排斥现象永久化存在。

参考阅读:

Sibley,D.(1995)*Geographies of Exclusion: Society and Difference in the West*. London:Routledge.

Sousa Mast,F. R.,Reis,A. C.,Vieira,M. C.,Sperandei,S.,Gurgel,L. and

Pühse，U.（2017）Does being an Olympic city help improve recreational resources? Examining the quality of physical activity resources in a low-income neighborhood of Rio de Janeiro. *International Journal of Public Health* 62（2），263-268.

体育运动中心的概念引出了体育旅游中心、体育旅游目的地或体育度假胜地的概念。体育旅游中心的吸引力可能取决于一个国家不同运动区域的独特性（Rooney et al.，1992）。根据定义，体育旅游中心需要体育设施和资源以及旅游基础设施和服务（Standeven et al.，1999）。"对于游客而言，设施之间是相互关联的；成套设施似乎比单个设施更具吸引力"（Dietvorst，1995）。体育旅游中心有能力在目的地容纳大量涌入的旅行流量。以国家或国际运输节点形式建立旅游经济体系，建立住宿部门、旅游景点以补充体育产业以及包括旅游信息服务在内的发达服务部门，对其功能至关重要（Whitson，2004）。

体育旅游中心和地区的发展和管理需要体育和旅游资源的战略协调发展（Maier et al.，1993；Pigeassou，2002），并仔细考虑战略发展机会，因为这可能会提高体育旅游中心的地位。施蒂利亚国际足球营是体育旅游战略性发展的典范。施蒂利亚营位于阿尔卑斯地区的斯泰马克（奥地利），该营提供的综合高空足球训练场所对标精英足球俱乐部、国际足球队备战季前联赛（夏令营）和国际比赛所需的标准。在这种情况下，高海拔和世界一流的训练设施为运动队的体能训练和备战提供保障，使该营更具竞争力，并有格拉茨作为一个便捷的区域航空运输门户。目前，施蒂利亚营已成为一个体育和旅游资源融合，并服务于专业精英体育市场的体育中心。

中心地段体育旅游的演变

城市中的运动开展所需的场馆位置一直在发生着变化（Bale，1989），这一点在欧洲和北美尤为明显。英国的体育馆选址最初是为了利用人口集中和交通枢纽的优势。体育观众的就近原则促进了市中心地区的体育场馆发展。城市枢纽的辐射型公共交通网络使大多数球迷在相对较短距离内乘火车和公共汽车就能观看市中心的体育赛事。然而在20世纪80年代引入严格的场馆安全规则后，加之体育场馆规模的不断扩大，以及体育场馆做出的安全性、有座位的体育场馆的需求，使得上面的选址标准已失去意义（Bale，1993b；Paramio et al.，2008）。

尽管近年来人群安全和创收推动了新体育场馆发展、设施共享和各种体育运动的搬迁（焦点5.2），但在英国体育运动中，位置流动的情况出现得相对较晚。相比之下，北美的情况"自1950年以来就以地域变迁为特征"（Bale，

1993b)。在过去的 50 年里,北美许多高规格的职业橄榄球、棒球和冰球特许经营权已经从一个城市转移到另一个城市。在这里,整个团队被重新安置在不同的州和国家的城市中,需要进行不同规模的分析。通过这一过程,体育竞赛的地理划分发生了巨大的变化。职业冰球特许经营权扩张到气候温暖的加利福尼亚和佛罗里达,以及加拿大和美国之间的球队迁移,都很好地证明了这一点。

焦点 5.2　体育场馆和空间变化

体育场馆的选址和设计对球队有着重要的影响,因为它涉及球员的招募、当地球迷的利益、遗产以及该球队可能发挥作为旅游景点的作用程度等。在 EPL 中,像海布里、缅因路和厄普顿公园(分别对应着阿森纳、曼城和西汉姆联)都是极具体育遗产意味的地标性场馆。然而,这些历史悠久的场馆近年来已让位于住宅重建,俱乐部也搬迁了。例如,酋长球场于 2006 年 7 月成为阿森纳足球俱乐部的新主场。曼城在 2002 年曼彻斯特英联邦运动会后迁至阿提哈德球场,西汉姆联足球俱乐部的主场现在是为 2012 年伦敦奥运会而建造的伦敦体育场。这些变化强化了地域流动的变化趋势,这一趋势在北美职业体育中很明显,但在英国发展相对较晚。其他伦敦体育俱乐部也已经完全搬迁,以寻找大型、安全的体育设施。"100 多年来,温布尔登足球俱乐部都将伦敦南部作为主场。就像任何一个家一样,他们在那里奠定了基础,创造了回忆并建立了遗产……在泰勒时报建议所有顶级球队应该拥有全座位体育场后,俱乐部被迫于 1991 年离开保雅巷——他们自 1912 年以来的主场"(The Guardian,2016)。在保雅巷经历了漫长而引以为豪的历史(包括 1987 年 5 月 14 日在温布利球场击败强大的利物浦足球俱乐部,1980 年代占主导地位的英超联赛俱乐部的足总杯决赛),以及与水晶宫共享十年场地(伦敦塞尔赫斯特公园)后,温布尔登足球俱乐部搬迁至米尔顿凯恩斯(伦敦西北部 56 英里),并更名为米尔顿凯恩斯足球俱乐部。与这一搬迁和更名带来遗产流失导致俱乐部终生球迷的彻底失望,致使球迷在原场地(保雅巷,温布尔登)组建了新的俱乐部(AFC 温布尔登)。现在,空间场所位置的变化已扩展到英国的其他运动领域。黄蜂橄榄球俱乐部于 2014 年 10 月宣布,从当年 12 月起,它将在考文垂的理光运动场举办其"主场"比赛,实际上这个竞技场是一个多功能体育场,也是考文垂足球俱乐部的主场,这个体育场是与会议、培训、宴会、展览、音乐和体育设施、赌场和购物中心、乐购超市和酒店住宿联合开发的。在市场和交通可达性方面,据称考文垂理光竞技场处于中心地带,75% 的英格兰人距离此地只有两小时不到的车程。然而,对于黄蜂橄榄球俱乐部之前的主场,位于伦敦西北部的海威科姆的球迷来说，他们需要走 M40 国道驱车 81.3 英里（130 公里）到新的主场观赛。总体来看黄蜂俱乐部和温布尔登足球俱乐部的案例都表明了，球队（体育俱乐部）的迁移导致的遗产损失绝不应该被低估。

资料来源：

The Guardian（2016）The Resurrection of AFC Wimbledon. The Guardian online（18 May 2016）. See https：//www. theguardian. com/football/copa90/2016/may/18/afc-wimbledon-players-fans-manager；league-two-play-off（2017-09-08）.

Ricoh Arena. See http：//www. ricoharena. com/about-us/ and https：//en. wikipedia. org/wiki/Ricoh_Arena♯Before_Wasps. 27 Relocation（2017-09-08）.

与球队相关的遗产价值往往会随着在城市间或跨国的迁移而受到损害（第 6 章），事实上，如果转移到新的主办城市，遗产价值可能会在整个地区完全流失（Kulczycki et al.，2005）。具有讽刺意味的是，在许多情况下空间变化的情况与旅游产品的开发有关，包括针对怀旧体育旅游者的旅游景点（Ramshaw et al.，2006；Stevens，2001）（第 10 章）。怀旧体育旅游在北美得到了积极的发展（Rooney，1992）。体育名人堂通常被定位为旅游景点，这些景点采用尖端的解说技术和设计，取代了传统的博物馆式展示。鉴于世界其他地区类似景点设施的静态化，完全取代传统的博物馆式的景点展示是不可能的，正如 Stevens（2001）在提到英格兰的体育名人堂时指出：

> 它们的位置往往受非市场相关标准的约束，例如行政办公室的位置或业主希望将爱好转变为公共展示的位置。它们大多数都位于主要市区之外，与联盟特许经营权的地理位置以及大型体育场的发展相比，它们在很大程度上错过了将体育场馆与旅游景点进行物理衔接的机会（Stevens，2001）。

边缘地区体育旅游的空间分析

Christaller（1963）指出，旅游业是"避开了中心地区和工业集聚区的一个经济分支。旅游业被吸引到边缘地区……（在那里）人们可能比任何地方都更容易找到休闲娱乐和运动的机会"。边缘地区的体育旅游（第 7 章）通常侧重于自然资源，这些资源包括构成登山、滑雪、漂流、皮划艇和钓鱼等运动的资源基础——山脉、湖泊和河流（Gilbert et al.，2000）。边缘地区的体育旅游通常依赖于自然资源，因此取决于自然景观的物理性质，而不是与市场区域的距离远近。边缘地区的体育旅游市场、旅游模式和旅游体验与中心地区的体育旅游形成了鲜明对比。表 5.2 列出管理边缘地区体育旅游空间动态的原则。

表 5.2　管理边缘地区体育旅游空间动态的原则

序号	观点
1	边缘地区体育场主要是要保证游客能很方便到达运动场所，并提供其在自然地区进行体育运动的机会。体育运动区域位于边缘地区而非中心地带，是由其自然资源和基础设施决定的
2	边缘运动场地的游客多为积极的体育活动参与者而非观众
3	运动环境/资源的质量决定边缘区域运动场地的层级，而非能提供的体育运动的数量。决定运动环境/资源质量的因素有独特性、自然性/无人为影响、位置偏远和自然环境的特征等
4	边缘运动场所存在集群效应，因此可以开发一系列高标准且多样化的体育设施，以提高目的地在运动场所层级中的地位
5	高层级的运动场所地点常集聚在自然特征明显、基础设施和服务业发达并能促进体育旅游的边缘地区
6	边缘地区的体育旅游消费者可能会受到以下因素的吸引：①深度参与他们所选择的运动项目；②最大化追求与选择运动相关的其他机会

　　体育空间理论在边缘地区的应用表明，自然资源基础而不是市场准入决定体育旅游发生的地点。例如，一个滑雪胜地要具备必要的海拔、地形和雪况等，以允许参与者在有利的条件下参与运动（Hopkins，2014），这对于需要独特自然环境属性的有着特殊体育动机的小众市场来说尤其如此，这也正是 Bourdeau 等（2002）所观察到的，"游客选择不同的旅游地、制定行程表等，都会将不同的自然因素考虑进去，虽然这些自然因素从地理（可达性）、人口学或经济需求来说并不轻易得到满足"。不过，体育运动所需的资源要求也可能通过技术来满足，例如造雪技术就已用于高山滑雪类冬季运动。现在可以看到的在城市中心花费巨大成本建造的人工滑雪场等，其目的就是为人口集中地域提供顺畅的交通可达性。话虽如此，边缘地区体育旅游的资源条件仍然是开展体育旅游的基本构成性要素（Higham et al.，2009）。

　　从经济的角度来说，边缘地区体育旅游所处的环境条件是无法逃避的现实问题（Bourdeau et al.，2002）。例如，地方的偏僻、地形的特殊可能会限制游客的访问；复杂的天气变化或气候的不确定可能会降低运动的可行性，甚至根本无法开展起来。这样就会产生如下后果：季节性导致的使用情况变化；由于制度因素、站点之间游客的高流动性和许多用户在服务需求方面只能自给自足等原因导致的使用强度降低等（Bourdeau et al.，2002）。不过，如果出现有利的自然资源和市场准入并存的情况,那就有可能获得竞争优势。此外,在边缘地区开发大量的体育旅游活动和设施可能会鼓励对交通和基础设施的进一步投资,从而改善边缘地区体育旅游的交通条件。

该讨论表明,边缘地区的体育旅游目的地与市中心地区一样,也存在层次结构(表5.2)。高等级目的地通常位于具有较好自然条件以及发达的基础设施和服务的边缘地区。高等级运动场所还可以通过培养和建立与特定运动相关的独特文化(和亚文化价值)巩固这种理想的地位。"根据它们提供的资源,以及它们的声誉和使用特性,场地通常建立在一个非常清晰的层次结构中,在这个等级中,它们被认为是地方、区域或国家利益的存在"(Bourdeau et al.,2002)。在他们对法国2 000个攀登地点的研究中,Bourdeau等(2002)形成了一个层次结构,其中85%被认定为地方性,13%为区域性,2%为国家性。然而,边缘体育旅游目的地的存在和运作也取决于旅游基础设施和服务的水平,例如,Teigland(1999)在考察了1994年利勒哈默尔冬季奥运会之后指出:"奥运会的影响辐射力因位于周边不同类型区域的场馆分布而不同……也因主办国或地区的出入境地点的距离远近而不同,尤其是与国际机场的距离远近而不同。"这些体育空间原则有助于体育旅游管理者抓住机会、挖掘潜力,并避开那些存在于边缘地区参与型运动项目和体育节事旅游中存在的限制性问题。

自然资源的重要性,以及气候变化情景下自然资源分布的变化,使得边缘体育旅游地点的层次结构是如此的有趣且令人着迷(Higham et al.,2009)。Hopkins等(2013)采用了相对"脆弱性"的概念来构建他们的研究框架,即相对于新西兰其他地方和澳大利亚的滑雪场,气候变化可能会如何影响新西兰南部地区滑雪胜地的感知吸引力。他们发现,尽管新西兰南部滑雪场面临着气候变暖的威胁,但相对有利的自然和人工(造雪)条件,使得他们比北岛(新西兰)和澳大利亚滑雪场更不容易受到影响。他们的研究强调了"……显然需要突破对雪的可靠性的关注,并将关注用于考虑造成地区脆弱性差异的广泛因素,还要注意如何在社会背景下定位相对脆弱性的关键重要性"(Hopkins et al.,2013)。毫无疑问,气候不仅会对目的地在体育场所等级中的地位产生越来越大的影响,而且还会对滑雪胜地的生存产生越来越大的影响(Hopkins,2014;Scott et al.,2007)(第7章和第9章)。

小结

本章重点介绍了影响和决定体育场所位置的因素和体育旅游流的空间维度。本章以体育旅游为背景,扩展了体育中心的概念和运动场所的层级结构概念(Bale,1993a)。体育旅游中心的地位和位置取决于它可提供体育体验的范围和质量,服务发展水平,以及独特的体育设施资源。从全球到地方的各种空间尺度来考虑体育赛事体验是有益的(Pettersson et al.,2009)。

体育活动场所可能会吸引区域、国家或国际旅游流,这对体育和旅游组织产生了积极影响。体育旅游活动在中心或边缘地区的位置会对市场范围、空间旅游流和游客模式产生重大影响。对体育旅游空间维度中存在的旅游流进行评估是体育旅游发展的基础。通过实施发展战略,尝试开发新的市场,扩大市场范围,能够积极有效地促进体育场地层级结构的提升(Higham et al.,2002a,2002b),如耗资3.83亿澳元的墨尔本公园重建项目。墨尔本公园制订的明确战略就是进一步提升墨尔本作为全球体育城市的地位,同时保留作为澳大利亚网球大满贯("亚太大满贯")赛事的举办地,还要进一步扩大市场范围和游客市场的战略(Hede et al.,2010)。一些核心的地理理论和概念被运用来深入思考体育旅游的空间动态变化及其相互关系(Higham et al.,2006)。

第6章

地方、体育和文化

> 我们从本质上将体育和旅游视为一种文化体验——体育是一种身体活动的文化体验,旅游是一种对地方的文化体验。因此,毫不奇怪,体育旅游的本质是与地方体验紧密相关的身体活动体验。
>
> Standeven et al.,1999

【引言】

体育对人们赋予空间的意义产生了巨大的影响。这些意义对于体育旅游者的体验、旅游目的地受到的影响以及为体育旅游的战略设计而言都是至关重要的。本章将通过研究体育旅游目的地的独特性质、与地方认同相关的体育文化,以及如何利用体育来打造旅游景点品牌的方式来探讨这些观点的有效性。丹尼尔·埃文斯(Daniel Evans)的案例研究(案例研究 6.1)围绕利物浦当地足球认同感和比赛的全球化背景下的紧张关系,阐述了当代体育旅游背景下的地方、文化和营销的复杂现实。

地方

地方是指有意义的空间(Lewicka,2011),而空间是一种表现在位置、面积或距离上的几何景观。Crouch(2000)扩展了休闲语境中空间和地方之间的差异,他的陈述如下:

> 空间可以是休闲和旅游的背景、情境、给定的客观要素。通过这种方式,它被视为一个地点、一个国家公园、一个特定休闲/旅游所在地或是事物之间的一段距离。地方可以是一个物理图像,可以隐喻为小手册中的内容,"风景"则作为人们想象他们所做的事情的陪衬。

这样一来,地方就有可能会被理解为一种文化文本,人们会根据生产者或推广者的特定意图来阅读和识别(Crouch,2000)。

空间的几何特征可以被客观地测量,但地方概念更为主观。个人和集体不断定义和提炼他们赋予"空间"的意义。随着他们生活其他方面的改变,他们对空间的赋义也随之改变。

体育(Bale,2002)和休闲(Lee et al.,2012)是为空间注入意义的两种元素。正如 Williams 等(1999)认为进行户外休闲活动是为了"建立身份,赋予他们(参与者)生活以意义,并与地方产生联系",我们认为体育参与的功能也是如此。Standeven 等(1999)在该领域最早的一篇文章中主张,体育旅游是"一种与地方体验相关的体育活动体验"。最近,Gammon(2015)重申了这一主张,并呼吁对体育旅游背景下的地方体验方式进行更多研究。相关研究回应的例子包括 Brown 等(2016)对伦敦奥运会的体育参与、地方依恋、赛事满意度和观众意愿的研究,他们在其中得出结论,观众与赛事场地相关的心理联系确实不一定会转移到他们对主办城市的依恋情绪中。Kirkup 等(2017)在他们的研究中提出了类似的主张,指出体育赛事的主办城市往往面临着除了如何吸引那些对赛事感兴趣的游客之外,还有如何吸引回头客的问题。

体育旅游游客以多种不同的方式对地方产生依恋。虽然地方依恋是多维且复杂的,但它最突出的两个方面即地方依赖和地方认同。地方依赖是个人和集体与空间的功能联系。Brown 等(2007)指出,"地方依赖是指基于特定环境中发生的活动之间的联系"。在体育旅游的背景下,特定地方可能具有促进某些体育活动的独特资源组合。一个例子是速降滑雪者和单板滑雪者对有大量积雪的无障碍滑雪胜地的依赖。这种功能依赖通常会导致对该地区的强烈依恋(参见第 5 章对边缘地区体育旅游的讨论)。地方依恋的第二个主要维度是地方认同,它在个人和群体的自我塑造中发挥重要作用(Kerstetter et al.,2009;Scannell et al.,2010)。在阐明我们在哪里或我们在哪里玩耍时,我们增加了对"我们是谁"的理解。因此,为运动而旅行是我们构建自我认同方式的重要组成部分。例如,超级马拉松运动员依附于他们参加比赛的场地,这既是因为他们依赖于这些地点来举办赛事(Hinch et al.,2017),也因为该目的地是他们地方认同感的重要性所在(Hinch et al.,2017)。

旅游语境下的"地方"

Relph(1976)在其开创性的著作《地方与无地方性》(*Place and Placelessness*)中认为,地方感的概念最适用于人们能够发展与家相关的深层依恋的本地环境。他认为旅游者是最不可能对旅游目的地产生"地方感知"的群体之一，因为他们的体验比较肤浅，而且旅游业倾向于呈现缺乏更深层次含义的"迪士尼化"的景观。自 Relph 提出主张以来的 40 年里，"家"的概念因越来越多的流动性现象受到挑战，这促使人们对"家"的含义有了新的理解，包括拥有多个家的可能性。然而，即使在 Relph 所认为的传统意义上的家园意识中，娱乐和运动场所的游客已不只是"可能可以"，而是"确实可以"与他们玩耍的地方建立牢固的联系，这已成为一个公认的事实（Wynveen et al.，2012）。另外，关注家与目的地之间的联系也忽略了将游客与休闲目的地联系起来的"社交世界"（Kyle et al.，2007）。同样，Stebbins（2007）的深度休闲理论表明，这种忠诚通常以将个人与体育旅游目的地联系起来的旅行职业为特征（Jones et al.，2005）。最后，另一位研究地方依恋的先驱 Tuan（1975）认为，要发展这种依恋，你必须生活在一个空间中，因为"住在一个地方就是体验它，在骨子里和脑海里感觉它"。鉴于基于运动的旅行所体现的本质（Lamont，2014），可以说，通过在旅行中参加体育活动，人们实际上可以从骨子里感受到这些地方，从而将旅行者与目的地联系起来。

超越一个人的日常生活空间的界限以获得快乐旅行意味着在目的地可以获得一些在家中找不到的体验，而且这种体验足以弥补旅行的成本。Standeven 等（1999）提出了这一论点，认为：

> 旅游的本质植根于对具有不同特征的、远离家乡的、地方化的真实文化体验。这些特征对于每个地方都是独一无二的，游客会看到、感觉到、听到、闻到和触摸到它们。他们的差异（或相似之处）成为他或她的有意识体验的一部分（Standeven et al.，1999）。

对那些到访的人来说，在目的地产生真实的体验非常有意义。Gu 等（2008）同样认为，旅游发展可以影响当地人的地方认同，这基于他们对与地方相关的独特性、自我效能、连续性和自尊的感知。上述这些维度都可能会受到该地方旅游活动类型的影响。根据这种逻辑表明，地方是体育旅游不可或缺的一部分。而从旅游业的角度来看，一个目的地对游客的积极意义越大，该目的地在旅游市场的竞争优势就越大。体育旅游目的地通过地方认同以及地方依赖来培养依恋，在未来被竞争性的目的地所取代的可能性就会小很多（Hinch et al.，2017）。

体育旅游语境下的"地方"

体育游客的体验"无论是舞台化的还是真实的——皆源于游客与地方的

互动"(Standeven et al.，1999)。Bale(1993b)描述了这些与地方的互动在体育情境中的四种方式：①对神圣的探索；②与目的地建立家庭般的联系；③美学；④体育遗产。

首先，Bale(1993b)认为，大部分公众的"宗教"忠诚度发生了变化：他们没有在宗教的祭坛上崇拜，而是用运动代替了他们的祭坛；另外，他们也像宗教朝圣者一样，从世俗（客源地）到神圣（运动目的地）再回到世俗（客源地）(Graburn，1989)。旅游景点是现代性的避难所，而神圣的形式是与旅行者的普通生活分离的现实，这也许反映了后现代世界无根状态。

赋予体育空间意义的第二种方式是通过与场地建立类似家庭的联系，即使该场地可能远离人们的住所。如果球迷或运动参与者对某个特定的体育场馆产生了忠诚感，那么这个特定的体育场馆就可能会变成他们的"家"。这种"家"的概念与大多数对游客概念的技术定义形成鲜明对比，后者有一个任意的距离阈值，一旦超过这个值就将旅行者定义为游客或短途旅行者。在此过程中，人们提出了一些有趣的问题，即这些"家"里的粉丝与目的地之间的意义关系（案例研究 6.1）。

案例研究 6.1 **全球比赛中的本地认同——利物浦的足球空间**

丹尼尔·埃文斯(Daniel Evans)，约克大学

英国足球的重组以及在全球范围内空前的商业化行为鼓励了一些城市（利物浦尤甚）越来越多地围绕足球来发展当地的经济。虽说消费形式的变化使电视收入成为重中之重(Deloitte，2014；Gibson，2012)。但实际上现场消费仍然是 EPL 文化生产的重要组成部分，它通过让观众参与到产生这些传说中的足球空间的实践中来。而海外球迷通过商品销售、提高电视收视率，有时还通过足球游客的身份亲自前往观赛并从远处见证他们的仪式，来为球队创造收益(Edensor et al.，2008)。这些足球游客所呆的时间虽说很短，但消费水平相对较高，因此对当地俱乐部和主办城市来说很有价值。与此同时，当地球迷仍然是很热情的粉丝，因为他们对俱乐部倾注了情感，且俱乐部已经成为他们身份的一部分。无论是本土还是海外的粉丝，都通过他们的粉丝圈表现出强烈的地方依恋。

本土球迷对他们球队的其他球迷又爱又恨。一方面，庞大而热情的粉丝群可以影响赛场的结果，并为球队提供资金来源，以确保在最高水平的比赛中具备竞争所必需的人才。另一方面，游客在俱乐部的空间域里表现得不是很活跃，并且对许多文化符号和歌曲不熟悉。举一个例子：埃弗顿队的球迷是利

物浦队在英超的同城对手，他们就很为自己的"本土化"感到自豪并嘲笑利物浦队的游客球迷，虽然实际上他们很愿意接受非本地球迷加入他们的队伍。据 Kerr 等（2011）的观察，他们认为越来越多的外国球迷会直接威胁到本土球迷观看比赛的机会。本土球迷能进入比赛现场对于球迷的参与感很重要；同时，通过噪音和视觉的表现形式，本土球迷会对其他球迷和俱乐部产生情感影响。因此，即使"利物浦足球俱乐部多伦多粉丝团"的成员与"守护利物浦旗"球迷团的成员在支持利物浦足球俱乐部方面有共同的利益诉求，但他们对俱乐部的期望和表达支持的方式是不同的。对自身所处机构的自我意识也促使一些球迷团体逐渐规范自己的行为。另外，来自看台上的自我或外部监督促使看台不同区域的粉丝们也采取特定的行为模式来规范自己或他人（Dixon，2014）。

粉丝们的行为呈现出特定的空间结构。社会化的足球空间并不以球迷塑造了这个空间并占据它作为唯一的维度。在利物浦，足球空间的组织变得越来越重要，因为这项运动不再被视为一种有趣味性的消遣活动，而是该市经济基础的重要组成部分；或者说，这是一座为足球而建的城市。因此，按照 Lefebvre（1991）的分析框架得出的结论表明，足球运动在利物浦如此重要从而为它自身的发展创造了空间，足球也因此被视为利物浦的重要组成部分。

现在的利物浦正在打造一个由俱乐部及其众多球迷创造的足球空间：球迷可以通过现场观看比赛或通过电视转播来参与文化节事活动；而俱乐部也通过积极的赛事营销活动以及利用那些间接的球迷和粉丝来强化球队品牌，因为正是通过他们购买俱乐部各种用品，其消费所得构成俱乐部收入的一部分（Kerr et al.，2011）。在利物浦，很明显这是一个球迷群体和俱乐部之间不断进行调节的动态过程。不过，对于如何界定俱乐部的认同感这一概念，空间元素是其中一非常独特的要素，它涉及"家"的含义是什么、哪片领域属于俱乐部及其球迷，以及球迷和球迷的组织网络是如何在其他地方扩散的，等等。利物浦和其他地方的一些球队，目前正试图通过向全世界提供一种被广泛认可的、有着独特球迷表现的全球足球版本，以此来介入这座城市的足球文化生产。现在，位于利物浦的两家俱乐部的本土球迷有必要思考并协商如何应对涌入的全球球迷，因为本土球迷是无法与全球球迷割裂开来的，其原因正是俱乐部的本土特性吸引了外国观众（Salazar，2005）。如果利物浦足球俱乐部或埃弗顿足球俱乐部与所有其他球队完全一样，他们会像其他球队一样受欢迎吗？当然不是！而是因为两个俱乐部在默西塞德开辟的独特的足球空间引来了这些球队在全球范围内的追随者。利物浦的足球空间不仅包含了其经济价值，还有社会和文化层面，当地人对这个空间的争夺实质是想控制这个足球空间的生产,并期待全球的足球运动模式都带有一丝利物浦式的,或者甚至是利物浦俱乐部式的特质,即由当地人创造并最好也有当地人进行管理的那部分特质。

参考阅读:

Edensor,T. and Millington, S.（2008）'This is our city': Branding football and local embeddedness. *Global Networks: A Journal of Transnational Affairs* 8（2）, 172-193.

Gibson, O.（2012）Premier League Lands £3bn TV Rights Bonanza from Sky and BT. *The Guardian*. See http://www.theguardian.com/media/2012/jun/13/premier-league-tv-rights-3-billion-sky-bt.

Kerr, A. K. and Emery, P. R.（2011）Foreign fandom and the Liverpool FC: A cyber-mediated romance. *Soccer and Society* 12（6）, 880-896.

　　赋予体育空间意义的第三种方式是通过美学来建构的。在这种情况下,地方的意义来源于各种有助于提升体育场所美学艺术的体育景观元素。例如,英国的足球场被描述为"世俗的大教堂",无论从球迷还是非球迷的角度来看,都与场所的感知密切相关(Robinson,2010)。更具体地说,重大赛事相关的临时"球场"和"球迷公园"(McGillivray et al.,2015)或永久性的城市体育中心都是体育美学在旅游景观中的体现。因此,Smith(2010)建议,永久性的城市体育中心除了对大型赛事设施的关注,还要关注其他更具参与性的体育设施上来,例如名人堂、体育活动展览馆等。

　　体育遗产是赋予体育空间意义的最后一个元素(第10章)。体育遗产地和游客的概念与怀旧体育旅游的概念非常吻合(Fairley et al.,2005;Gammon et al.,2007),如体育博物馆的盛行、前奥运场馆的参观以及对各种体育运动发源地的访问(如苏格兰圣安德鲁斯的高尔夫)都印证了这一观点。通常来说,这一元素的重点是建筑环境,特别是那些具有历史意义的体育设施的砖块和灰泥,因为它们是代表历史的有形象征。然而更微妙的是,体育对自然景观的文化影响可以成为"地方"的一个强有力的要素,而且无论它们是在传统体育实践的空间(如专门建造的竞技场),还是在为其他用途设计但被用于体育运动的区域(例如用于随意性体育活动或娱乐的住宅街道),都表现出这种影响。

　　尽管所有这些因素都为体育空间注入了意义,从而创造了体育旅游场所,但 Bale(1989)指出,体育景观(以标准化体育设施和基础设施为特征的景观)的出现是一种反趋势。事实上,这些体育景观是 Relph(1976)所描述的

"无处所性"的体现。

> 在 20 世纪，构成体育环境的特征的往往不是风景而是体育景观……新材料改变了体育场的形状和表面的质地；田野变成了地毯，公园变成了混凝土结构。大多数的运动都变得需要人为的而非自然的环境了，而自然环境需要改变的程度因体育项目而异（Bale，1989）。

这种趋向于标准化体育景观的基本原理至少有四个方面原因。第一，它代表了一种确保观众和参与者的舒适与安全的尝试，因为出现了越来越多的社区就体育场所的人身伤害规定责任范围和经济处罚问题来寻求法院帮助的情况；第二，体育设施和场地的标准化被视为提供了一个"公平的比赛场地"，从而促进了更公平的竞争；第三，体育景观的演变是技术进步的反映，这些进步可以"提升"成绩，从而被有竞赛需求的地方大肆效仿；第四，体育景观的造成也有大众媒体的原因，他们或出于技术的考虑或出于市场吸引力的考虑助力了这种趋势。不过，在过去十年中，尽管出现了上述这种趋同的趋势，仍有很多人一直在有意识地努力设计那些能将其与本地结合起来的极具意义的大型体育场馆（Sheard，2014；案例研究 4.1）。

地域性

当两个或两个以上的群体都认为他们对一个地方"拥有"领土权或主张有对该地方的权力时，关于这个地域的"领土"纷争就会出现，究其原因，是因为这些群体对这个地方的认同方式存在显著差异，还有人群拥挤带来的压力以及失落感，或说是"外人入侵"带来的感觉，这些都导致地方领土权之争成为体育旅游里面那个"地方"维度上面临的越来越大的挑战。不过，此类问题的讨论已经见诸于各学者的学术发表中，如 2016 年 Evans 等的对于体育赛事观众方面的研究（案例研究 6.1）、2017 年 Hinch 等的有关居民和来访参赛运动员的研究，另外还有 Usher 等 2016 年进行的冲浪运动中的亚文化成员的类型研究等。在 Evans 等（2016）的研究中，地方领土权虽然没有被直接提及，但通过研究利物浦足球俱乐部的客队和当地粉丝之间的矛盾关系，凸显了本土认同感与足球全球化之间的紧张关系（案例研究 6.1），因此尽管这些群体在为同一支球队欢呼，但本地球迷在身份认同方面以及与外来球迷的关系方面存在冲突。Hinch 等（2017）在一项基于参与型超级马拉松赛事中对本地居民和来访运动员的调查时发现，两组群体都认为该赛事对他们对于主办社区的依恋度产生了积极影响；不过，运动员们主要是通过地方依赖产生依恋感，而本地居民更可能通过地方认同产生依恋。Usher 等（2016）则研究了一种完全不同于足球的运动中的同类问题，他们将考察的重点放在了哥斯达黎加的冲浪运动。他们认为，冲浪者的属地身份可分为三种类型：本土冲浪者、外国定居者和短期游客。哥斯达黎加的这三种类型中，本土冲浪者对冲浪有更大的归属感，不过他们不太可能像这里的外国定居者那样，公开挑战那些违反冲浪礼仪的短期游客，因此他们得出结论这些冲突凸显了协调各和冲浪团体关系的必要性，以便最大限度地减少冲突。

文化，地方和身份认同

地方与文化密切相关，体育空间的意义受到体育与旅游所处的文化背景的强烈影响（Funk et al.，2007）。文化与体育的关联表现形式有多种，但如下三个可以说是最具体的：①与体育节事相关的文化活动；②体育作为一种流行文化的形式；③体育中的亚文化。这些文化层面中的每一个都会影响到与体育空间相关的意义，并进而影响地方认同，甚至有可能会影响未来旅游场所的营造。

体育和文化

1912～1948 年，夏季奥运会以"缪斯五项全能"为特色，艺术家们参加了与建筑、音乐作曲、雕塑、绘画和文学相关的比赛（Ingraham，2016）。尽管这些比赛已经取消，但"文化艺术"仍然是奥运会的固定项目，特别是在开幕式和闭幕式以及相关的艺术活动中表现得尤为明显。这种做法反映了一种流行趋势，即将体育和文化视为独立但互补的活动，特别是在大型体育节事中。

大型体育节事开幕式的展示方式有三种：历史展示、艺术表演和娱乐派队（Moragas Spa et al.，1995）。第一种方式中，大型赛事的开幕式虽然可能只是历史链条中的一部分，但一直被视为"发生于特定时刻的独特历史事件"，如2012 年伦敦夏季奥运会的开幕式就是一个很好的例子，它将多种历史元素拼接起来，创造了极具民族认同感的叙事手法（Baker，2015）。第二种方式中，开幕式被视为一种表演艺术的庆祝活动，突出了本地、区域或国家层面的表演艺术场景。这是本地艺术庆祝活动的欢乐荟萃。第三和方式是一种娱乐形式。这种娱乐化的开幕式淡化了大型赛事的严肃文化和仪式结构的"干扰"，而试图将真正的娱乐带给这项令人兴奋的大型体育节事（Moragas Spa et al.，1995）。因此，体育与文化通过上述三种方式得以区分开来。

与奥运会的体育比赛联合举办的"美术"活动是体育与文化独立而又互补

的另一个例子。现行的《奥林匹克宪章》(*Olympic Charter*)(IOC，2015)第39条规定，必须在当地主办委员会的主持下举办文化活动，但其适用范围因比赛而异。现实中，很多奥运会主办地尽管在竞标阶段雄心勃勃地提出很多文化项目，但这些项目在实际交付时要少了许多。从这点来看，文化元素作为赢得竞标的推销活动的一部分，其价值似乎比在实际交付的活动中更重要。因此，如果要真正重视这些文化，国际奥委会和相关机构需要更清楚地阐明这一点，并要给予主办方更多的财政支持；同时，主办城市也应该对他们的承诺履行义务(García，2010)。

体育作为一种文化

体育中体现的流行文化是人类形成个人和集体身份的主要方式之一(L'Etang，2006)。正是通过这些个人和集体身份，地方认同得以建立。身份认同本质上是我们基于社会意识形态、价值观和实践而形成的如何看待个人或者集体的方式(McConnell et al.，2000)。它也是一种通过传统媒体、社交媒体和其他主流文化机构中的社会和文化过程发展起来的社会现象。身份认同是人们通过从属关系和与其他人以及定义这些从属关系的文化联系来理解自我的方式(Dauncey et al.，2000)。

国家认同的表现方式通常因各种不同的刻板印象、象征符号和社会实践(包括与体育运动有关的因素)而彼此不同(Devine et al.，2004；Jackson，1994；McConnell et al.，2000；Tuck，2003)。McGuirk 等(2001)阐明了地方成为我们国家认同一部分的方式：

> 地方已经被概念化为通过其物质和表征维度的动态衔接而构建，而地方认同被认为是可变、偶然和流动的。然而，关于地方的文化储备却可以形成一种强大的、往往是顽固的、持续的力量来命名、阐释和预测地方的意义。因此从这个意义上说，一个地方就是一个"文本"，其意义不断被赋予、重现并再创造(McGuirk et al.，2001)。

地方认同受到许多文化属性的影响，但体育无疑是其中最主要的因素之一(Porter et al.，2013)。Nauright(1996)认为，体育不仅是构建地方认同过程中的一个因素，而且它还是：

> 当代世界最重要的集体或群体认同的塑造者之一。在许多情况下，体育赛事和人们对赛事的反应是特定社会中文化和集体身份的最清晰的公开的展示(Nauright，1996)。

影响和体现地方认同的不仅仅是体育赛事,日常的体育休闲活动也很重要(Williams et al.,2015)。通常,对与体育相关的跨文化差异的了解是作为体育参与者或旁观者前往另一地旅行而获得的附加产品;抑或通过媒体接触文化差异而偶然获得的。然而,体育逐渐被有意识地用作培养理解文化差异的渠道。美国大学基于体育为目的的出国留学旅行就是一个例证(Fairley et al.,2009)。

至少有四种与旅游有关的方式能够通过体育运动建立地方认同,具体如下:①特定体育运动与特定地区的关联;②体育运动中出现的来自竞争层级的统一力量;③对体育成功的认定;④通过体育英雄将地区拟人化。

特定的体育运动通常与特定国家联系在一起。这种联系可能基于各种因素,但最重要的是特定体育运动在一个国家的遗产中发挥的作用,如新西兰的橄榄球联盟就是这方面的一个典型例子。Falcous 等(2016)指出,这种体育身份既可以基于神话,也可以基于现实。

许多运动中存在的竞争层次也是促进地方认同的重要因素(McGuirk et al.,2001)。"我反对我的兄弟,我和我的兄弟反对我的堂兄,我和我的兄弟、我的堂兄反对世界"所反映的现象,正体现了存在于竞争层级中的领土利益的聚合(Fougere,1989)。而且,随着竞争的层次越迈向高的等级,地方认同也因不断扩大的领土疆域而得到促进。不过,差异或分歧会在这一过程中被掩盖或被湮没于内。

一个地方在体育表现方面的相对成功也会影响到体育与地方认同之间的联系。因为除了更频繁的媒体曝光外,那些拥有持续赢得大满贯冠军的球队或运动员的地方自身也被认定为赢家。因此,即使在该地可能存在许多其他社会和经济问题,这种成功也可以提供一种共同的认同感(Bale,1989,1993a;McGuirk et al.,2001)。这样的案例我们只要看看那些世界杯足球赛成功后全国范围内进行的各种庆祝活动就可以了(Dauncey et al.,2000)。由于人口的流动性和移民的增加使传统上对国家认同的狭隘关注在体育运动中变得复杂。Hinch 等(2018)对日本国家橄榄球队获得胜利后对赛后人们的反应做了一个调查研究,之所以如此是因为日本国家橄榄队是由多种族的族裔构成的(焦点6.1)。

焦点6.1 日本橄榄球与民族认同

尽管全球化进程不断推进,体育仍然是国家认同感最突出的表现之一。奥运会和国际足联世界杯就是最好的例子。各国团结在各自的球队和运动员周围,同他们荣辱与共。无论这些运动员的行为好坏,他们都代表着这个国家的民族特质,尤其是当他们在国际舞台上取得成功的时候。日本国家男子橄榄球队就是一个表现全球化和爱国运动相互之间动态作用的一个戏剧性案例。2015年9月19日,日本橄榄球队出奇制胜,打败了备受青睐的南非队,因此这支球队在主场人气飙升。诚然,是日本队的持续强势表现以及即将在本国举行的2019年橄榄球世界杯,确保了该球队在日本可以一直维持较高人气。然而,不用费心观察也能看出,球队中的许多名字和面孔并不符合日本球员的典型形象。事实上,尽管他们都符合入选国家队的标准(Hinch et al.,2018),但该团队中有超过三分之一的人出生在日本以外的地区。与其他许多运动一样,日本的橄榄球是一种文化资源,经常性地使用于日本国家认同的话语中;不过,相关日本国家认同的社会学文献研究发现,将对日本社会视为种族同质和单一文化的假设是再寻常不过的言论了(Befu,2001;Burgess,2010)。因此,当橄榄球队被认作日本国家认同的机制时,我们发现该球队中种族特征的异质混合似乎是与上述假设自相矛盾的,也由此这支队伍被本国人民亲切地称为"勇敢之花"球队,因挑战了日本传统的国家认同观念,造成了日本认同政治的争论焦点。可以预料的是这场争论将成为2019年日本橄榄球世界杯引人入胜的背景故事之一,届时世人的目光将因为日本队复杂的身份问题皆聚集于此。

参考阅读:

Hinch,T. D.,Higham,J. E. S. and Doering,A.(2018)Sport,tourism and identity:Japan,rugby union and the transcultural maul. In C. Acton and D. Hassan (eds) *Sport and Contested Identities: Contemporary Issues and Debates*(pp. 191 - 206). London and New York:Routledge.

体育亚文化和社交世界

体育亚文化作为体育运动的第三个文化要素,有助于在旅游中培养地方认同(焦点6.2)。亚文化通常以对特定运动的忠诚、区分度高的符号或文化资本,以及亚文化成员的各种职业阶段等为主要特征。在这种情况下,使用"亚文化"一词意在包含与主流文化区别开来的体育文化的生活方式和新部落概念(Wheaton,2007)。它也与社交世界的概念密切相关(Unruh,1980)。体育亚文化之所以有趣,是因为它们具有与地方之间的独特关联,包括地方认同。

焦点 6.2　　登巴萨的科斯蒂自行车拉力赛，巴厘岛，2017 年 3 月

格伦·诺克利夫（Glen Norcliffe），约克大学

印度尼西亚的老爷自行车俱乐部（Komunitas Sepeda Tua Indonesia，KOSTI）邀请了国际老牌自行车协会（International Veteran Cycle Association，IVCA）的成员（他们主要分布于欧洲和北美）参加 2017 年 3 月在东爪哇谏义里举行的年度集会。大约 7 000 名自行车手参加了此次活动，其中绝大多数是来自 700 个 KOSTI 的印度尼西亚人，他们代表了印度尼西亚 32 个多元文化省份中的 17 个，以及一些受邀的 IVCA 成员。此次比赛使用的自行车大多数是殖民时期印度尼西亚向荷兰进口的或是进口之后印度尼西亚再进行加工的。参赛者沿着 20 km 的路线穿过小镇骑行，大多数人穿着专业服装，许多人在俱乐部团体骑行时演奏当地或国际音乐。这个拉力赛可以说集中展示了当代体育旅游活动中众多亚文化之间的碰撞。住宿从廉价到昂贵不等。许多参与者睡在当地俱乐部成员开往谏义里的卡车中，有些人选择朋友家的多人间，或选择地板上铺有折叠床垫的经济型民宿，很少有人住在经济型以上的高档酒店。同样，食物的供应也丰富多彩，从低成本的自助餐到高级的印尼餐厅都有。后殖民主义和新殖民主义之间的微妙潮流显而易见。目前，印度尼西亚拥有比其他任何国家都多的资深自行车爱好者，这在一定程度上由于其是前荷兰的殖民地。而另一方面，经济殖民主义明显体现在一些来自国外的集会参与者身上，他们住着西方开办的西式酒店并在西方特许经营店消费西方产品。对自行车和骑行的集体热情使 KOSTI 集会能够将不同的阶层团结在一个共同的空间中。IVCA 参观者受到了热烈的欢迎，他们多次与 KOSTI 团体合影留念。参加集会的印度尼西亚人年龄跨度很大，但几乎所有人都是在后殖民时代长大的，他们热情地欢迎外国游客加入他们的"车轮友谊"。然而，这次拉力赛对印度尼西亚的文化多样性带来的作用是相矛盾的。一方面，从巴布亚的部落成员到苏拉威西岛的传统舞者，许多 KOSTI 成员都以展现当地文化的方式来穿衣打扮。另一方面，集会中出现的全球化影响可能会破坏当地文化，并以 Pickel-Chevalier（2016）等预期的方式扩散成同质化的文化趋势。大多数外国参与者是退休人员，他们通过参加草地保龄球、越野滑雪和匹克球等运动来享受积极的生活方式，因为这些运动可以持续参与，直到高龄。最后，此次赛事也提出了几个环境方面的矛盾问题。因为一方面，自行车的确被视为一种环保交通工具，但另一方面来说，此次从印度尼西亚到谏义里的 7 000 人的碳足迹却是相当大的。现在，随着环保文化的逐渐流行，设定每周日早晨为无车日对印度尼西亚主要城市的街道上的环境保护发挥了重要作用。

参考阅读：

Pickel-Chevalier，S.，Violier，P. and Sari，N. P. S.（2016）Tourism and globalisation：Vectors ofcultural homogenisation?（the case study of Bali）. *Advances in Economics Business and Management Research* 19，452－457. See http：//www. atlantis-press. com/php/pub. php? publication＝atf-16.

例如，帆板运动的亚文化被描述为"引人注目的"文化（Wheaton，2000）。这种文化是以多种方式表达的，但它基本上体现于运动员在体育运动中所展示的实力、奉献精神和技能。还有一些颇具识别性的社群围绕山地自行车（Moularde et al.，2016）和长跑（Allen Collinson et al.，2007；Shipway et al.，2012）等运动形成，这些社群倾向于分享超越体育运动本身的特征。Green 等（1998）写到，作为一项运动亚文化，女子橄榄球……"给予参与者的不仅是一起比赛的机会"它还是一份向世人昭告的关于他们是谁和他们拒绝被约束的公约声明。在冲浪（Doering，2018）、单板滑雪（Thorpe，2011）和极限运动（Breivik，2010）等运动中，体育亚文化代表了一种"反主流文化"的形式，因为成员们故意将自己与社会的主流规范和实践保持距离。亚文化体育活动让成员有机会发展他们的认同感并支持属于他们的体育社群（Chalip，2006）。

除了体育参与之外，亚文化的成员身份通常还反映在更广泛层面上的行为和社会实践中。Wheaton（2000）在她的关于帆板运动生活方式的研究中有许多发现：

> 这种（亚文化）生活方式的参与表现在衣服、言语、汽车和相关的休闲活动等一系列符号中。然而，对于专业、痴迷的帆板运动参与者来说，参与帆板运动是其生活方式，他们从中寻求享乐、自由和自我表达，尤其对于"核心"成员来说，帆板运动决定了他们的闲暇时间、工作时间、职业生涯选择，以及居住地的选择（Wheaton，2000）。

Shipway（2008）在他的长跑社交世界的类型学研究中采用了跨情境视角（表 6.1）。他将体育运动的局外人描述为不直接参与亚文化的人，他们很少或根本不了解在这个群体中的文化意义。还有些参与者对这项运动有基本的了解，只是偶尔或偶然地参与。因此，他们对群体的文化意义的理解有限。常规参与者很重视这项运动，但这项运动没有支配他们的身份。不过鉴于他们的定期参与，因此对这个群体的文化维度有所了解。最后一类可以归之为业内人士，他们可谓是体育亚文化中经验丰富且忠诚的成员。因此，他们非常熟悉体育社区的规则和仪式,并从参与中获得他们身份的重要部分。

表 6.1 参加长跑社交世界的特点和类型(Shipway,2008)

特点	类型			
	局外人	偶然参与者	常规参与者	业内人士
定向	缺乏经验	好奇	习惯	身份认同
经验	迷茫	有方向	融合	创造性
关系	表面化	短暂	熟悉	依赖
热情	脱节	娱乐	依恋	募集

通常,体育亚文化的成员往往更关注活动和他们的体育社区,而不是地方(Hinch et al.,2017)。Green 等(1998)在他们对女子橄榄球运动员的研究结论中抓住了这一点,他们指出这些女性"寻求机会分享和确认她们作为橄榄球运动员的身份。这个机会被用来与来自遥远地方的其他人庆祝并分享亚文化的机会,而不是地方本身,吸引了她们"。总之,在体育亚文化中,参与者能够远离他们的正常生活,与队友和其他亚文化成员享有友情,并借此机会展示他们的亚文化身份。因而,目的地是用来促进他们体育参与的主要目的。

在另一个层面上,如超级马拉松运动员这样的体育亚文化却与运动场所密切相关,并严重依赖于这个地方(Hinch et al.,2017)。因为这些地方促进了他们体育身份认同和社交世界,继而也受到了高度重视。而对于登山者、冲浪者、帆板运动员、单板滑雪运动员和许多其他目前正流行的"极限"运动亚文化群体来说,情况也是如此。传统上,这些群体往往非常依赖于边缘地区的自然资源(第5章)。但正是因为他们强烈的亚文化忠诚为他们提供了克服距离限制的动力。然而,最近城市景观在这些群体中变得流行(Breivik,2010;Wheaton,2013,2007)。亚文化和社交圈也存在于许多城市职业运动的狂热粉中。他们也对场所这样的地方有着强烈的依恋感,这可以从他们传统的主场位置被改变或抛弃时经常经历的情感巨变中得到证明。

体育亚文化所使用的空间受到争夺是常有的事。例如,当单板滑雪最初被引入欧洲主要滑雪胜地时,滑雪者并不欢迎单板滑雪(Heino,2000)。亚文化中不同类型的成员之间甚至可能存在紧张关系,如哥斯达黎加的本地居住冲浪者、外国居民冲浪者和旅游冲浪者(Usher et al.,2016)。虽然与这些运动的空间可能是共享的,但亚文化场所的身份认同往往是截然不同的。

亚文化群体还通过获取"内部信息"来认识特殊的地方(Donnelly et al.,1988)。随着亚文化群体的成员在他们的亚文化职业生涯中取得进展,他们会在他们群体背景下对"特殊"地方的信息变得十分熟悉。前往选定目的地的行为本身可能会为他或她的亚文化群体中的个人积累社会资本（Shipway et al.，2007）。在这些地方的获得经验可能与该成员在其亚文化群体中的地位密切相关。体育场所可以与体育活动合而为一。铁杆亚文化成员倾向于住在离运动场所较近的位置，并会利用假期到那些对他们的运动来说"神圣"的地方旅行。他们最后还有可能会发展出与其体育亚文化事业相匹配的旅行事业（Getz et al.，2014）。

通过体育打造地方品牌

旅游业从事的是将一个地方推销出去的工作，而这是通过市场营销和地方品牌化的过程来完成的。虽然市场营销长期以来一直是旅游实践和学术研究的重点，但"地方品牌"的概念已经成为一个与营销、形象密切相关的流行术语（Hanna et al.，2008）。其品牌营销人员往往竭力消除居民、投资者和潜在游客之前对该地方的模糊或负面形象（Page et al.，2003）。在这样做的过程中，他们正积极地试图影响地方认同。Carter 等（2007）认为，地方身份认同感通常是由旅游业等全球化发展力量强加的。一个很恰当的例子是 Urry（1990）对"游客凝视"的描述，即游客根据自己对目的地的印象来判断自己的目的地体验，而这种印象来自营销信息和更多的有机来源（如大众媒体）。关于旅游业影响"游客凝视"的能力存在很多争论（Garrod，2009；Stepchenkova et al.，2013），不过随着体育的广泛普及、目的地的体育活动，以及目的地作为体育场所的声誉的崛起，都为那些试图塑造目的地品牌的营销人员提供有前景的资源。当然这样做也导致人们对地方品牌营销人员的做法是否有操纵之类的道德嫌疑，他们认为营销者对地方认同的宣传应该与社区居民的普遍性的地方认同感相一致（Campelo et al.，2013；Hinch et al.，2017）。

Page 等（2003）强调了在地方品牌化过程中将地方的特定方面商品化的必要性。"在城市（或区域）重新塑造形象时，诸如品牌推广的营销实践依赖于地方特定方面的商品化过程，如通过开发、重塑或创建地方形象等，以便将地方作为旅游或投资的目的地产品进行销售"。体育作为一种文化力，是打造地方品牌的最有效方式之一。通过利用体育的这些维度，地方营销人员能够将一个地方的"生活方式"商品化。在体育背景下，这可以通过与以下相关的策略来实现：①体育设施；②体育节事；③目的地内广泛的休闲和文化活动机会（Hall，1998）。

事实证明，建成足够数量的旅游景点和旅游设施是重塑城市品牌最受欢迎的策略之一。重新塑造地方形象的另一个策略是举办标志性赛事（Getz et al.，2016），例如举办夏季和冬季奥运会以及国际足联世界杯等大型赛事需要巨额投资，这些投资通常是合理的，因为它们有潜力将主办城市定位或品牌化为一个在全球化世界中开展业务的理想目的地和商业场所。这也正是巴西决定主办 2014 年国际足联世界杯和 2016 年里约奥运会背后的明显意图。实际上，举办这些活动存在着重大风险。因为虽然此类赛事可能对主办城市品牌产生积极影响，但也可能产生负面影响（Bodet et al.，2012）。例如，超出本地政府控制范围的地缘政治事件等因素就有可能产生一些问题。2014 年索契奥运会因在奥运会期间俄罗斯不得不应对车臣的动乱问题，就是一个现成的例子；在撰写本书时，2018 年韩国平昌冬季奥运会是在朝鲜和美国之间的核威胁和军事紧张局势的阴影下开幕的。鉴于此类赛事的高知名度以及传统媒体和社交媒体的批判特性，任何此类问题都可能受到相当大的关注，以至于给全球观众留下持久的负面印象。

虽然赛事品牌和目的地品牌之间有着密切的联系，但它们并不是一回事。Chalip 等（2005）指出了赛事在目的地品牌方面可以扮演的三个不同角色：①与目的地品牌联名；②定位为目的地品牌的延伸；③定位于目标品牌中的几个特征之一。每个方面都有其优点和缺点，因此它们需要在对可能结果进行战略评估的基础上得到认可和实施。尽管利用体育赛事作为目的地品牌战略的一部分存在挑战，但这些赛事的社会维度及其在主办社区构建社会资本的潜力是建立积极目的地品牌的主要资产。如果主办方能够组织起与活动相关的真正的庆典类活动，从而使活动参与者和主办社区形成一种共同体状态，那么目的地品牌将从中受益（Chalip，2006）。

最后，广泛开展与体育相关的休闲文化服务是第三种以体育为基础的目的地营销方式。这种方法不仅支持高知名度的职业体育运动，还通过公园和海滨开发等举措来发展体育道德层面的追求，即鼓励积极的体育追求。Lubowiecki-Vikuk 等（2011）认为，包括独立或休闲活动在内的所有体育形式都会对目的地品牌产生影响。因为这些活动会对社区的人们的身心健康以及社会关系产生影响，从而有助于人们对目的地的理解，如波兰的波兹南就是一个以多种方式（如在城市标志中反映其休闲特色等）将体育生活方式融入其目的地品牌的例子（Lubowiecki-Vikuk et al.，2011）。

小结

本章强调了体育旅游背景下地方的重要性。显然，体育可以对赋予空间意义的方式产生重大影响。无论是以体育和文化的形式，还是以体育作为文化或体育亚文化的形式，文化都在塑造这些意义方面发挥着重要作用。每一种变化都会影响到体育游客游览和体验目的地的方式。鉴于体育对地方认同的强大影响，它经常被有意识地用来打造旅游地的品牌也就不足为奇了。地方营销人员试图利用观赏型体育节事、参与型体育节事、参与型休闲体育项目和体育遗产活动来创建一个理想的地方品牌。开发一个与当地人的地方身份认同一致的体育品牌对于体育旅游目的地的管理者来说是一项长期的挑战。如果不能做到这一点，目的地体育旅游的可持续性将会受到考验。

通过体育塑造"地方"品牌的机会众多，其中确也需要考虑许多问题。Bale(1989)认为，同质化的体育景观发展趋势对独特性这样的关键要素构成了威胁，而独特性反过来又对体育旅游发展的可持续性构成了威胁。极端而言，在同质的运动环境中，去不同地区参与体育运动的需求或愿望会大大减少。这是反映在全球化进程中的挑战之一。在体育目的地努力成为全球体育景观的一部分的同时，它们需要保护甚至强化当地的体育文化，以在该领域取得成功。在利物浦足球俱乐部的案例中很好地说明了本地和全球之间的紧张关系（案例研究6.1）。从根本上说，体育在体育旅游商品化中的完整性必须得到保护。地方营销人员必须避免对特色体育项目进行耸人听闻的宣传或大肆渲染，以免侵蚀体育竞赛和当地的特质。尽管寻求发展强大目的地品牌的地方营销人员从事的是将地方和体育商品化的业务，但如果与体育相关的当地意义受到损害或破坏，那么体育资源和体育作为旅游景点的吸引力也将受到损害。

最后，我们必须认识到旅游空间中的地方认知有多重含义（Schollmann et al.,2001；Sherlock，2001）。将体育作为营销手段的营销人员需要体会在社区中不同群体所持有的对立观点。不同的地方，其意义不仅与当地居民和游客相关，而且存在着各种各样的相关者（例如高山度假胜地：长期的、短期的居民，第二居所拥有者，滑雪者，单板滑雪爱好者，登山者和许多其他人员）。营销人员如若未能考虑到这些差异，可能会导致出现与地方发展相悖的现象，这从长远来看是不利于可持续发展的。

第 7 章

环境：景观、资源和影响

体育旅游与环境的联系有利有弊。

Standeven et al.，1999

【引言】

相较其他形式的旅游,体育旅游与目的地的地理资源联系更为密切。目的地对游客的吸引力受物理环境(包括景观和气候)的强烈影响(Boniface et al.，1994；Burton，1995；Krippendorf，1986)。很多体育运动与目的地的地理条件密切相关。例如,Priestley(1995)指出,"高尔夫综合度假胜地在拥有阳光、沙滩和大海的这类更炎热气候的地方如雨后春笋般涌现"。在冲浪、滑翔和潜水等运动中,往往会根据物理环境的体验价值对目的地进行分级。因此目的地可以利用与特定运动的联系开发全新项目。例如,西班牙综合性高尔夫度假胜地的发展,可以刺激游客对高尔夫的需求(Priestley，1995)和欧洲国民的流动性,特别是随着低成本航空旅行需求的增长而兴起的越来越多的旅行活动。同样,在新西兰一些旅游目的地的发展战略中,严肃休闲和竞技山地自行车的融合已得到认可和利用(Moularde et al.，2016)。

目的地体育旅游的发展潜力也取决于景观中的文化元素。在大多数情况下,目的地的体育旅游发展需要包括体育设施和旅游基础设施之类的设施资源。中心地区的体育运动通常使用专业化设施,如体育场、运动场和体育馆。有时体育运动也可能临时借用其他建筑物或基础设施,如道路、中央公园和城市标志性建筑物等,它们可能作为活动地点、运动场地的背景(例如 2016 年里约奥运会期间的基督救世主雕像)或运动场景(例如 2015 年里约奥运会沙滩排球比赛的场地——科帕卡巴纳海滩)。Gilchrist 等(2011)对此提出了有趣的见解,说明了跑酷这种非传统的、非制度化的生活方式运动如何在没有任何专门的设施开发的情况下吸引参与者。因此,体育旅游发展空间要素的理解若没有考虑到物理环境就不完整。这是研究体育旅游发展资源需求及其影响的重要起点。本章将分别研究体育旅游的自然资源和景观资源以及与之相关的影响。

体育旅游景观、环境与资源

"景观"一词通常是与迷人的风景相关的术语。自然景观(包括海景)是许多运动项目的核心因素。然而由于体育不是自然的运动形式,因此,"这种身体文化发生的景观属于文化景观的一部分"(Bale,1994)。实际上即便是依赖于自然元素的运动也可以或多或少地有着人为环境的介入。例如,可以通过修改滑雪道,搭建滑雪跳台和滑雪场、单板滑雪场地和坡道,人造雪以及游客服务的发展来人为改变滑雪场(Hudson et al.,2010)。高尔夫球场外观非常"绿色",其实是高度改良过的自然区域,呈现出人类对生态环境的显著影响(Briassoulis,2007;Rodriguez-Diaz et al.,2007;Wheeler et al.,2006)(焦点7.1)。

焦点7.1　水资源与高尔夫
米歇尔·拉蒂(Michelle Rutty)

高尔夫旅游在过去二十年里发展迅速,引起了人们对这项运动相当多的负面关注。人们普遍担忧的是环境问题:使用杀虫剂和化学品对人类和野生动物的健康带来的长期影响、对自然环境的大规模改变和由此产生的生态系统影响,以及用于灌溉的淡水资源的大量消耗(Briassoulis,2010,Wheeler et al.,2006),而最后一种可以说是最具争议的问题,一些媒体报道指出,在几个地区高尔夫的耗水量直接导致水资源冲突问题(Harvey et al.,2013;Priestley,2006)。尽管受到诸多负面关注,高尔夫旅游的水足迹研究仍然有限。

截至2004年,据估计世界上每天有95亿升水用于高尔夫球场灌溉(Wolbier,2004)。尽管这一数据的可能性受到质疑,但问题的严重性是显而易见的。研究发现在区域之间和区域内部,高尔夫球场灌溉的用水量存在很大差异(Scott et al.,2018)。例如,美国东北部一个典型的18洞高尔夫球场平均每年使用5 200万升水,而西南地区则为5.66亿升(Throssell et al.,2009)。在地中海,葡萄牙的球场耗水量为4.38亿升(Videira et al.,2006年),而塞浦路斯则高达10亿升(Meulen et al.,1996)。在英国,用水量从

1 500 万到 9 700 万升不等（Environment Agency，2008）；反观迪拜，用水量则为 13.6 亿～26.8 亿升（Todorova，2015）。用水量在很大程度上取决于几个因素，包括球场规模、球场设计、球场管理、土壤特征和气候条件。由于缺乏目前的高尔夫球场用水情况，无法将高尔夫旅游的年度耗水量（以及每单位水产生的经济价值）与旅游业内外的其他用水密集型产业进行比较。

尽管高尔夫的水足迹研究有待进一步完善，但为了在水资源有限地区和淡水日益稀缺的世界中确保高尔夫球的未来发展，下一步有必要采取降低水提取率的措施。这项运动的最大管理机构正在响应，开发创新用水措施以减少对淡水资源的大量使用（Golf Canada，2014；Royal and Ancient Golf Club of St. Anderws，2010；United States Golf Association，2014）。最佳管理措施包括：采用适应当地气候条件的耐旱草坪或原生植被；使用润湿剂以延长土壤湿度；收集雨水以降低淡水资源的提取率；使用土壤湿度传感器来减少过度浇水；对最需要的目标区域实行手动浇水，并限制对球道的灌溉（即不给长草区和赛外区域浇水）。高尔夫行业也具有影响人们对球场理念的看法并让高尔夫球手参与到节水行动中来的潜力，例如建立对草坪美学的期待，尽管这是一个经常被忽视的节水机会。

参考阅读：

Scott，D.，Rutty，M. and Piester，C.（2018）Climate variability and water use in golf tourism：Optimization opportunities for a warmer future. *Journal of Sustainable Tourism*（*in press*）.

虽然"景观"这个术语的使用往往意味着自然性，但体育在一定程度上属于文化景观。在体育地理学中，"体育景观"一词被用来指高度改造的（如现代体育场或竞技场）和技术化的（如视频回放屏幕、视频裁判系统）体育环境（Bale，1994）。Relph（1985）指出，景观可以"呈现人类生存的本质：它们可以是充满生机的，也可以是死气沉沉的；既可以是振奋的，也可以是悲伤的，或者是快乐的"。这一观点也适用于体育景观。因此，体育景观的开发、参与以及使用这些景观所产生的影响对体育和旅游业的可持续发展至关重要。

体育景观

与景观相关的价值观和阐述是非常主观的（Tuan，1977），体育景观也不例外。Bale（1994）将 Meinig（1979）的"同一景观的十个版本"应用于与体育旅游研究相关的体育景观中(表 7.1)。这些"版本"在研究体育旅游的资源及其影响方面很重要。体育旅游的资源和基础设施的发展问题应考虑到表 7.1 中提到的体育景观及其价值阐述。

表 7.1　体育景观的解读(Bale, 1994)

类别	解释
体育、景观和自然栖息地	体育参与者有可能利用自然景观开展或参与某些体育节事，而节事结束则永远不会回到该地。这类目的地仍然是景观，但不再成为体育景观，因此，景观可能用于开展体育运动，但不再用于体育的目的，对自然和环境的印象是体育参与者体验的重要元素
体育、景观和人类栖息地	体育景观也可被视为人类栖息地的一部分。人们可以有意识地将斜坡、土壤、海拔、场地和路线、渠道或浮雕特征等作为运动场地，自然环境被改变成一种与运动相关的方式，因此是对自然的改造而非征服
将体育景观视为人造景观	许多体育景观都忽视了其自然或半自然元素，这个观点认为人类是自然的征服者，是通过混凝土、塑料和玻璃以及绝对平坦的合成表面和室内场地等将自然完全征服为人造景观
将体育景观视为一个系统	体育景观也可以被视为复杂的经济或物理系统的一部分，如体育场并不是孤立存在的，它在比体育场本身大得多的地区产生了人流和空间交互。再如，环法自行车是大型的经济体系的一部分，对其通过的地方都会产生一定影响；体育赛事也是物理系统的一部分，如降雪会影响滑雪比赛，降雨可能会阻碍体育赛事参与者的脚步
将体育景观视为问题	体育运动对大自然的过度使用可能会导致环境污染、土壤侵蚀和视觉衰退等问题。问题景观以各种不同的方式出现在各种运动中：在市区的体育场举办体育赛事会造成交通堵塞；土地流失和高山地区滑雪道植被的破坏也是例证，影响的持久性也各有不同。当体育景观被认为是一个问题时，可能引来政治激进分子的抗议，以及他们对于可能导致景观变化的体育赛事的抵制
将体育景观视为财富	体育景观的土地被认为是一种天然资源。承载体育运动的土地带来的长期回报是很重要的，因此单项赛事的举办在当地产生重大的经济利益亦不奇怪。体育运动可能是地方营销的一种方式，借以吸引投资并产生租金利润，体育景观因此会带来大量的广告位和其他赞助机会
将体育景观视为意识形态	体育景观可以被视为是意识形态的反映，如鲜明的民族主义；一些新的民族体育运动可能会被开发出来突出本国特征，以区别于占主导地位的相邻国家；体育场可能体现了一种现代技术中心的意识形态

续　表

类别	解释
将体育景观视为历史	当今的体育景观是历史演变的结果；体育景观往往是积累而成的。人们可以从尺寸、形状、材料、装饰和其他表征得知体育参与方式的演变过程
将体育景观视为地方	景观被视为是具有特殊细微差别、拥有独特风格的地方，因此作为运动员或观众的体育参与者的体验经历被认为有助于体育运动的整体体验
将体育景观视为美学	景观的美学特质会让游客或喜欢或讨厌，这种美学与体育景观的艺术性有关。体育景观的美学还表现在油画、电影、照片和印刷品上，这样的表现可能是物理景观的准确再现，也可能只是虚构的图标式风景（例如英式板球和美式棒球景观）

体育旅游的资源基础

体育旅游目的地的发展潜力由必要的体育和旅游资源以及基础设施而决定。对体育旅游资源的考察必须将自然环境、体育设施、旅游交通、基础设施和信息服务考虑进去。这些资源需要以必要的平衡和组合方式提供，或按目的地的发展目标制定的计划和协调的方式进行开发（Maier et al.，1993）。协调规划和发展的重要性源自体育与旅游资源需求之间存在大量重叠（Standeven et al.，1999）。国内和国际的航空公司为需要参加比赛的球队和休闲旅游者提供相同目的地的服务，两者也都因不同原因（分别是比赛和观众）使用体育馆。任何地方要想成为体育旅游目的地，都需要有体育和旅游基础设施的存在或系统开发（表 7.2）。

表 7.2　体育旅游发展的资源基础（Standeven et al.，1999）

类型	旅游产业发展资源基础	体育产业发展资源基础
自然特征	国家公园、风景、湖泊、山脉、河流、海岸线	国家公园、开放式设施空间、荒野地区、地理特征（山脉、岩石、水疗中心、海岸线、海洋环境）
设备和基础设施	交通服务、住宿场所、餐饮和娱乐	体育馆、竞技场、体育场、交通基础设施、餐饮娱乐
建筑设施	公共厕所、停车场、路标、收容所	公共厕所、停车场、路标、收容所
服务	访客信息服务、互联网信息服务、预订和票务服务、旅行社	指导和培训、设备/服装的出租和购买、存储、管理、监督和安全、招聘、运营、培训设施、伤害预防和医疗设施、科学研究设施

续　表

类型	旅游产业发展资源基础	体育产业发展资源基础
组织	旅游组织规划与发展、战略规划、目的地形象、旅游营销、地方推广、媒体合作计划、旅游研究、行业协调与联络	体育俱乐部、志愿者团体和社区团体。管理、设施开发、资金、赞助、信息服务、营销、销售
运输服务	公路、铁路、空运、海运、国内、国际；加上秀丽风景的旅程、吊船、旅游线路、游乐设施、铁路遗产旅游、历史路线、旅游巴士、热气球	公路、铁路、空运、海运、国内交通、国际交通
娱乐活动	电影院、动物园、购物、酒吧、夜生活场所	体育馆和场地（溜冰场、休闲中心、健身房、游泳池、攀岩墙）、高尔夫球场、游艇码头、体育博物馆、名人堂、购物中心、夜生活场所

因此，以协同的方式形成体育和旅游资源，照顾利益相关者的共同利益，从而最大限度地实现体育和旅游以及更广泛的社会可持续发展利益是可行的。

例如，节事体育旅游可以有计划地对市中心的体育、休闲、娱乐、零售和服务等资源项目的改造工程进行协调，这一策略提升了目的地的形象，从而提高了该目的地在场所层级中的地位（第 5 章）。例如，滑雪目的地的地位是高质量滑雪资源（如地形、海拔、雪况、天气）以及所需的旅游服务和基础设施的综合评估构成的。

体育运动的可复制性

旅游资源可以以各种方式分类。一种方法是将那些可以复制或移动的资源与那些不可复制的资源区分开来（Boniface et al.，1994）。例如，度假村、主题公园和体育馆的体验可复制性很强，能在其他地区复制、开发（Weed，2010）。相比之下，自然景观和文化遗产通常是不可复制的。体育资源也可能因其运输性而有所不同。基于自然的运动，如滑雪和攀岩倾向于依赖某些类型的景观或特定的景观特征。中心城区建人造滑雪场的尝试在商业上已经成功（第 10 章），其原因在于，山地环境的体验价值是许多体育游客参与体验的重要组成部分，而这是不可移动的（尽管观众可以通过电影媒体如班夫山地电影节来观看高山滑雪运动）。

室内攀岩也是如此（Kulczycki et al.，2014）。虽然他们提出了一个令人兴奋的全新攀岩形式，但这种形式难以具备户外攀岩场所的独特挑战。体育是依赖于体力活动与特定环境属性相结合的运动(Bale,1989)。冲浪、越野滑雪、帆板、帆船、登山和定向越野这样的运动都属于环保运动,因为它们是围绕自然环境的特定特征而展开的,作为快乐、挑战、竞争或掌握技能的源泉。典型的例子有:悬挂式滑翔、跳伞和帆板冲浪就是利用了空气和海洋的自然力量。因此,由于自然环境在他们的表现中发挥着作用,参与者享有更高的环境意识。具身性是户外运动关键要素(Humberstone,2011;Lamont,2014)。这些运动的体验价值在很大程度上取决于该运动所处的景观氛围,即景观和地形(包括风景)、气候和天气综合形成的结果。这些景观本身就是不可移动的。相比之下其他运动更具可转移性。例如,随着制冰技术的不断发展和市场的扩大,滑冰等室内运动已经成功地从高纬度地区转移到低纬度地区。事实上,室内场地已经将诸如冰球的运动从户外活动转变为室内活动,影响了他们的空间和时间分布(Higham et al.,2002a)。使体育运动能够在不断变化的气候中进行,并为大型体育赛事的可行性提供一定的确定性(Steiger et al.,2018;案例研究9.1)。从空间上讲,这些运动分布于各个纬度,且由冬季运动转变为全年性运动。户外冬季运动(如跳台滑雪)也可以从高纬度地区的边缘地区转移到中心城区,以便利用市场的优势。霍尔门考伦山(挪威奥斯陆)和温哥华2010年冬季奥运会(加拿大)跳台滑雪就是在中心城区及附近开发滑雪跳台设施的例子。

许多运动项目,如竞技游泳、跳水、壁球和持拍类运动,都在室内体育场馆进行,而且运动装备非常便于携带。这些运动的特点还有严格的空间规则和标准等特点。传统上在室外开展的运动也可以转移到室内运动中心和场地进行表演,如网球、田径甚至马术。这些运动的变化正好反映了 Bale(1989)所说的"运动环境的产业化"现象,这与可转移性的概念密切相关,例如,室内板球通常将场地设在工业景观中未使用的工业建筑和仓库(Bale,1989)。

现代科技在体育场的运用体现了体育可转移性的程度。体育景观的可复制性促进了体育运动及其体验的转移。橄榄球是可转移体育运动的一个例子,它通过在中立国家/城市举办国际测试比赛来提供创造新市场和收入的机会。近年来,新西兰全黑队在东京、中国香港(对阵澳大利亚)和芝加哥(对阵爱尔兰)进行了测试赛,以打入新兴的观众和媒体市场。换句话说,体育设施可以永久地或临时地建在市场准入最大化的地方。这种发展通过提高公众意识和关注度来促进单板滑雪和沙滩排球等运动的发展潜力。然而体育运动的可转移性也带来了体育活动在其发源地逐步衰退的威胁。保留和增强与旅游地相关的独特性特征和元素是减轻这一威胁的重要策略(Bale,1989)。

体育旅游的环境影响

从地理角度看，"环境是旅游活动的整体，融合了自然元素和社会对景观与资源的改造"（Mitchell et al.，1991）。了解体育旅游的影响以及与这些影响相适应的管理技巧，对于体育和旅游业的可持续发展至关重要。"现代体育的发展和持续的地点调整不可避免地在景观方面产生了重大的变化"（Bale，1989）。许多这样的影响是短暂的或暂时的。铁人三项、马拉松比赛、自行车赛、汽车拉力赛和节日或体育展览活动常常在城市地区临时搭建赛道和球场上进行。这些运动可能会吸引大量的观众，其影响在比赛结束时迅速散去。体育场馆运动的直接负面影响可能包括交通堵塞和拥挤，以及诸如破坏行为、反社会行为、乱扔垃圾和噪声等不良影响。这些影响虽说是短期的，但却会对社区居民造成干扰（Bale，1994），还可能导致游客对该目的地产生厌恶效应，因为非体育游客会因此选择访问其他目的地或取消计划好的行程（Weed，2007）。

在自然性成为体育旅游体验的重要的、甚至是核心元素的情况下，另外一些运动可能会带来持久的或不可磨灭的影响。此时虽然说自然环境影响可能是"永久性的，但矛盾的是，很少有人会感到厌烦"（Bale，1994），可能造成游客对体育旅游体验的质量大打折扣。由于对环境敏感的高山景观的不可持续的管理，欧洲和北美的滑雪市场发展停滞不前（Flagestad et al.，2001）。事实上，体育和旅游业之间存在的复杂相互关系在一些全球环境变化力量中尤为明显，这些力量现在影响着体育和旅游自然资源基础的质量和可行性（Marshall et al.，2011；Pickering et al.，2010；Scott et al.，2007）。

体育旅游和全球扩散的环境影响

如今，体育旅游对环境的影响需要考虑的范围不仅限于地方/区域规模或集中在自然界，还包括全球范围内和人为环境变化的力量。就其本质而言，体育旅游涉及大量一次性和经常性的游客流动（Weed et al.，2012）。随着竞争性联赛逐渐全球化，这些流动包括精英运动员，他们为了参加比赛而不断旅行（Higham et al.，2009）。他们还延伸到新兴、密集的休闲、娱乐和体育旅游的流动中。识别和应对全球环境变化的驱动因素是一项重大挑战（Hinch et al.，2016）。最紧迫的挑战之一与可持续旅游交通和低碳交通转型有关（Hopkins et al.，2016）。

虽然交通运输占全球能源相关二氧化碳排放总量的23%，但预计交通运输产生的排放量到 2050 年还将翻一番(Creutzig et al.，2015)。航空和汽车的使用占据了世界温室气体排放量的很大一部分且在不断增长(Bows-Larkin et al.，2016；Creutzig et al.，2015)。《巴黎气候协议》认识到解决交通排放问题的迫切性,该协议承载了 196 个国家(协议缔约方)的承诺,他们承诺了将全球平均气温稳定在工业化前水平的 + 2℃ 以内的总目标(UNFCCC,2015),许多缔约方甚至承诺达到 + 1.5℃ 的目标(Scott et al.，2016a，2016b)。现在,签署国有责任制定政策,以实现它们于 2015 年 12 月在巴黎承诺的国家自主贡献(national determined contribution，NDC),这对体育和旅游业的影响将是不可避免的。

鉴于体育和旅游业与环境之间重要而复杂的相互依存关系,体育和旅游部门必须寻求减碳方式。可持续性体育和旅游发展的一个关键挑战不仅与游客从居住地到目的地参与体育运动的过程有关,而且还与运动参与者和观众的移动相关的温室气体排放有关(Heath et al.，2015)。学者们已经认识到这种基于自然的运动和积极参与者的流动性相关的讽刺性事实。例如,Hopkins (2014)观察到,在新西兰参与高山滑雪的国际、国内游客对交通排放量的贡献显著,导致气候变化最终将破坏冬季滑雪资源(案例研究 7.1)。Hinch 等 (2016)认为“(交通)排放最终可能列入赛事举办地的能源清单和排放统计中,这些目的地因赛事举办获得客流并获得收益”。毫无疑问,有关体育旅游可持续性的问题必须重新考虑全球环境变化的驱动因素,其中涉及体育和旅游业。

案例研究 7.1 冬季运动资源、气候变化和体育相关交通的流动性的讽刺

黛比·霍普金斯(Debbie Hopkins),英国牛津大学

在过去的一个世纪里,冬季体育旅游的受欢迎程度有起有落,经历了大众普及和基础设施投资的大规模增长时期,再到整合时期(Hudson，2003)。冬季奥运会和极限运动会等赛事,以及新兴的冬季运动项目的出现和发展,有助于提升青少年和年轻人对冬季运动的需求,并从雪鞋行走、越野、滑冰等功能性和传统活动中拓宽到更广阔的领域,如乡村滑雪和滑冰、越野滑雪和野外滑雪。然而在全球范围内,雪上体育产业进入了另一个充满挑战的时期,其核心是与气候变化相关的天气的变化模式。

雪上运动需要特定且稳定的天气和气候条件(Hamilton et al.，2007)。湿度、温度和风向的微小变化都会对冬季体育旅游目的地的盈利能力产生持久影响,尤其是对滑雪场及其基础设施而言(Hendrikx et al.，2012)。滑雪产业作为雪上体育产业的一部分,其脆弱性与其地方依赖性、高基础设施要求和

有限的组织适应性有关。对气候变化的适应主要集中在造雪技术上（Hopkins，2014），目前这些技术已被用于替代天然雪、"补充"天然雪或延长冬季时间方面。然而在某些地区，多样化开展非雪地活动，例如下坡山地自行车，一直是一项重要的适应策略，尤其是在当地气候不利于造雪的情况下（Hopkins et al.，2014）。

气候变化的影响正在威胁全球冬季体育旅游业的可持续性，从加拿大（Rutty et al.，2017）和欧洲（Steiger et al.，2013）在内的传统滑雪地区到非传统目的地，如伊朗（Ghaderi et al.，2014）。虽然影响程度不一，但很少有不受一点影响的，因此其结果不是"赢家"就是"输家"。研究表明，对滑雪场、地区和国家的相对脆弱性的评估可能比对个人脆弱性评估更重要。换句话说，脆弱性需要被关联起来理解（Hopkins et al.，2013）。雪地运动的游客比旅游经营者具有更大的适应能力，因此有能力在本地或全球范围内改变地理位置或是改变运动方式，如他们可以选择一个有着"冬日阳光"的假期，而雪地体育游客的这种适应性行为（Cocolas et al.，2016；Dawson et al.，2011）导致滑雪场的盈利能力下降，在郊区产生的影响更大。虽然雪上运动曾经是一种国内休闲活动，但雪上体育旅游流向全球的延伸以及对航空旅行的相关依赖意味着冬季体育游客的流动性将对气候变化做出重大贡献。因此，雪地游客的良好或不良适应性都可能会促使他们产生到达滑雪场地的更强烈的动机、从而产生更多的长途航空旅行、更多的碳排放，最终增加对气候变化的影响。

雪上体育运动的流动性存在着相当大的问题。总体而言，旅游业和交通作为一项特别高碳排放的活动都会导致全球温室气体排放量升高，这是人类活动气候变化的主要原因（Scott et al.，2016a）。滑雪场属于资源密集型领域——它们需要能源和水资源来维持运营。一些滑雪场开发了可再生电力资源，利用风电或水电为电梯、建筑物和其他设施提供动力。然而据报道，可再生电力基础设施与滑雪电梯和缆车之间存在争议（Huber et al.，2017）。此外，随着造雪技术的发展，获取水资源变得越来越重要。这导致获取高海拔水库和水资源的需求。鉴于气候变化及其对滑雪产业的影响，国际、国内与交通相关的排放也存在很大问题。滑雪场通常位于乡村和高山地区，私人车辆经常进入滑雪场，尽管一些滑雪场成功地实施了公共交通系统和共乘计划，但地面交通仍然是滑雪旅游可持续发展管理的一个被忽视的领域（Rutty et al.，2014）。

自 1970 年以来，与交通有关的温室气体排放量增加了一倍多，需求的增长超过了效率的提高（Sims et al.，2014）。《巴黎气候协议》提出了将全球气候稳定在比工业化前时代高 1.5℃的目标，但全球航空业再次被排除在了名单之外(Scott et al.，2016b)。航空业未能对其温室气体排放采取有意义的行动。同样,旅游业在应对气候变化方面也相对薄弱(Hopkins et al.，2018)。尽管如此,人们还是做出了一些努力来提高对气候变化的认知。例如,由自然资源保护委员会和国家滑雪区协会(Scott，2006a，2006b)联合发起的"保持冬季凉爽"运动在美国兴起,此后在全球范围内获得了关注,这在一定程度上要归功于高水平的雪上运动员的参与和强大的社交媒体平台。职业运动员对气候变化问题的参与不仅与他们对气候变化的经历有关,还与经济限制有关。例如,"几个糟糕的冬天"和"天气模式的变化",以及全球经济疲软,会导致专业雪上运动员缺乏赞助,尤其是单板滑雪的"充满挑战的氛围"(Higgins，2016)。

　　冬季体育产业严重依赖稳定的气候特征和自然资源,具有高度的地方依赖性,往往缺乏适应能力。在未来的几十年里,许多受欢迎的滑雪胜地可能会变得不可持续,这些度假胜地的环境可持续性也在下降。随着气候变化影响的增加,传统的雪上体育旅游中心可能会发生变化。然而,这些地方可能更加依赖长途航空旅行——进一步加剧全球气候变化。为了解决当前高流动性、高排放和加速气候变化的复杂问题,迫切需要低碳流动性转型(Hopkins et al.，2016)。《巴黎气候协定》的成功以及对包括旅游业在内的高污染行业的系统性变革,对于保护冬季运动目的地所依赖的气候系统至关重要。

参考阅读:

Cocolas，N.，Walters，G. and Ruhanen，L.（2016）Behavioural adaptation to climate change among winter alpine tourists：An analysis of tourist motivations and leisure substitutability. *Journal of Sustainable Tourism* 24(6)，846-865.

Hopkins，D.，Higham，J. and Becken，S.（2013）Climate change in a regional context：Relative vulnerability in the Australasian skier market. *Regional Environmental Change* 13(2)，449-458.

体育旅游与城市环境问题

　　现有的关于体育旅游环境影响的许多文献都集中在自然环境领域(Standeven et al.，1999)。不过,城市体育旅游发展所展现出来的独特的环境、资源及影响问题,需要认真思考。城市环境下的体育旅游可能包括:

　　(1)在建成体育景观中(休闲中心、酒店健身馆、壁球馆、羽毛球

馆、网球场、游泳池)进行体育锻炼,在城市公园和沿海开发区进行休闲跑;

（2）在专业运动场或临时设置的场地上进行休闲或俱乐部运动（如滑板、街头篮球）;

（3）在基本未经改造的自然环境中（如皮划艇、冲浪）或具有可复制性质的环境中（例如在城市保护区中的城市定向活动）进行娱乐或竞技运动;

（4）节事体育旅游。

相对而言,城市环境中那些积极的、休闲的和竞技性的体育活动会产生良性的影响,尽管可能需要管理者应对来自社会的各种反应或处理参与者和非参与者之间的冲突。如果在中心地点举行需要专用或临时设施的竞赛或非竞赛的体育节事活动就有可能产生巨大的积极或消极影响。这些影响是赛事规模和目的地基础设施建设能力的综合结果。

体育赛事旅游的规模问题

无论是全球性、区域性还是地方性尺度上,规模问题对于研究城市中心的体育旅游都是至关重要的。"规模概念或地理上的尺度概念,使被关注的区域保持集中,可以比作放大或缩小的地图"（Boniface et al., 1994）。各个目的地容纳客流的能力在很大程度上取决于目的地的规模及其吸引游客的能力。例如,旅游功能指数（tourist function index）采用旅游床位数量和目的地常住人口总数作为旅游容量的指标（Saveriades, 2000）。旅游承载能力的概念考虑的是能够支撑的旅游活动的活动量,并且该活动应以不对自然环境或游客体验质量产生不利影响为前提,同时要考虑到东道主社区的意见（Archer et al., 1994; Wall et al., 2006）。

"大型赛事属于短期事件,但会对举办城市产生长期影响"（Roche, 1994）。糟糕的是,人们对于节事体育旅游的影响的兴趣往往仅限于经济发展（Burgan et al., 1992）、正面形象、身份塑造、外来投资和旅游推广等（Getz, 1991; Hall, 1992a）,而忽视了体育赛事潜在的负面影响,而这种负面影响往往会随着赛事规模的增加而增大（Olds, 1998; Shapcott, 1998）。由此看来,如果一个体育节事的规模对于主办城市的社会和基础设施能力的影响太大,就会有潜在的负面影响（Hiller, 1998）,如主办地的社区被迁移或"驱逐"（Olds, 1998）、税率和租金上涨（Hodges et al., 1996）、由于拥挤而导致的日常生活被严重影响（Bale, 1994）、安全问题（Higham, 1999）和"体育迷"的疯狂行为等(Faulkner et al.,1998),这些问题都可能与大型体育赛事有关。例如,1998 年,学者 Shapcott 指出:

> 在 1988 年汉城奥运会之前强行拆除了 720 000 间房(数千名低收入租户和小企业流离失所),在 1992 年巴塞罗那奥运会之前许多人被迫离开巴塞罗那,无家可归者(其中许多是非测裔美国人)达 9 000 多名。

规模比较适中的体育节事和比赛包括常规性的国家体育比赛,国家/地区锦标赛和非竞技性体育赛事。在体育比赛较小规模的情况下,严重的负面影响的可能性会降低(Higham,1999)。拥挤和基础设施过剩的情况不太可能发生,并且人流也分散得更快。尽管如此,较为适度的体育节事的积极影响在目的地的地理参数范围内非常类似于大型赛事(Hall,1993)。体育赛事旅游规模问题很重要。它反映了"替代旅游/大众旅游"问题(Krippendorf,1995;Wheeller,1991)。虽然"更大更好"的经济观念依然普遍存在(Weed,2009a),但在主办城市或地区的承载能力限制与其主办的体育节事的规模之间实现良好的匹配,是实现体育节事旅游可持续发展并保持成功的重要因素(Gratton et al.,2005;Higham,1999)。

建筑环境中的体育兼容性管理

多种运动需求在建筑环境中的相容性是体育旅游管理的一个重要问题。不同的运动可以被视为:

(1) 兼容性,可同时使用同一地域或水域的运动。

(2) 部分兼容性,可以使用相同的土地或水域但不能同时开展的运动。

(3) 不兼容性,不能使用相同的土地或水域,需要划分为独占空间的体育。

不同运动项目与其他景观使用者的兼容程度差异很大。例如,汽车运动和涉及危险设备(如野战射箭)的运动与其他运动是不兼容的。体育运动的不兼容性通常随着竞技水平上的提升而增高,这是因为竞技性的或精英级别的运动需要专业设施。因此,体育管理者必须注意体育设施设计中专业化与多用途之间的平衡。根据 1976 年蒙特利尔奥运会体育场开发的教训,悉尼(2000 年)和伦敦(2012 年)奥运会场馆设计都缩小了规模,以便赛后使用。

开发多用途设施,特别是那些适应不同级别赛事(包括当地/休闲,国际/

锦标赛）的体育运动设施,可能使设施的用户和受众市场范围变得多样化和扩大化。体育运动的空间性(例如赛事规模、能容纳车辆和观众的能力)以及时间性(例如每日/每周使用模式,运动季节性)的兼容问题也应考虑进来,这些运动可能会从多用途的使用中获得共同利益设施。然而,在某些情况下,广泛使用或多用途设施的发展可能会对参与者和观众的体验感带来强烈的不适。例如,带有跑道的体育场,其观赛效果对于大部分观众来说都是不理想的(Bale,1989)。

建筑景观中的兼容性问题延伸到了体育与非体育权益之间的调和问题上,特别是那些主要用于为体育以外的目的而设计的场所。例如马拉松比赛和长跑运动的兴起,有时甚至比赛人数超过了 20 000 人,"因需要市政当局控制和调整比赛日的交通路线,因而给当局带来了极大的压力"(Bale,1989)。同样,有轨电车拉力赛、自行车赛,以及许多节事也可能会扰乱城市景观的正常使用。然而这种影响往往是短期的,并且会迅速消散。但他们确实要求体育管理者和活动组织者考虑到与运动相关的安全、保障和责任问题。

由自然景观到体育景观:体育设施开发和设计的影响

有人指出,"尽管旅游业已经标准化和同质化,但在景观中寻找区域多样性仍然是游客的一个重要动机"(Mitchell et al.,1991)。体育环境存在着一种受限制的、同质化的变化趋势,而从自然景观到体育景观的转变代表了体育旅游标准化和同质化的一个方面,这可能会严重威胁到特定场所的独特性。现代体育场有着古老的历史,但它的发展也慢慢受到了体育规则的形式化和体育运动空间限制的影响,这使得人们可以开发那些在近距离体验体育比赛的设施(Bale,1989)。

近年来,技术的发展已经被纳入现代体育场馆的设计中,如视频屏幕、虚拟广告、泛光灯和可伸缩的围墙等(Bale,1989)。这一结果使得世界上许多地方的体育场设计越来越趋于一致(Higham et al.,2009),当然也可能会极大地改变竞技者和观众的体育体验,其中一个影响可能是"鼓励旅游业的文化镶嵌式拼图"的侵蚀(Williams et al.,1988)。在体育资源的规划、设计和开发中,必须认真考虑独特的体育场设计、保持一致的标志物、目的地的独特元素和区分目的地的自然元素对体育旅游开发的潜在贡献。

当然,反对体育景观标准化的潮流也很明显,这对独特性、差异化、地方感与旅游业方面具有重要意义。当著名的温布利体育场(伦敦)和它独特的塔楼在 2002～2003 年被拆除时,一个体育遗产就此消失,代之而起的是重建后的温布利体育场,它包括一个可伸缩的屋顶和独特的 134 米高的温布利拱门,在整个伦敦都可以看得到。再如，2002 年韩国在与日本联合举办 FIFA 世界杯时，其体育场的设计就被用来展示韩国的文化和生活方式。韩国的 10 个主办城市都(重新)开发了旨在反映每个城市独特的地区文化元素的体育场(Hinch et al.，2004)，例如，文鹤体育场(仁川)有一个帆船设计的屋顶，反映的是这座城市作为韩国主要海上门户的历史角色，而水原体育场传统的弧形屋顶象征着可以追溯到 1796 年的古堡。这些设计将韩国文化的独特元素投射给当地和全球观众的设计行为，正是 Bale(1989)所描述的对当代逐渐标准化趋势的拒斥表达。

自然景观中的体育旅游

自然特征是边缘地区体育旅游体验的核心，但它们也带来了一系列独特的管理上的问题，如"悬挂式滑翔机、冲浪等运动对农村山地和海滩地区制造了压力，滑雪给山区带来了压力，而水上运动则在有限的内陆水域中相互竞争，争夺宝贵的空间"(Bale，1989)。总之，这些自然景观是相当脆弱的，且对外界的干扰非常敏感(Hall et al.，2014)。因此需要对这些景观范围的体育活动进行管理，以减轻其负面影响(Hinch et al.，2004)；而另一方面，基于大自然的极限运动则可能会促进与自然的联系，从而产生关心自然的强烈愿望，并以实际行动实现环境可持续发展(Brymer，2009)。

自然环境中的体育旅游可持续发展由多种原因造成。其中之一是体育运动的动态性变化，体现在新兴体育运动发展和扩散的速度上。这可以导致新兴运动在短时间内完成从少数人追求到大众参与的过程(Standeven et al.，1999)，如山地自行车的出现并迅速发展到各种子项目就是一个很好的例子(Hagen et al.，2016；Moularde et al.，2016)。其他迅速崛起的运动项目包括单板滑雪、潜水、冲浪、铁人三项和滑翔伞等，它们的动态变化为旅游目的地的发展带来了机遇，基于此种现象我们要采取积极行动，制定和实施适当的政策和管理策略以保护自然景观。不过，值得注意的是，当前的一些参与性运动是在没有相关的立法框架、管理结构或行政执法的情况下进行的。另外，像低空跳伞和蹦极等这样的体育运动则面临着管理机构在新的体育项目发展过程中碰到的管理问题，因为诸如此类的极限运动通常会挑战单一的管理权威(Mykletun et al.，2002)。

管理体育旅游对自然环境的影响是一项复杂的任务。事实上，仅仅衡量旅游业的影响就充满了困难。因为很少有评估某种变化的基准线，而且旅游业的影响很难从其他人类活动的直接或间接影响中分解出来(Wall et al.，

2006）。例如,滨海体育旅游对海洋动植物的影响很难与捕鱼、水产养殖或城镇、工业、农业和林业的废弃材料的不当倾倒区别开来（Bellan et al.，2001）。由于极端的海拔和气候,体育旅游对脆弱的高山生态系统的影响可能需要较长的恢复和再生时间（Flagestad et al.，2001）。因此,虽说开发的视觉影响可能立即显现,但对脆弱的高山植物群、生长和再生率、水质调节（May，1995）和稀有高山鸟类的成功繁殖（Holden，2000）等更微妙的变化往往需要干预规划和长期监测（Holden，2000）。

虽然有时可以在一个目的地的社会、文化、经济和环境背景下确定积极和消极的影响,但这些影响实际上是处于一个复杂的相互联系的关系网中,这也导致不同群体以及群体中的不同个体从自己的角度主观地看待或理解这些影响的一个或多个方面（Wall et al.，2006）。关于可持续旅游发展和管理影响的大量文献对体育和旅游管理者具有高度的启发意义,他们应该从中获得体育旅游对环境影响的深刻认知（Cantelon et al.，2000；Collins et al.，2001；Gold et al.，2016）。

体育旅游在自然景观中的兼容性

Hunter（1995）认为,旅游业的可持续发展必须要和人类需求、环境限制协调一致。人类的需求以及旅游的收益和成本主要归属于两个群体：主人（居民）和客人（游客）（Archer et al.，1994）。过度或不适当地将体育发展利益置于自然环境的管控之上,可能会导致交通拥挤、社会和环境影响,或以当地不能接受的方式改变自然景观。另外,游客的体验质量也必须考虑到体育旅游发展在方向和水平上的恰当性。

在自然景观中进行的运动也可能表现出与其他运动不同程度的兼容性,人们参与体育运动的不同动机和目标可能会引起不同参与者之间的对称或不对称冲突（Graefe et al.，1984）。对称冲突指的是两项运动的参与者因对方的存在而感受到社会冲突。水上摩托车、冲浪者和游泳者可能会遇到对称冲突,在某些情况下会带来人身危险。当参加一项运动的参与者受到参加另一项运动的参与者的负面影响时,不对称冲突就产生了,而参加第二项运动的参与者可能对参加第一项运动的参与者的存在视而不见,甚至是表示欢迎。诸如全球定位系统（global positioning system，GPS）和移动电话等技术的入侵在以自然为基础的体育运动中日益成为社会影响和体育参与者之间冲突的常见原因（Shultis，2000）,尽管新技术可能会随着时间的推移变得正常化。如果通过适当的管理技术在空间和/或时间上隔离,定向越野和下坡滑雪等运动可能与其他运动兼容。在沿海环境中发生的运动会具有不同程度的兼容性,如潜水、冲浪、滑雪、游泳、水上摩托车、帆板、皮划艇和休闲钓鱼。消耗性运动（如狩猎）和机械化运动（如摩托艇竞赛和滑水运动）与其他用途从根本上不相容，因为它们可能不可逆转地损害对运动的追求，或对其他运动的参与者造成危险。这一问题表明，在体育旅游周边地区发生的体育活动必须谨慎管理，以减少冲突。

　　体育参与者的心理特征（第 3 章）也决定了不同运动和同一运动中不同参与者的兼容性。如果参与者的动机不一致，体育运动参与者之间可能会发生冲突。野外滑雪和冲浪运动是在特定环境中可以由众多参与者在良好的竞争环境中进行的。越野滑雪和冲浪是在可以有许多参与者竞争的环境中进行的运动。冲浪社区通过不成文的冲浪礼仪来管理对海浪的接触（Usher et al.，2016；Wheaton，2000，2004）。Edensor 等（2007）认为自然环境作为休闲空间的压力越来越大，这与不同生活方式运动参与者群体之间可能出现的紧张关系有关，特别是滑雪者和单板滑雪爱好者。他们从表现的角度出发，利用休闲的具身性本质，深入探讨了如何使用风格和动作来区分不同的运动参与者群体，他们称之为"有争议的斜坡舞蹈"（Edensor et al.，2007）。体育运动在自然景观中的兼容性通常会随着参与者或竞争者的认真程度而降低（Bale，1989）。

节事体育旅游的影响：范式的转变

　　在中心和边缘地区举办的体育节事为促进环境保护和实施影响缓解计划提供了机会。1992 年阿尔贝维尔（法国）冬季奥运会留下的是，由于密集的开发对高山环境造成的不可逆转的影响（1995 年 5 月）。以比为鉴，1994 年利勒哈默尔冬季奥运会（挪威）的规划开创了环境管理的新方法（Kaspar，1998；Lesjø，2000）。1996 年通过的《奥林匹克环境宪章》（*Olympic Environmental Charter*）要求奥运会组委会明确并实施环境保护政策。这一宪章首次在 1998 年日本长野冬奥会的规划中使用。Cantelon 等（2000）认为，"1992 年阿尔贝维尔和萨瓦地区运动会以及随后的利勒哈默尔（1994 年）的绿白运动会（Green-White Games）对环境造成的广泛破坏，是这一政策发展的历史基准"。

　　2000 年悉尼奥运会是对 1994 年利勒哈默尔奥运会环境成就的巩固，也获得了一个重大的进步。具体表现在生态恢复和工业场所的修复是悉尼奥运开发计划的组成部分（Olympic Co-ordination Authority，1997a，1997b）。1994 年冬季（利勒哈默尔，挪威）和 2000 年夏季（悉尼，澳大利亚）奥运会的环境遗产代表了从减轻影响到积极的环境管理和与体育赛事旅游相关的栖息地创造的范例式转变（Chernushenko，1996；Cowell，1997）。2012 年伦敦奥运的环境规划包括 90% 的建筑材料将被回收利用的目标，20% 的奥运场地能源需求将可以延续，奥林匹克公园周围的 50 英里的步行和自行车道有助于实现"无车"活动的目标。伦敦奥运会也是根据伦敦东部斯特拉特福利河谷雄心勃勃的城市复兴遗产来规划的（利河谷的复兴计划早在 2005 年新加坡进行的2012 年伦敦奥运会申办的时候就已经开始了）（Davis et al.，2010）。总而言之，这些大型体育赛事的举措都为体育旅游与环境的关系提供了新的视角。最后要指出的是，将赛事对环境的影响（在所有空间规模上）进行一一量化，毫无疑问是非常重要的，不过考虑到体育赛事在空间规模和时间性上的复杂性，需要我们仔细考虑环境影响的评估方法和组织行为（Collins et al.，2009）。

小结

　　体育旅游环境和资源是体育旅游发展的重要基础。景观和气候条件是决定旅游目的地吸引力的关键因素，同时它们会对游客与目的地的体育和娱乐活动产生相当大的影响，从而影响目的地形象。体育与环境之间的关系是动态的（Standeven et al.，1999）。了解这种关系并加以利用，对体育和旅游可持续发展提供机会，反之则构成威胁。具备可复制性和可转移性的体育运动在这方面提供了宝贵的例子（Bale，1994；Weed，2010）。可转移性虽然代表着从体育起源地迁移而对起源地构成威胁，但也可能为在特定的旅游地开发新的或现有的体育资源提供机会。

　　本章还考察了人造建筑（中心地区）和自然（边缘地区）环境中体育旅游发展之间的区别。这个区别的重要性在于，在从地方（Pillay et al.，2008）到全球（Otto et al.，2009）的不同分析尺度上，在不同的背景下的体育旅游影响和管理问题截然不同。地方层面如何理解这些影响将对体育旅游发展的未来产生重大影响（Cornelissen et al.，2010；Hritz et al.，2010；Schulenkorf，2009；Smith，2010）。

第 4 部分

体育旅游发展与时间

第 8 章

体育和游客体验

> "旅游和体育的消费可以体现符号和传递意义,并为身份的构建提供框架。"
>
> Moularde et al., 2016

【引言】

本章考察短期体育旅游的各个方面,并重点关注游客体验,因为就体育旅游的发展和时间而言,游客体验是首要的和最直接的时间因素;之后,我们将时间维度扩展到体育旅游发展的年度/季节动态(第 9 章)和长期演化(第 10 章)动态。在本章中,我们首先要考察的是体育旅游体验的时间段,然后再讨论塑造和影响体育旅游体验的社会结构性因素。第 2 章中提出的体育旅游的四重分类为后面的讨论提供了结构框架,即观赏型体育节事、参与型体育节事、参与型休闲体育项目和体育遗产活动。除此之外,在 Morgan(2007)的体验空间模型的启发下,我们将在体育环境中的活动和人的相互作用的基础上,分析这种独特的社会文化互动状态下所共建的体育观众和参与者的体验状态,随后将注意力转向参与型运动项目和遗产体育旅游的游客体验上。在本章的最后,我们总结了目的地的体育和旅游系统如何塑造和影响游客的体验情况。

体育旅游体验的时间段

虽然此处我们讨论的是直接的旅游体验,但鉴于本弓第 4 部分"体育旅游发展与时间"提到的时间重点,旅游体验实际上是几个不司阶段的总和,随着时间的推移,可分为以下 5 个阶段:预期、旅行、游客在目的地的体验、返程和回忆(Clawson et al., 1966;Manfredo et al., 1983)。旅游体验的预期阶段需要旅游者进行信息搜寻、决策、计划、形成期望,每个环节都会受到旅游动机的影响。到达目的地的旅行是旅游体验的重要组成部分，因为它影响游客的逗留时间以及游客对基础设施和服务的需求。体育活动的参与度和体育游客的情感与行为是游客体验的关键维度；这些体现了活动、人和地方的相互作用（Weed，2005）。当然，体育活动的参与互动也有显著的区别，例如，游客会优先追求特定的运动项目及其他旅游活动（Higham et al.，2009；Morgan，2007）。因此，游客在实际目的地的体验构成了本章主题的一部分，因为它们被设定是在旅游体验之前和之后人们生活的更广泛背景下进行的（Morgan，2007）。

简要考虑体育旅游体验的时间段是很有必要的。表 8.1 中列出的体育旅游者类型可作为了解旅行前的阶段的起始点，因为不同类型的体育旅游者在信息搜索、决策和规划方面可能会有很大的差异。例如，尽管 Stewart（2001）强调了广义的体育迷的多样性含义（Laverie et al.，2000），但球队的粉丝群体对观赏型赛事有着更高的预期，并寻求与球队支持和身份建设相关的集体经验（Jones，2000）。此外，游客的类型、首次旅游的游客和常旅客在旅行前阶段的信息搜索途径表现上也是截然不同的，形成鲜明的对比（Taks et al.，2009）。那些追求专业或普通体育度假的人也许最可能对目的地的标记物做出反应（第 2 章），以建立或提高对目的地的认识。相比之下，那些从事高水平训练或比赛的人，是按照他们在目的地达成的目标来规划和预测其旅游体验的，因此他们的情况特殊，并且其行为往往要受专业体育组织（professional sports organisation，PSO）的指令管辖（Higham et al.，2009）。

表 8.1 体育旅游者类型（Glyptis，1982）

体育旅游者类型	二级类型
含有体育内容的一般性节假日	顺带参与（Jackson et al.，1997）（Reeves，2000）
专业性或一般性的体育节假日	体育活动节假日（Standeven et al.，1999） 单独的体育节假日（Standeven et al.，1999） 极少参与（Reeves，2000） 偶尔/规律性参与（Jackson et al.，1997） 偶尔参与的男子或女子体育运动（Maier et al.，1993） 全民健身（Maier et al.，1993）
高端体育节假日	有组织的节假日体育活动（Standeven et al.，1999） 偶尔/规律性参与（Jackson et al.，1997）
精英训练	顶级的运动员（Maier et al.，1993） 全身心/内驱性参与（Jackson et al.，1997）
观赏型节事	假日被动运动（Standeven et al.，1999），包括专业观赏者、休闲观赏者 被动体育游客（Maier et al.，1993）

塑造体育旅游体验的社会结构因素

在不同的体育活动和特定的体育活动中,游客期望可能有显著差异(第3章)。期待和理想体验是体育旅游者的生活方式、态度和个性所造成的结果,可能因人口特征、生活和旅行职业阶段、体育和个人经历以及体育参与涉入度或体育团队涉入度而有很大差异(Gibson,2005;Pearce,1988;Schreyer et al.,1984;Watson et al.,1991)。

Gibson(2005)的体育旅游体验研究有深刻的发现。她强调"从针对休闲、体育和旅游等一系列研究结果中可以得知,需求和活动选择之间的关系是相当复杂的。"在对体育旅游体验的系统回顾之后,她认为动机和行为是多维度的。而且,基于对稳定性和多样性(或唤醒)的需求,行为选择因人而异,并随着时间的推移而变化。例如,那些寻求最佳刺激水平的人寻求的是冒险、具有挑战性和新奇的体验,而其他人可能会寻求丰富个人生活但安全和可预测的体育旅游体验。

对旅游动机的研究包括人们旅行的原因、他们所寻求的利益以及为满足需求和欲望而渴望获得的体验(Cooper et al.,1993)。旅游动机是旅行者自我感知需求的一个功能,它推动了决策过程和旅游产品的购买(Collier,1999)。旅行者的动机特征是内在因素和外在因素的结合,包括推动(心理)和拉力(文化)因素(Dann,1981),以及将动机(推动因素)与目的地属性(拉动因素)相匹配的需求因素(Crompton,1979;Gibson,2005)。特别是在体育方面,推动因素可能会延伸到实现体育事业的愿望,或在家无法达到深度休闲的目标上面。例如,Green 等(1998)认为,运动者可以受各种级别的比赛中能力和运动技能的激励,也可能受集体旅游背景下的社会认同和社会化需求的激励,以发展或强化其亚文化的身份。

拉力因素包括价格、目的地形象、市场营销和推广等。目的地形象发挥着物理属性和抽象属性的功能,在期待的形成中起着重要作用(Echtner et al.,1993)。其中,物理属性包括景点、活动、体育设施和物理景观;而抽象属性包括氛围、人群、安全性和布景等,往往不易测量。同样,就运动体验而言,拉力因素可能与在特定地方寻找竞争或获得运动体验的成就有关(Hinch,2006;Hinch et al.,2005)。独特的体验通常局限于空间和时间(例如,体育节事、体育的季节性)。这些拉力因素也可能影响游客在旅行体验的预期阶段的感知需求。

体育旅游就像其他形式的旅行一样,需要一系列能够满足参与期望需求的动机。Stewart（2001）明确了一系列激励球迷去目的地旅行来支持球队的因素，这些因素属于推动力和拉动力（也即内外因素）范畴。推动因素包括从日常生活中释放出来、寻找志同道合的情谊、发展友谊和寻找归属感，以及去做在家里不能做的事情的机会（例如，提高一个人在体育亚文化中的地位）。相比之下，拉动节事体育旅游的因素往往与旅游目的地所提供的人和地点之间的独特互动有关（Weed，2007）。拉力因素可能扩展到重要的时空背景因素、对赛事结果的未知状态、比赛后的狂欢和庆祝等。旅游动机对于理解人们为什么要旅行、目的地的选择和旅游行为的其他方面至关重要。

观赏型体育节事体验

体育旅游体验的复杂性决定了有必要在不同形式的体育和旅游活动中探讨体育旅游者的动机和体验。在本章中，我们将运用这种思路来讨论问题，尽管在后面的讨论中我们可能发现不同类型的体育旅游之间的边界正变得越来越模糊。赛事体验可以在任何一个体育观众那里找到答案，无论他的身份是特意旅行过来观看高水平体育比赛的观众，还是作为单个球迷而追随某支球队的观众，抑或是作为体育迷群体的一分子而追随某支球队的个人（Osborne et al.，2013）。

Morgan（2007）采用社会学的角度对观赛体验的管理进行了研究。在讨论赛事观众和比赛地点之间的相互作用时，他对赛事体验有以下两种观点。

（1）管理学角度：观赛体验是一种具有附加值的产品或服务类型。

（2）消费者行为角度：观赛体验是一种具有情感意义、象征意义和转化意义的个人参与性体验（Morgan，2007）。

Morgan 的管理学视角将观赛体验描述为一种商品化的产品，以满足体育游客这一群体的需求。他所描述的消费者行为视角，将体育旅游体验视为一种"充满个人、社会和文化意义的主观情感之旅"。Morgan（2007）认为，通过预设的、可控的、精心安排好的商品化后的体育体验，可能会将观众的现场体验感降至相当于电视观看或流媒体直播的体验，此时的观众作为一个旁观者处于赛事开展的各个阶段和方面的被动局面。事实上，现场观赛体验的质量的确在某些方面还不如在媒体观赛或虚拟观赛的体验。因此，作为替代方案，我们也许可以通过提升体验中的主观和情感元素来加强与特定的体育场合、支持者和当地主办方的互动（Weed，2005），由此获得更具独特性的观赛体验

（Morgan，2007）。因此，交互式在线媒体的出现表明一种新型现场观赛体验的中间地带横空出世。

　　在用社会学视角说明游客体验时，Morgan（2007）提出了一个体验空间模型（图 8.1）来解释"体验是由节事活动和目的地之间的互动产生的，是由游客内在动机和意义创造的"。图 8.1 说明了带有动机的拉力因素，它以目的地的物理属性和形象为中心，由目的地管理和营销活动为中介，代表了体育体验发生的现场目的地环境。该模型随后被用来描述游客给体育比赛场所带来的动机、意义和身份。就体育旅游而言，观众的体验将受到个人意义和球迷群体的集体身份的巨大影响（Morgan，2007）。图中表明，体验空间允许在社会和文化互动的基础上共同创造体验，这些互动代表了赛事活动和人们在体育环境中的相互作用。

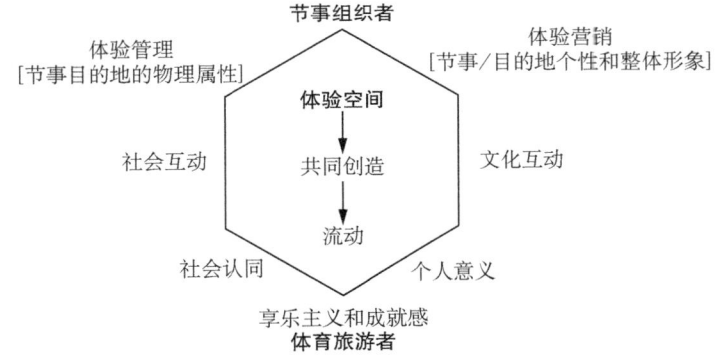

图 8.1　体验空间（Morgan，2007）

　　Morgan（2007）强调了观赛体验的三个内在元素。第一个是与个人利益相关的享乐主义和成就感。在旅游空间中新奇感、冲动、娱乐和惊喜是体验感得以实现的基本元素。Morgan（2007）认为，全身心地投入到一项活动中也是如此，此时的体验感甚至可以提升到"心流状态"（Csikszentmihalyi，1992）（图 8.1）。第二个是社会互动，它是观赏性体育运动的强烈集体体验的核心。具体来讲，这些互动提供了一个环境，在这个环境中，个人和社会身份得以塑造，且社会和环境情景可能会产生一种群体认同感或"社群感"（Chalip，2006；Hinch et al.，2004；Morgan，2007；Weed，2005）。因此，在与当地人的互动中，无论是以融合（共享经验）还是分化（社会身份的发展）的形式，都是体育旅游体验的关键元素（Weed et al.，2004）。第三个关键元素是意义和价值，这种意义和价值来自游客的文化背景，以及他们对体育运动发生地的历史和文化背景的主观理解和诠释。"因此，体育忠诚和文化是对个人身份的深刻而微妙的表达"(Morgan，2007)。

因此，就体育旅游而言，比赛地点（目的地）的重要性在于，当人们在比赛地点旅行、旅游或聚会并参与旅游体验时产生了社会和文化互动（Weed，2007）。这种体验是基于目的地位置的、通过主客之间的互动而共同创造的。此种情况下，快乐的享受和收获、社会互动、意义和价值观构成体育旅游体验的核心（Morgan，2007）。这一点也证实了对体育迷的研究结果，即社会体验对于观赏型体育旅行的重要性（Fairley，2003）。

Morgan（2007）的研究在个人的、主观的体育历史（故事）居于活动、人和地点的体验表现核心地位，发表了非常引人入胜的观点。他认为，允许游客参与"共同创造"他们的体验而代替对游客的管理或赛事体验的强行植入这一点非常重要。因此，国家、地区的旅游组织，体育组织以及赛事管理者，需要更好地理解游客对观赛体验的期望，因为"它对个人有着情感上的、象征性的变化意义"（Morgan，2007）。以上的讨论引发了一些有趣的话题，如体育赛事主办机构如何与旅游目的地管理者合作来共同创造良好的体育旅游体验（焦点 8.1）。

焦点 8.1　共同创造的观赛体验——日本 2019 年橄榄球世界杯

詹姆斯·海厄姆（James Higham），汤姆·辛奇（Tom Hinch），亚当·多林（Adam Doering）

历届橄榄球世界杯已经成为塑造或重塑国家认同的重要元素。最生动的例子莫过于 1995 年在后种族隔离时代的南非共和国举办的橄榄球世界杯了（Steenveld et al.，1998）。在一个历史上以非洲裔（白人）民族主义为特征的国家运动中（Grundlingh，1994；Laidlaw，1999），1995 年的橄榄球世界杯在塑造多种族多肤色组成的"彩虹国家"品牌的后种族隔离的国家认同方面发挥了关键作用（Maingard，1997；Nauright，1997a，1997b）。因此，橄榄球世界杯的举办对南非的"重塑"，以及南非作为全球旅游目的地的品牌塑造非常有帮助（Picard et al.，2006）。同样，鉴于橄榄球世界杯在国家认同、文化政治和国家形象再塑造方面的突出作用，也促发人们对 2019 年橄榄球世界杯的文化政治问题的有趣思考，而 Morgan（2007）的有关节事交付和主客体验的理论框架（图 8.1）也许能为这些问题提供有益的参考，因为他关注互动的外部（即活动组织者）和互动的内部（即能被赛事参与者感知、理解和诠释的）元素的相互作用。外部元素与目的地的物理环境加上作为赛事目的地的角色综合而成的整体形象、品牌密切相关，同时，这些元素是通过节事策划、营销和管理来构建的，"……（这些元素）使得体验感的产生成为可能，但它们实际上并没有真正地创造出来"(Morgan，2007)，而只是提供了一个让独特的旅游体验产生的环境。内部因素是指那些激励和吸引游客去参加节事的因素，包括游客通过参与体育活动而产生的个人意义和社会身份，这对节事活动的产生和游客的体验都至关重要。要了解内部因素的重要性，"……有必要揭示赋予节事在个人生活中占据重要地位的个人意义"(Morgan，2007)。

日本橄榄球国家队球员的多样化身份背景展示了多民族日本的另一面，不过 2019 年橄榄球世界杯的组织者的推广工作可能会走向另一个方向，因为他们必须要在全球市场中创造一个文化生态圈，而这可能会在无意中通过体育旅游来强化基于一致的原始的民族认同，从而导致日本排斥差异和文化多样性。众所周知，旅游业强调的是国家认同的最本质内核元素，而不是国家认同背后的复杂性。在体育领域，传统的"爱国主义运动"，特别是大型体育节事，往往也是如此。不过，今天越来越多的流动性和全球化正日益影响着体育、旅游和身份认同之间的联系。特别是运动员的流动对于多样性而言是一种促进，因此，这里就产生了如何看待传统的身份理解问题，而这个问题在日本尤其严重，盖因日本国家男子橄榄球队球员来自多样的文化背景，如有出生在新西兰、萨摩亚和汤加(以及其他国家)的球员等，这种现象正在挑战日本根深蒂固的民族同质性和文化单一性的观点。因此，随着这些多样性不断增加，当像橄榄球世界杯这样的赛事被用于保守的合理性和合法性争论时，就会出现紧张局势。除了竞争领域之外，另一个更有趣的现象是，2019 年日本橄榄球世界杯向我们展示了日本如何利用大型体育赛事来玩转政治认同的。

从国家认同的元素和解读的角度来考虑文化政治是很有趣的。这里依然以 2019 年日本橄榄球世界杯为例，我们重点来考察橄榄球世界杯活动组织者将如何提供与国家认同(有争议的)相关的赛事体验管理和赛事体验营销元素(图 8.1)。这反过来又提出了一个问题，即 2019 年橄榄球世界杯的组织者将如何协调国家橄榄球队与日本文化的长期矛盾(Light et al.，2008)？实际上，日本国家橄榄球队的文化多样性如此之大，因此 2019 年橄榄球世界杯在日本国家身份方面需要的是进行重新想象。认同政治将促进节事组织者和游客之间的相互作用，他们将共同创造节事体验。

参考阅读：

Hinch，T. D.，Higham，J. E. S. and Doering，A.（2018）Sport，tourism and identity：Japan，rugby union and the transcultural maul. In C. Acton and D. Hassan (eds) *Sport and Contested Identities: Contemporary Issues and Debates*（pp. 191-206）. London/New York：Routledge.

Light，R.，Hirai，H. and Ebishima，H.（2008）Tradition，identity professionalism and tensions in Japanese rugby. In G. Ryan（ed.）*The Changing Faces of Rugby: The Union Game and Professionalism Since* 1995（pp. 147-164）. Newcastle：Cambridge.

为参与和体验体育而旅行的现象延伸到了那些一次性或经常性流动的人当中，但正如上文所讨论的那样，大型体育节事和冠军球队相关的长期粉丝之间的体验是不同的（Higham et al.，2009）。激励体育迷为支持他们的球队而旅行的因素多种多样，因此体育迷对赛事体验的见解也丰富多彩。Stewart（2001）区分了澳大利亚团队运动观赛者的类型，表明了体育迷存在的多样性，这些粉丝的不同动机类型塑造并影响了游客在旅行目的地的体验感。

（1）热情支持者：不计较任何得失，定期观看比赛的铁杆支持者；他们的情绪和身份认同与他们支持的球队的成败密切相关。

（2）冠军追随者：没有那么狂热，忠诚易变，或者他们的忠诚随球队比赛的胜利而显现。

（3）隐秘追随者：对比赛有兴趣，对球队有强烈的忠诚，但他们很少观看比赛，对球队的兴趣高于比赛。

（4）观赛爱好者：主要通过体育寻求娱乐，但不一定附属于特定的球队。

（5）狂热爱好者：容易被令人兴奋的比赛吸引，也容易被比赛中的球星吸引，对技能、战术复杂性和审美乐趣的兴趣优先于比赛结果。

毫无疑问，大多数球迷前往比赛现场观看他们支持的球队取得胜利，不仅受到鼓舞，同时也感受到了冠军成功的喜悦。对许多人来说，这种体验感还会延伸至由于激烈的体育比赛形成的狂欢气氛下的兴奋状态，而在这样一种情境下，可能会出现举国欢庆的场面（Giulianotti，1996）。此时体育变成一种文化体验，不仅是作为文化的一种表现形式（Bale，1989），而且，还是一种来自不同地区、国家和大洲的球迷组成的集体行为（Giulianotti，1995a，1995b；Morgan，2007）。这些个人和集体的身份表达在竞赛发生地汇集于一体。因此，在特定时间体验重要体育节事的观众也体验到了特定地点的文化。事实上，对于一些体育迷来说，在某个地方所获得的体验其实是他/她的体育旅游体验的关键点，这种体验可能来自当地的历史，也可能来自旅游景点、当地标志性场所以及历史性遗址等（焦点8.2），它强调了体育旅游是活动（体育）、人（体育迷）和地方（比赛地点）的结合（Weed et al.，2004），例如某世界锦标赛的体育表演、环境和结果的不确定性，加上世界锦标赛的独特氛围，都有可能使其成为非常有影响力的旅游景点（Hinch et al.，2004）。

Stewart 对球迷的类型学分析表明,体育迷不应被认为是一个同质的旅游市场,因为刺激球迷支持球队而旅行的驱动力是不同的(Borland et al.,2003)。虽然成绩和结果对许多粉丝来说很重要,但粉丝们的社会身份可以通过粉丝群体来构建和强化,"运动成为象征忠诚和责任的关键手段,并产生持久的休闲行为"(Jones,2000)。对体育亚文化的认同可能是参与赛事和观看赛事的一个重要动机。Green(2001)指出,"与他人的互动是社会化过程的核心,与他人的互动还为价值观和信仰提供了能够被分享和得以表达的途径"。因此,体育旅游可以通过参与、观看、联系或互动(例如,通过在体育运动或比赛所在地的非体育活动)成为亚文化庆典活动的动机(Green et al.,1998)。

焦点8.2 受时空限制的体育节事体验

加拿大在 2010 年温哥华冬奥会男子冰球决赛中战胜美国,引发了温哥华(以及世界其他地方)的加拿大人的狂欢,不过,在温哥华自发举行的庆祝活动在空间和时间上都是受限的——庆祝活动举办地是在那个时间点上值得去的地方。同样,1998 年国际足联世界杯由法国主办,也是在主场观众面前获得了决赛的胜利。让我们来回顾一下法国队进入决赛的道路有多么艰难,他们在四分之一决赛中对阵巴拉圭,在加时赛中以"金球"获胜。在半决赛中,法国队战胜了三届冠军意大利队,这场比赛在全场和加时赛后打平,并在扣人心弦的点球大战中胜出;而在 1998 年 7 月 12 日的决赛中,法国队以令人信服的4∶1比分击败了"终极对手——传奇足球国家巴西"(Dauncey et al.,2000),实现了最后的胜利。"7 月 12 日晚上……出现了自 1944 年二战时期法国从敌国占领中重获自由以来前所未有的喜悦情绪。在巴黎,数十万人于次日再次聚集在香榭丽舍大街,观看大力神杯在敞篷巴士的狂欢游行。对所有人来说,这次胜利是一次难忘的经历"(Dauncey et al.,2000)。全世界的电视观众观看了这场比赛,是当时观看单项体育运动人数最多的一届。因此,毋庸置疑的是,在特定的时间、特定的地点、特定的时刻,人们在那一刻对体育体验到了特殊的情感。Laidlaw(2010)在提到体育和身份认同时,将一些体育项目描述为"感觉良好的晴雨表",并指出"没有人会想到 1995 年南非能够赢得(橄榄球)世界杯冠军,以至于在获胜时刻整个国家集体沸腾"。Giulianotti(1996)指出,1994 年国际足联世界杯在美国举办的意义在于,爱尔兰队的球迷以纽约和奥兰多为驻扎基地进行庆祝活动,所以这种"足球文化有助于促进爱尔兰人的身份认同,因为它超越了民族国家的边界或领土要求"。而且,爱尔兰的这些庆祝活动的特点是没有足球流氓行为(即在足球场上寻衅滋事、扰乱球场和公共秩序、危害社会安定的行为），球迷参加与其他支持者文化的互动，以及在对爱尔兰侨民具有历史意义的地方狂欢活动来表达球迷的支持。

参考阅读：

Dauncey，H. and Hare，G.（2000）World Cup France 98：Metaphors，meanings and values. *International Review for the Sociology of Sport* 35(3)，331-347.

Giulianotti，R.（1996）Back to the future：An ethnography of Ireland's football fans at the 1994 World Cup Finals in the USA. *International Review for the Sociology of Sport* 31(3)，323-347.

参与型体育节事体验

从逻辑上讲，赛事参与者的体验与竞技水平有关，竞技水平从职业/精英到业余级别不等，而业余级别又从业余运动员到休闲和社交体育参与者不等。每种体验都截然不同（Higham et al.，2009）。专业运动员和精英运动员面临着独特的旅行环境，这些环境与实现最高竞技水平所需的最佳身体状况和情绪状态相关，而职业运动员是体育旅游的商务旅行者（Hodge et al.，2010），他们经常在体育运动组织或团队管理的指示下旅行。Woodman 等（2001）指出了精英体育中来自组织的压力的原因，还有与工作相关的社会心理压力的原因，其中许多原因与运动员有关或直接与运动员在比赛场所所面临的环境相关。他们考察了由环境、个人、领导和团队因素造成的组织层面的压力，强调了要解决这类问题所需的一致性、可预测性、支持方面的必要性，以及在某些情况下，运动员需要在比赛之前和比赛期间对社会的和物理环境的把控。虽然精英运动员的许多压力来自运动本身（如变得不健康、受伤、选择困难和经济困难），但也可能与特定的目的地因素有关（不熟悉、思乡、孤独、住宿条件差、训练设施不方便或不达标），如残疾运动员（Darcy，2003）。

值得注意的是，Woodman 等（2001）强调的其他有关组织方面的压力，如果运动员备战比赛和参加比赛时仔细考虑比赛地域和生活安排的情况，其压力可能会减轻或消除，如住宿和营养计划可以在训练和（或）比赛场所得到很好的管理，训练中的无聊或孤立感可以通过适当的策略得以减轻或消除，例如，融入本地的运动员群体、或者通过寻求新奇和刺激的旅游地体验，来平衡竞争压力。另外，球队文化还可以通过分享新的、独特的或标志性地方的体验而得到加强。

对于精英运动员和专业运动队员而言,最佳的竞技表现是由因备赛和竞赛而创造的良好环境决定的(Hodge et al.,2010)。体育管理者们将"球队文化"作为一个成功球队的基本要素。在寻求建立成功的球队文化时,球队管理者需要考虑团队环境中的可能影响球队竞争表现的所有方面,如在旅行中运动员面临着不熟悉的生活和比赛条件、日常生活障碍和跨时区旅行带来的生理压力(Higham et al.,2009)。"为了对抗客场比赛的不利因素,职业球队往往要投入大量资金以期赢得客场比赛"(Francis et al.,2005),为此,创造理想的团队所需的环境是解决这类问题的关键,其方法主要是在比赛地点为参赛者创造他们熟悉和感觉安全的环境。

在球队或运动员所在目的地和球队文化之间实现战略契合是一项重要的策略。创造合适的环境需要在熟悉和新奇之间取得平衡。许多球队都在寻求一个"环境泡沫",即在一个低压力和高熟悉度的环境中做比赛准备(Higham et al.,2009)。而另一个方面,一个封闭的、熟悉且常规的环境却可能会让运动员感到窒息。因此,合适环境的创造可以考虑将团队安置在一个可提供旅游和休闲活动机会的目的地环境,在该环境内进行的活动可以为比赛准备阶段带来所需的新鲜感。独特而有趣的旅游和遗产景点可以释放运动员的竞技压力,也有利于球员集中精神。因此,精英运动员在比赛目的地的最佳体验包括"巡回平衡":在备赛地点和比赛地点之间取得适当的平衡(Hodge et al.,2008)。

与精英运动员不同的是那些积极参与体育旅游但参与水平不同的人。大师赛中就体现了这种多样性(Ryan et al.,2002)。Ryan 等(2005)区分了四种可能参加大师赛的选手类型,具体如下。

(1)赛事爱好者:高度参与体育运动,受身体健康的内在动因驱使,或受参与所带来的社会互动所激励。

(2)认真的竞争者:被竞赛胜利和高参与度所激励。

(3)初学者:为了身体健康,重在参与而不是比赛。

(4)观众:知识渊博,对体育运动感兴趣,但很少直接参与。

大师赛的多样化参赛动机和广泛的参与群体解释了大师赛规模快速增长的原因,从地区和国家到世界锦标赛,已吸引了世界许多地区的参赛选手。大师赛选手所寻求的运动和旅游体验,结合大师赛的国际化(Trauer et al.,2005),确保了体育旅游目的地管理者在区域、国家或国际等各种层面分析对大师赛体验的理解具有相当大的意义。

了解积极体育参与者的体验感的类似方法现在侧重于运用在单项运动

上，如自行车赛、铁人三项和山地自行车比赛等（Higham et al.，2009）。经过分析可得出两个重要的观点：一是在户外休闲环境中，从事深度休闲活动的人对活动参与的看法（Davidson et al.，2011），因为这些参与者不仅看重期望的体验感，而且从根本上也非常在意目的地的选择及产生的吸引力。Moularde 等（2016）探讨了山地自行车手目的地选择的案例，他们发现，一个目的地对他们而言是否存在吸引力时，要看能否促进他们进行体育运动的认真程度（案例研究 8.1）。

案例研究 8.1 **追求"沉浸式"体育旅游——对业余运动员及其随行团队的定性分析**

布伦特·D. 莫伊尔（Brent D. Moyle），米莉森特·肯纳利（Millicent Kennelly），马修·拉蒙特（Matthew Lamont）

　　节事旅行职业反映了与个人偏好休闲活动相关的节事旅游模式（Getz，2008）。之前的研究表明，节事旅行职业是一种潜在的终生旅行模式，与个人偏好的休闲活动相关联。本案例研究将节事旅行职业的概念应用于业余铁人三项运动员及其随行人员中并置于体育旅游背景下进行分析。研究表明，从事节事旅游职业的人往往与其作为业余爱好的深度休闲密切相关，而且这个业余爱好者的休闲爱好与体育或艺术密不可分，同时表现出对这种休闲体育活动的专业技能和知识的系统追求（Stebbins，2007）。深度休闲被认为是一种机制，在这个机制中可以构建或确立身份、实现互动以及为庆祝共有的身份而提供时空条件；它也可被视为一种途径，一种提升休闲职业的路径；或者对更多的深度休闲参与者来说是一种标志职业阶段的方式。例如，业余铁人三项运动员就被认为是深度的休闲参与者，常参加节事旅行，并随着时间的推移参加挑战程度和/或声望越来越高的铁人三项赛事。

　　一项在七年间进行 50 次定性访谈的探索性研究表明，铁人三项运动员为了持续地实现他们想要达到的参赛水平，他们不得不去应付和协商一系列可能限制他们参赛的先决性矛盾，这一点是无法逃避的（Lamont et al.，2012）。这些相互关联的先决性事项包括家庭关系、家庭责任、社交能力、财务状况、其他休闲选择、福利和工作、教育。例如，当一个铁人三项运动员在赛前进行大量的体能训练时，他可能没有更多的时间和精力来照顾家庭和朋友、承担家庭责任和工作，不过他们会通过衡量机会成本、考虑实际、制订计划和时间管理、与重要的人沟通和合作，以及灵活的训练等改善这些限制条件（Kennelly et al.，2013）。

　　我们的研究还发现，尽管会存在巨大的机会成本，业余运动员对他们的运动有一种执着的忠诚。为此，在对 2012 年新西兰取消了一个铁人三项比赛的研究后发现，业余运动员仍然执着于这项运动，如他们通过降低"成本"，如只参加半个铁人赛事来降低成本而达到他们坚持下去的目的（Moyle et al.，2014）。此外，研究发现，在以参赛为主的深度休闲活动中，取消参赛是一项重大费用，如果要继续参与，就需要坚持下去。而遭遇重大的、孤立的损失并不一定会导致放弃职业，不过可能会引发如何坚持下去的战略部署。在重大损失情况下谈坚持，首先需要有认知策略的部署，然后是围绕该成本造成的影响的行为策略部署。认知策略主要是减少认知失调，即一个人在面临两个或两个以上相互冲突的认知时，感到不适。行为策略包括休闲或非休闲行为的可观察性变化，如减少参与频率或减少非休闲行为以更好地适应休闲行为等（Lamont et al.，2015）。

我们的研究还发现，成本和执着不一定只在业余运动员身上发生，他们的合作伙伴和相关的其他人，我们共同称为一个运动员的"非参赛随从人员"，也会将闲暇时间投入到赛事的旅行中，并受运动员备战训练的影响。随后，我们的研究发现，运动员的参与具有周期性，其目的主要是尽量减少参加竞技的受限事项和对伴侣和其他家庭成员的影响等（Kennelly et al.，2015）。因此，在最近的一项研究中，我们已经将研究重点转向探索深度休闲对业余运动员配偶的影响（Lamont et al.，2015）。过去已有研究已经区分了三种配偶休闲互动模式（Gillespie et al.，2002；Hultsman，2012）。第一种模式指的是夫妻双方共同感兴趣并一起参与休闲活动的情况。第二种模式是配偶一方高度热衷于一项活动，而另一方不感兴趣但为其配偶提供支持。在第三种模式中，配偶一方从事深度的休闲活动并参加与之相关的竞赛，因此，我们将这一方定位为"占主导地位的"参与者，而另一方就是辅助的角色了。我们的研究数据还发现了另外一种"主要参与者/次要参与者"的模式：夫妻一方是耐力运动的主要参与者，而另一方是次要（参与较少）参与者。尽管夫妻双方都对这项活动有共同的兴趣，但次要参与者因为要扮演配角的角色，其参与程度受到了限制。

实际上，我们的数据表明，夫妻双方都高度热衷于休闲活动是极为困难的，尤其是在有小孩的家庭中，因此研究发现了一种现象：一对夫妻中如果有一个积极热衷休闲活动的人，那么其配偶往往甘当配角的角色，无论是在日常生活中还是赛事旅行那样的环境里。这些"配角"也常常抱怨他们的运动员配偶在家庭生活中的长期的、经常性的缺席，由此导致一系列相互交织的压力源的产生，如日益增加的家庭责任、对他们运动员配偶安全、健康上的担心等。不过，这些压力源也可能会被大量可感知的好处所抵消，如家庭纽带的增强、外出旅行的机会等（Kennelly et al.，2015）。今后的研究重点要放在考察运动员配偶及配偶另一方所面临的巨大的压力源及其压力补偿机制的矛盾怪圈中，因为这种补偿机制长期来看足以支撑节事旅游职业的可持续性发展。从供给侧的角度来看，需要更多的研究关注赛事组合的开发，以便能为运动员及其他最重要的、但却经常被忽视的"非参与比赛的"随行人员建立可持续的体育旅游目的地。

参考阅读：

Kennelly，M.，Moyle，B. D. and Lamont，M.（2013）Constraint negotiation in serious leisure：A study of amateur triathletes. *Journal of Leisure Research* 45(4)，466-484.

Lamont，M.，Kennelly，M. and Wilson，E.（2012）Competing priorities as constraints in event travel careers. *Tourism Management* 33(5)，1068-1079.

主动参与休闲体育活动

主动参与休闲体育活动也是体育旅游的一个方面，这个领域为关键研究内容提供了丰富的思路。例如，Hagen 等（2016）考察了积极参与山地自行车活动的车手体验，分析山地车亚文化和骑行对加强情感体验之间的关系。根据布迪厄的场域理论、惯习和资本理论，他们探讨了社会历史、种族治理和类型（越野、下坡和耐力赛）、主流力量、分裂和抵抗、媒体消费和商业化以及性别等方面问题。以上研究对参与者在山地车亚文化的社会建构本质和情感感受方面的体育体验具有重要的意义（焦点 8.3）。

焦点 8.3　山地自行车的影响

斯嘉丽·哈根（Scarlett Hagen），迈克·博伊斯（Mike Boyes）

重力山地自行车是一项可以为参与者提供多种旅游目的地、地形、地势和道路障碍的运动。皇后镇（新西兰）、惠斯勒（加拿大）和莫尔济讷（法国）被认为是山地自行车爱好者的夏季旅游胜地。每个地方的赛道的设计都尽可能展示出这些山地景色的自然地质特征。一个精心设计的赛道需要考虑好选址、地形、坡度、海拔和特定的障碍等这些重要因素，并要考虑与自然景观和地势的高低起伏一致，才能使骑手能够高速骑行。皇后镇在陡峭的斜坡上有着岩石地形，而惠斯勒的赛道更长并且有大量的跳跃路段，在这样的赛道上，骑手要多次跳跃，以达到他们想要的飞行时间。莫尔济讷的地形则被称为"勇士泥土"，因为这里的赛道更流畅，可以轻松地沿山坡骑行而下。在赛道设计上，岩石不能太多，赛道应该更宽，保证初学骑手能够安全比赛。每个比赛地都应有自己的独特之处。

　　这些地点的技术挑战为骑行者提供了情感体验和自我表达的机会。富有情感体验的地形包括障碍(如跳跃、落差、狭径、滑道)和快速路段,这些结合起来创造了独特的骑行时刻。当骑手在这些赛道上骑行时,有机会体验失重的感觉、或者重力作用于他们的身体内部和身体之上的感觉,以及更快速度的渴望。当骑手沿着山地自行车道行进时,他们会体验到地形、自行车和身体之间的相互作用。每个人的骑行能力水平决定了他的情感体验的深度,骑手越熟练,就有越多的机会深入体验骑行的感受。各种技术性和挑战性障碍上的情感瞬间积累会引发最强烈的情感体验。骑手们用"畅爽"一词来形容他们顺畅的行驶。随着骑手在技术上的进步,他们的畅爽体验会越来越好,一个高水平骑手即使是在崎岖不平、颠簸不断和高难度的赛道上也能保持心流状态。因此,针对那些把山地自行车运动当做深度休闲方式的爱好者们的旅游目的地的开发建设,需要深入了解这些爱好者的实际骑行与情感体验之间的关系,以便提高该旅游目的地的竞争力。

参考阅读:

　　Hagen, S. and Boyes, M. (2016) Affective ride experiences on mountain bike terrain. *Journal of Outdoor Recreation and Tourism* 15, 89-98.

　　社会认同和归属感问题是研究主动参与体育运动的一个关键问题。近年来,主动参与体育运动无论是深度的休闲还是娱乐的参与,体育和旅游为身份构建提供了理论框架(Higham et al., 2009)。Moularde 等(2016)指出,"旅游和体育的消费可以体现象征符号和传达意义,并为身份认同创造提供一个框架。"身份感的建立在那些参与冲浪、帆板和山地自行车等体现生活方式的运动中得到了注解(Hagen et al., 2016;Wheaton, 2004)。Humphreys(2011)利用布迪厄的社会和文化资本概念来研究高尔夫球手如何理解高尔夫球场的声誉对他们排名的影响。而在其他体育项目中,消费者对体育亚文化的认同可能是游客体验的一个关键因素(第 6 章)。Green(2001)指出,"与他人的互动是社会化过程的核心,且这种互动为价值观和信仰的分享、表达提供了途径"。因此,体育旅游的体验可以通过参与亚文化的庆典活动来获得(Green et al., 1998)。

　　因此,对体育的主动参与代表了参与形式的多样性,这也同样反映在多样的理想化旅游体验中。高尔夫运动展示了运动参与者的各种旅游动机(Hudson et al., 2010)。高尔夫运动参与者的不同动机产生不同的体育旅游者类型,由此带来不同的旅游体验(表 8.2)。由于每项运动有各自的独特规则、比赛结构和比赛元素,因此高尔夫运动的不同的旅游体验不能直接推广到其他运动中(第 2 章)。

虽如此，了解体育游客对高尔夫球等运动的动机对于打造理想的游客体验仍是至关重要的（Humphreys，2011）。Humphreys 等（2014）介绍了一项研究的结果，该研究调查了高尔夫爱好者在生活方面需要协商、妥协的问题，以及在家庭旅游中目的地选择决策问题（如是否选择去一个高尔夫旅游地并参与高尔夫打球）。Humphreys 等（2014）利用决策单元（decision-making unit，DMU）的两个层级，提供了对目的地管理者来说非常重要的见解。当然，考察游客动机和与其他运动相关的决策过程的类似研究也非常有意义。

表 8.2　高尔夫球项目的游客动机概述（Glyptis，1982；Priestley，1995）

体育旅游者类型	首要动机	目的地属性	次要活动
含有体育内容的一般性节假日	各种商务或休闲旅游动机	因首要动机而变化（高尔夫球场是偶然事件）	高尔夫及其他活动
专业体育节假日	去高尔夫圣地朝圣；模仿偶像球员	大满贯以及其他冠军级球场	怀旧体育旅游
一般体育节假日	将高尔夫作为整个活动中的一部分	单一的度假区	家庭活动为主
高端体育节假日	将高尔夫作为专业性的活动	高度奢侈；毗邻高尔夫球场发展第二居所	家庭活动和社交活动
精英训练	寻求比赛和挑战	高尔夫球场集群	辅导诊所、专业建议、器材购买

遗产体育体验

遗产和怀旧已经成为寻求个人和社会认同的重要途径，并且还是真实体育体验的关键元素（Higham et al.，2009）。Fairley 等（2005）从文物和体验的角度阐述了体育和怀旧的问题。Gammon 等（2013）认为遗产体育体验的发展方式与遗产旅游的研究相似。遗产体育旅游最初是由 Redmond（1990）在北美提出来的，它是以体育场馆或文物为中心，游客围绕这些中心参观体育博物馆、名人堂、主题酒吧和餐馆。随着时间的推移，一些体育场所、设施已经形成了自己的遗产价值，但 Ramshaw（2011）发现，人们对开发具有强烈遗产元素的新体育场所越来越感兴趣，如"复古公园"出现于 20 世纪 90 年代初，它是一种通过丰富运动体验来提升遗产价值的手段（Higham et al.，2009；Ramshaw et al.，2006）。

最初，体育遗产体验来自建筑。随着时间的推移，不管是体育馆还是其他体育场所都可能慢慢形成自己的历史感（Bale，1989），或者是被（重新）建造成公园、体育场、博物馆或名人堂（Ramshaw，2011）。虽然北美的体育遗产商业化已经很成熟了（Gammon，2002），但当前的文献表明，随着遗产体育旅游需求的增长，体育遗产体验的发展出现多样化的趋势（Fairley et al.，2005）。遗产一直是体育旅游体验的一个关键元素。Fairley（2003）指出，怀旧是群体重游的体育体验的驱动力，在新群体成员的招募和社会化中发挥着重要作用。因此，探索建立遗产价值和美化体育怀旧体验的手段和方式的研究是相当有趣的。Derom 等（2016）对参与型体育节事的管理者利用其体育遗产价值的潜力提出了见解，认为它不仅可以促进游客参与，还可以培育更多的旅游者广泛参与旅游目的地的遗产旅游（焦点 8.4）。

焦点 8.4　　佛兰德斯自行车赛活动

英奇·德罗姆（Inge Derom），格雷戈里·拉姆肖（Gregory Ramshaw）

大型体育节事，包括著名的自行车赛，如佛兰德斯巡回赛，可能会吸引国际游客和潜在的投资者到主办地来。Derom 等（2015）对体育节事的影响力研究描述了如何将赛事和新开发的目的地资源结合起来，为主办地区创造额外利益的战略过程。为举办赛事，佛兰德斯进行了城市转型以吸引更多的游客到该地区，并且在抵达城市乌德纳尔德建造了永久性的佛兰德斯巡回赛博物馆。佛兰德斯巡回赛每年与佛兰德斯自行车赛一起举办，后者是一个以遗产为基础的体育旅游赛事，面向公众开放，每年吸引来自世界各地的 16 000 名参与者。为了研究积极型体育旅游节事的影响力问题，本项调查收集了 2013 年佛兰德斯自行车赛之前的活动参与者的数据：由国内（$n = 650$）和国际（$n = 441$）的活动参与者样本完成了在线调查，并以节事杠杆为指导框架比较两组赛事参与者的样本，发现不同的赛事和目的地资源对不同的赛事参与者的参赛体验影响是不同的。以佛兰德斯自行车赛为例，研究表明佛兰德斯的骑行遗产、体育遗产，或者更具体地说是"活跃的"体育遗产，被认为是促进体育游客主动参与的重要源泉，这一点较之国内参与者相比，显然对于那些更热衷于赛事体验和赛事追求的国际参与者来说更为重要。这种体验"活跃的"体育遗产的动机表明，赛事管理者会期待能永久地把遗产嵌入（通过路线、历史和气氛）到主办社区或主办地中，以突出这些遗产的特别之处，进而把节事从竞赛中分离出来，以吸引国际游客在比赛之外停留更多的时间。

参考阅读：

Derom, I. and VanWynsberghe, R.（2015）Extending the benefits of leveraging cycling events：Evidence from the Tour of Flanders. *European Sport Management Quarterly* 15(1)，111-131.

Derom，I. and Ramshaw，G.（2016）Leveraging sport heritage to promote tourism destinations：The case of the Tour of Flanders Cyclo event. *Journal of Sport & Tourism* 20(3/4)，263-283.

体育和旅游系统：游客体验

体育旅游体验可以用各种方式进行描述和研究，但从根本上说，它体现为有形（物理属性）和无形（情感和感受）元素的结合（Weed，2010）。体验式的方法包括理解构成游客体验的情感和感受（如喜悦、解脱、疲惫、愉悦和沮丧等），这些情绪来自胜利、失败、友情和历史感，它们可能通过节事活动、观赛或主动参与体育运动而产生，也可能通过怀旧的体育体验来重现（历史）。游客的体验感是游客的动机和期望得到的体验相互作用而成的。例如，Walker 等（2010）使用"活动模式"和"任务导向"来探索参加世界大师赛的主动型体育参与者的体验，重点考察不同群体的游客体验的异同，游客体验受到目的地体育和旅游系统的影响（图 8.2）。

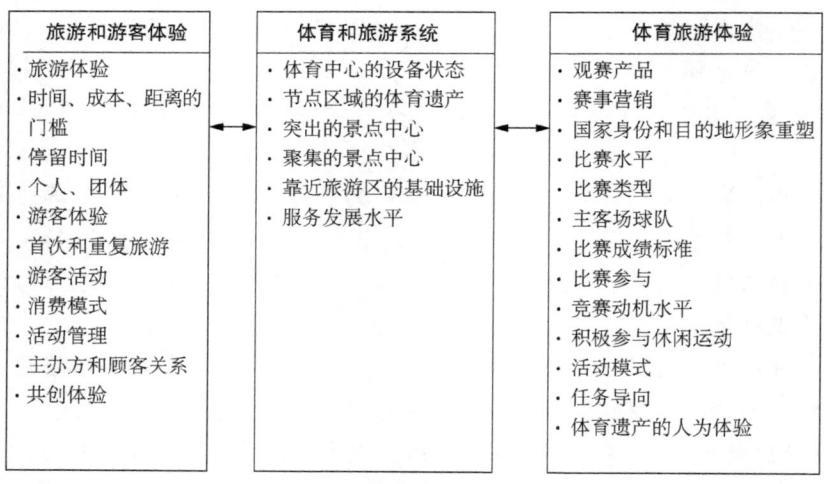

图 8.2　影响体育旅游游客体验的因素

中心区和郊区的体育场馆、设施的空间分布和可及性，影响着主办方和游客的体育体验。Bale（1982）提到了"体育节点"，来描述体育体验发生的功能性区域设置,这些节点区域可以最大程度地减少负面影响,如交通拥堵、噪声和不守规矩的行为。同样,正如 Smith(2010)所指出的,"体育城市"建设可以提高体育和旅游体验。同样,2006 年德国世界杯的一大特色是"球迷狂欢区"(Smith,2010),而"体验热点"(Pettersson et al.,2009)则可能是本地的赛事环境中的微型场所,它们在空间和时间上都有明确的划分。

为体育节点提供服务的"旅游系统"也同样重要。游客往往带着对一个景点的期待或一种特殊的体验开始旅行(Leiper,1990),就像在任何其他形式的旅游中一样,游客通常会参与到对游客所期望的体验有突出作用的核心景点的组合中。Leiper(1990)提出的"聚集中心"概念,强调了旅游系统在培养游客体验方面的重要性,而共生的景点集聚中心是当代旅游系统的一个重要组成部分,如 Leiper(1990)解释说,"用'游客区'来描述城镇中的一个较小区域,是比较合适的表达方式。因为此处是游客因某种共同的主题而聚集于此"。

旅游区内体育场馆的开发说明了可培育节事体育旅游体验的潜力(Mason et al.,2008;Stevens et al.,1997)。当体育设施与体育酒吧、博物馆、名人堂和其他形式的娱乐活动结合起来时,就会形成一股统一的力量。补充性活动(如非体育的娱乐项目)的开发和旅游服务(如交通、住宿、银行和信息服务)的提高也提高了旅游区的地位。旅游区的发展可能是永久的,也可能不是。那种非永久的临时创建的旅游区是一种策略,主要是为了利用体育节事去鼓励人们更广泛地参与目的地体验。例如,Nash 等(1998)描述了1996 年英国的利物浦和利兹市利用举办欧洲足球锦标赛的机会开展的展览、促销和社区活动等情况。

小结

本章考察了体育旅游发展的短期时间维度。主要包括体育运动如何影响体育旅游体验的频率、时间和持续时间,以及体育运动和旅游如何调节游客在目的地的体验。体育旅游学术研究的一个紧迫挑战是深入了解游客的动机和期望、体育旅游体验及游客行为之间的关系,这需要充分考虑形成和影响游客体验的复杂的社会结构因素,以及评估这些不同因素如何驱动观赏型体育节事旅游体验、参与型休闲体育活动以及体育遗产怀旧体验。Gibson(1998a-c)最初认为这是三种不同的体育旅游参与形式,实际上观赏型体育节事、参与型体育节事、参与型休闲体育项目和体育遗产活动之间的元素相互作用,以一种集体共创的方式,为强大的、变革性的当代旅游体验提供了发展潜力(Morgan,2007)。

体育旅游体验回忆阶段的因素仍然不清楚，这些因素肯定会因体育旅游游客类型而有所不同，例如高水平运动员很可能会受到训练设施标准、个人表现和运动比赛结果的影响（Francis et al.，2005；Maier et al.，1993）。节事观众的体验可以根据他们各自体育体验的独特性来判断，而深度体育迷可以根据比赛的结果、社会认同以及自我概念的强化情况来评估（Gibson，1998a）。相比之下，那些追求普通假期并偶然参与体育活动的人可能会在目的地寻求独特的体育旅游体验（Glyptis，1982）。而无论哪一种，游客对体验的回忆都受到不同因素的影响。体育旅游体验仍然是一个可待进一步研究的领域，事实上，飞速变化的虚拟现实扩大了虚拟运动和体育体验的范围，因此关于体育的定义、虚拟旅游和体育体验新维度等新问题也随之出现了。

第 9 章

季节性、体育和旅游

> "目前还不清楚游客们在旺季旅行,是因为他们想要去,还是因为他们必须去,亦或是因为他们已经习惯了。"
>
> Butler,2001

【引言】

季节性是构成本书第 4 部分的体育旅游发展时间框架的中间节点(第 1 章)。本章的季节性被定义为"旅游现象在时间上的不平衡,这种不平衡可以通过游客的数量、游客的支出、公路交通以及其他形式的交通、就业和景点接待量来体现"(Butler,2001;Koenig-Lewis et al.,2005;Martin et al.,2014)。季节性是旅游业最常见的特征之一,但也可能是最不被了解的特征之一。虽然季节性问题被视为问题,但显然并没有获得足够的重视,而且其在体育中也没有被当作重点来看待。总体而言,目前的趋势是延长比赛的赛季,不过这样做的结果会限制多种运动的参与(Higham et al.,2002a)。

本章探讨体育旅游的季节性特征,并重点考察体育运动如何被用于改变特定目的地的旅游季节性。我们将分别在旅游背景下和体育背景下研究季节模式和相关问题。具体包括影响这些季节性模式的因素,如气候变化对季节性的渐次影响等,接下来是以体育为基础用来改变季节性的策略。Robert Steiger 的案例研究 9.1 强调了气候变化对滑雪业的影响及其对体育旅游业季节性的启示意义。

旅游中的季节模式与问题

Baron(1975)对旅游季节性的开创性研究包括了 16 个著名旅游目的地国

家的 17 年的旅游数据的分析，他的研究结果证实了"由于季节性和其他可预测的因素，游客的到达和离开、住宿的过夜数、酒店的就业和旅游产业的其他部门的统计数据大多显示每月都有相当大的波动"(Baron，1975)。西班牙已成为旅游季节性研究的焦点，如 Lopez Bonilla 等（2006）指出，在西班牙的不同地区存在不同的季节性旅游模式：安达卢西亚和瓦伦西亚社区具有单旺季；巴利阿里群岛和加泰罗尼亚有多种旺季模式；加那利群岛和马德里社区有季节性淡季的表现。最近，Martin 等（2014）发现，西班牙的安达卢西亚沿海地区季节性最强，又因为它是该地区游客访问量最大的地区而使情况更加复杂。这样的结果表明，季节性旅游模式很普遍，而且事实上它们在区域间也可以表现得大为不同，甚至在距离很近的地区呈现显著的差异。

边缘地区的旅游季节性往往比城市地区更鲜明（Jeffrey et al.，2001）。造成这种情况的原因之一是城市地区的中心位置特征意味着城市有着更为集中的全年性景点（Daniels，2007；Koenig-Lewis et al.，2005），如博物馆、美术馆、历史建筑、购物中心和娱乐场所，而且其中许多都是室内设施，使得这些景点免受自然因素的影响。体育活动、设施和表演是这类景点的重要组成部分（第 5 章）。相比之下，边缘地区的景点类型有限（Lima et al.，2014），又因为通常涉及户外活动，所以对天气和气候条件更敏感；而且因与市区距离远，所以可能会在某些时候产生出行困难的问题（Baum et al.，1999；Cannas，2012）。

季节性作为一个问题

对旅游季节性的普遍观点是，这是"一个需要克服的问题，或在政策、市场营销和运营层面上需要'解决'的问题"（Cannas，2012），因为旅游季节性对目的地有许多负面影响，包括①经济挑战：不稳定的现金流、就业问题和未充分利用的资本（Gomez-Martin，2005；Jang，2004；Nadel et al.，2004）；②社会问题：例如旺季的拥堵问题（Koenig-Lewis et al.，2005）；③生态问题：旺季期间超过承载能力造成的生态环境问题（Chung，2009；Martin et al.，2014）。

尽管存在完全不同的季节变化模式，世界各地有关季节性的问题却是相同的。例如，英国的旅游旺季出现在夏季的 7 月和 8 月，而冬季旅游业明显下降。相比之下，牙买加的冬季很繁忙，但春季却很空闲。对于某些旅游地而言，气候就是一个环境提供者的角色而非该目的地的核心吸引力（如民族旅游），相较而言，那些依赖特定气候条件作为吸引力的目的地（如冬季运动、夏季运动和某些冒险运动），季节性问题很大很严重。

除了少数明显的例外之处（Chung，2009；Flognfeldt，2001），几乎没有人关注季节性可能带来的好处。然而，Hartman（1986）发现，旅游淡季提供了

"社会和生态环境进行充分恢复的唯一机会,目的地环境的休眠期对保持其特色十分必要"。同样地,Butler(1994)建议"虽然这些地区在旺季可能会消耗大量资源,但从长远来看,它们可能比全年更均匀地消耗资源更好。"事实上,淡季被描述为"休耕效应",因为它为目的地提供了一段休养期(Baum et al.,1999;Koenig-Lewis et al.,2005)。

体育运动中的季节性模式、发展趋势和问题

通常情况下,以团队为基础的体育赛季从训练营和表演赛开始,然后是联赛的常规赛季,最后是决定该年度冠军的季后赛。虽然这些模式因体育运动、比赛水平和地点等因素而异,但在过去 30 年里,体育运动季节性最显著的变化之一是传统比赛季的扩张,这种扩张是由于各种各样的技术创新、不断变化的社会条件和全球化的力量,以及许多高水平竞技体育的专业化导致的。此外,与广播媒体和其他企业的合作关系激发了对延长赛季长度的要求,以实现商业利润的最大化(Sage,2016)。在许多情况下,

> 传统体育赛季的运作限制已经被抛在一边。许多运动项目的职业化发展,使球队几乎全年都要参赛,此时,有关体育季节性的概念(指休止状态或缺乏参与)在很大程度上被弱化了(Higham et al.,2002a)。

欧洲足球是说明这一趋势的众多例子之一。随着国际联赛的发展,欧洲的职业足球赛季已经发生了变化,从国内的冬季运动变成了可在一年中大部分时间内进行的国际俱乐部运动。还有一些由冬季体育赛季变成夏季的例子,如挪威足球联赛选择在夏季举办是为了利用有利的比赛和观赛条件。同样,超级联赛的发展将英国和法国的橄榄球联盟从冬季运动调整为夏季运动,成为其全球比赛赛季战略的一部分。

图 9.1 显示了新西兰橄榄球联盟比赛赛季从 1975 年到 2017 年的扩张情况。根据新西兰橄榄球联盟每赛季公布的统计数据,橄榄球赛季的扩张是显而易见的,尤其是 1976 年全国省级锦标赛(National Provincial Championship,NPC)的引入和 1996 年南半球橄榄球联盟专业化的过渡(Higham et al.,2002a),体育赛季得到了进一步的扩张。联盟的持续扩张和调整以适应电视广播的曝光率,也扩展和改变了季节模式(Higham,2005)。2010 年新西兰橄榄球日历(图 9.1)显示赛季初的超级 12 强赛扩张到 3 个国家的 14 支球队,并最终在 2016 年扩张到 5 个国家(新西兰、南非、澳大利亚、阿根廷和日本)的 18 支球队;同时,国际橄榄球赛赛程也得到了扩张,特别是三国赛,从每队 4 场

比赛增加到 6 场比赛并一直延续到 8 月，另外，近年来在欧洲进行的"秋季测试赛"（11 月/12 月），其实质就是把亚洲或北美城市的测试赛扩展到了每年 11 月份的欧洲进行。

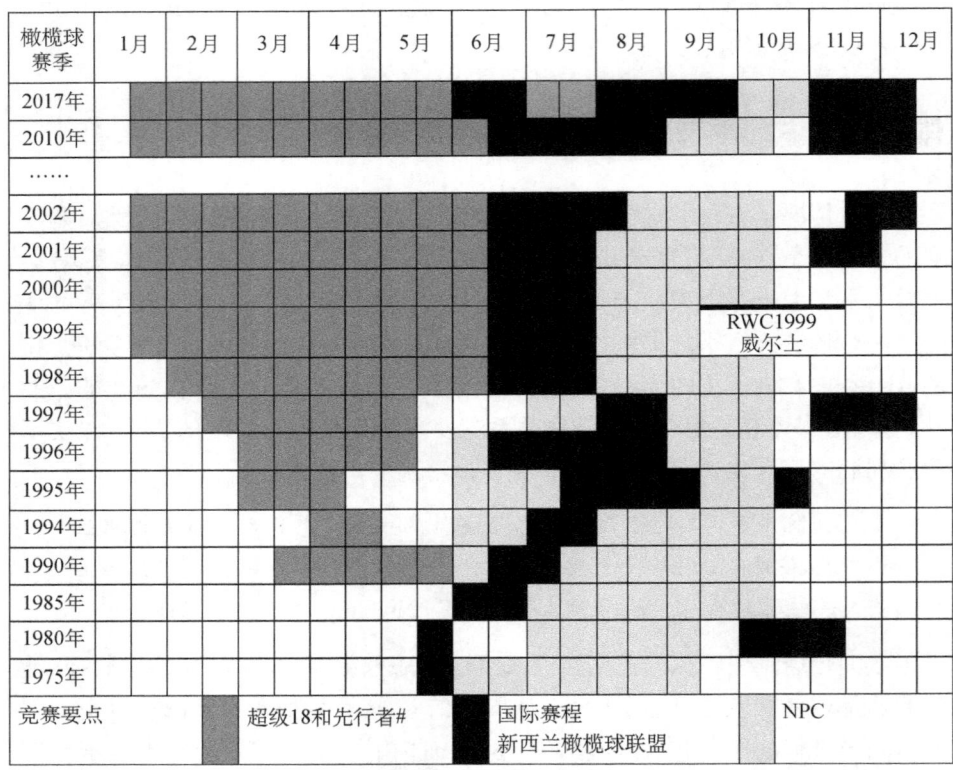

图 9.1　新西兰代表橄榄球赛季的扩大情况（1975～2002 年、2010 年、2017 年）

资料来源：新西兰橄榄球年鉴 1975～2002 年、2010 年、2017 年。

1994 年以前和 2002 年以前的年份并不是连续的（Higham et al.，2002a）。♯超级 18（2016～2017 年），超级 15（2012～2015 年），超级 14（2009～2011 年），橄榄球超级 12（1996～2010 年），超级 10/CANZ（1990～1995 年）。包括季前赛的热身比赛。NPC：全国省级锦标赛［现在与橄榄球锦标赛（国际）重叠］；RWC：橄榄球世界杯。

　　由于国际项目的持续扩张，包括阿根廷在内的三国赛演变为橄榄球锦标赛，赛季中期的"国际窗口期"被挤压到超级 18 的后期，导致比赛在 6 月暂停 4 周后开始直到 7 月才结束。与此同时，北半球和南半球橄榄球国家继续寻求达成全球国际橄榄球赛季协议，而超级 18 将再次减少到 15 支球队，以此来承认目前 18 支球队的比赛具有不可持续的性质。南半球职业橄榄球赛程的无休无止已经逼得一些明星球员出于对职业生涯的考虑而不得不寻求偶尔的喘息机会,如与日本和法国等国家签订时间更短、利润更丰厚的俱乐部合同(通常在橄榄球世界杯锦标赛之间的赛季)。最近,新西兰最知名的球员已经签订了协议合同,其中包括可以选择长达 8～9 个月的休假,以便从几乎全年满满的赛程中得到彻底的放松。

全赛季体育设施的发展反映了促进体育赛季延长的另一个变化。例如,斯堪的纳维亚半岛的夏季滑雪设施、加的夫(威尔士)的全季节千禧体育场和小型休闲运动设施的激增等,都有效地改善了气候控制型的环境或新技术主导的环境(Bale,1989)。对于在户外进行的体育运动,各种各样的设备和服饰方面的创新使得人们能在更广范围的气候条件下舒适地进行体育活动。

尽管这些变化很明显,体育的季节性模式仍然存在,这在冬季运动中最为明显,例如那些需要下雪的冬季运动或者像帆船和潜水这种需要温暖水域条件的运动,这种现实性问题对体育旅游的季节性产生直接影响。

体育作为旅游季节性的一个因素

在一般层面上,旅游季节性被归因于“自然”和“制度”因素(Baron,1975;Cannas,2012;Koenig-Lewis et al.,2005;Martin et al.,2014)。自然季节性是指自然现象中的那些有规律的时间变化,特别是那些与全年的周期性气候变化相关的变化(Butler,1994;Gomez-Martin,2005)。这些变化影响着需求和供给。例如,气候条件对高纬度地区的体育旅游至关重要,尽管它通常被认为是对旅游发展的不利因素或制约因素。Kreutzwiser(1989)认为:

> “气候和天气状况……影响特定的娱乐(运动)活动的满意度。空气温度、湿度、降水、云量、日照量、能见度、风、水温、冰雪覆盖程度都被认为是重要的因素。在夏天,空气的温度和湿度会使剧烈运动者感到不舒适,而在冬天,风和温度会使户外休闲者饱受风寒的威胁。”

这些气候变化与自然界的其他周期性事件密切相关,如植物生长、动物行为、水流,以及目的地其他特征可能对体育旅游活动产生直接或间接的影响。

相比之下,制度因素反映了社会规范和社会实践(Hinch et al.,1996;Koenig-Lewis et al.,2005),包括宗教假期、学校假期和劳动假期所代表的宗教、文化、民族、社会和经济实践。体育旅游最普遍的两种制度约束是上学和工作(Cannas,2012;Martin et al.,2014)。传统习俗在假期规划中也发挥了很大的作用。因此,改变宗教观念、社会规范、交通选择,以及促进技术进步可能会减少这些限制。

Butler(1994,2001)指出了形成季节性的其他 3 个因素。第一个是社会压力或时尚，通常是由名人和社会其他特权阶级设定的，这一因素在体育领域中的表现是媒体常将关注放在了参加游艇赛船会和赛马比赛的名人身上。习惯或传统是第二个季节性因素（Cannas，2012）。人们往往是习惯性动物，如果他们一年中按照传统的特定时间度假，他们可能会继续这样做。例如，即使身处退休阶段了，许多人仍然选择他们在工作时的年假期间度假。最后，体育本身存在季节性也是一个因素。Butler（2001）认为体育的季节性对旅游的季节性有直接的影响。滑雪、单板滑雪和雪地摩托等冬季运动可能是最明显的例子，但冲浪和高尔夫等夏季活动也影响着旅游模式，因为游客会寻找最佳的季节条件来追求他们的运动激情。气候条件似乎对所有这些例子都有影响，但即使是在气候可控的环境下进行的运动，如竞技篮球，通常也有不同的季节表现。如果对季节模式的"制度"因素采用包容性定义，那么体育季节性应该被考虑进去。事实上，体育社会学家一直认为体育是一种社会制度（Giulianotti，2016）。

Butler（2001）提出：

> "决定旅游季节性的自然和制度因素之间是相互作用的，并通过公共和私营部门的行动加以改变，从而形成了特定目的地的旅游季节性模式。"

自然和制度因素可以被认为是相互影响形成季节性模式的拉力和推动因素（Butler et al.，1996；Cannas，2012；Koenig-Lewis et al.，2005）。虽然影响体育旅游季节性模式的因素之间的相互作用很复杂，但其基本关系相对简单（图

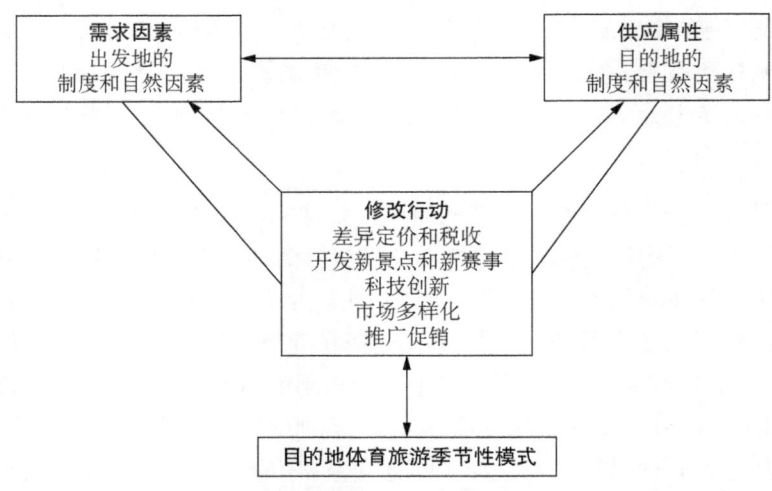

图 9.2　体育对旅游季节性模式的影响（Butler，2001）

9.2)。制度因素和自然因素影响着旅游需求，也影响着旅游供给。因此，政策制定者、规划者和管理者可以通过诸如开发可控气候的体育设施等策略来改变供给。他们还可以通过需求方面的促销信息等策略采改善制度方面和自然方面的限制性因素，消除潜在游客对淡季参与体育活动的误解。目前尚不清楚制度因素是否可以在社会层面上加以操纵，或者制度因素是否是顽固不可撼动的，如果是后者，那么应对这些因素的战略方法将变得具有挑战性。

对体育景点的不同层次的影响

一项体育活动对旅游季节性的影响程度，部分取决于该体育项目在旅游吸引物系统等级中的地位（第 2 章）。旅行行为因体育作为旅游吸引物系统的中心地位或体育作为旅行动机的突出程度而不同，如当体育作为旅行的主要目的时，旅行者则会表现出对"淡季"旅行的极大倾向。越是随性的旅游者（将体育作为次要的或第三位动机），在旅行中越是显示出更高的季节性变化。当体育作为主要动机时，体育旅游者更愿意调整制度因素的限制或自然因素的限制，不过这些限制对随性的体育游客来说是不可逾越的（World Tourism Organisation and International Olympic Committee，2001）。例如，相比更随性的休闲体育出境游客，来自德国、荷兰和法国的出境游客更可能在 1～4 月旅游，而前者更有可能在 5～8 月旅游（World Tourism Organisation and International Olympic Committee，2001）。相比之下，随性的休闲体育出境游客表现出单峰季节性模式，这与这些国家大部分人选择旅游的典型夏季高峰相吻合。相似的情形也出现在加拿大体育旅游当中（Weighill，2002）。

体育活动对特定气候条件的依赖程度也是体育的季节性模式的一个重要因素（Gomez-Martin，2005）。滑雪和帆船等运动与特定的自然条件（如雪和风的条件）直接相关。其他运动，另外一些发生在户外的运动，可能还会因自然属性而体验感增强，但这些属性不一定是体验的核心。在后一种情况下，像天气这样的自然因素可能作为一般背景，并不会对旅游体验产生直接影响（Scott et al.，2007）。进行山地自行车和沙滩排球等活动时，如果此时的自然条件不是人们所认为的理想状态时，可能会导致他们对特定时间段的体育旅游计划产生重大的阻碍。另外，有利的或极端的天气条件（如反常的温度导致雪融化和河流流量大）可以作为许多类型的极限运动（如白水漂流、皮划艇）的积极特征来加以宣传。

气候变化和体育旅游的季节性

气候是由观测期间推断出的大气的普遍状况，而天气是"指定时间和地区内的大气状态"（Gomez-Martin，2005）。游客在任何时间和空间点上都能体验到的气候就是天气。直到最近，旅游业都普遍认为旅游业季节性的自然因素是稳定的，但气候变化越来越被认为是旅游业时间、空间方面的变化力量（Hartman，1986；Kennedy et al.，2001；Koenig-Lewis et al.，2005）。全球气温上升的趋势以各种方式影响了旅游业的季节性。Amelung 等（2007）利用旅游气候指数（tourism climate index，TCI）的两种气候变化情景，展示了目前游客偏爱的气候条件转向高纬度地区；地中海等地的游客可能会从夏季旺季转移到春秋两季；高纬度地区的斯堪的纳维亚半岛（和其他）目的地则将以更长的夏季旺季为特征。同样，Fang 等（2015）利用 TCI 的方法，他们发现中国的气候条件决定了北方为其夏季旺季旅游地，南方为其冬季旺季旅游地，而中纬度地区则是春秋两季为旅游旺季，不过，他们也提到了由于气候变化对这些季节性地区的深远影响，因此需要在这一领域进行更多的研究。

一项关于气候变化对加拿大安大略省冬季娱乐项目的潜在影响研究，总结出 4 项主要冬季运动活动的脆弱性（Scott et al.，2002）。即使是较小幅度的温度升高也会导致越野滑雪、雪地摩托、冰钓和滑降滑雪活动的大幅减少，而这其中受影响最轻的是滑降滑雪，原因在于造雪设备的出现增加了可以保证积雪温度的覆盖范围。不过，虽然有这项技术的加持，但温度的小幅升高还是导致平均雪季的时长减少 21%～34%，再加上其他冬季项目的分散性特点，目前的造雪技术并不能降低全球变暖对冬季体育旅游地的巨大威胁。

人们因季节性问题越来越转向高纬度地区只是一方面。另一方面，高山滑雪等这样的体育旅游活动也必须取决于特定的气候条件，如温度和降水量（Tuppen，2000）。Scott 等（2007）认为，此类运动的理想地不仅将转向更高的纬度地区，而且是那些较高的高山海拔地区（案例研究 9.1）。尽管有各种旨在解决这些问题的管理策略，但大多数地方的滑雪季节正在发生转变。

相对来说，气候变化对季节的影响在空间上的表现是明显的（向高纬度地区的转移），但在时间上和区域中的变化不易预测，这在很大程度上取决于前面讨论的影响旅游季节性的制度因素是否灵活，如果不灵活，那么气候变化可能会在空间上对旅游流产生影响，而如果制度因素很灵活，则更有可能在时间上对旅游流产生影响（Amelung et al.，2007）。

案例研究 9.1　滑雪行业应对气候造成的挑战和反应

罗伯特·斯蒂格尔（Robert Steiger），因斯布鲁克大学

　　雪是冬季山区旅游地不可或缺的资源。气候变化会改变降雪量（减少）和融雪量（增加），影响平均降雪深度和降雪季节的长度，因此，任何气候变化对雪资源的任何影响都会对依赖雪的度假胜地带来潜在威胁。但由于山区的气候异质性，以及不同的纬度和海拔，气候对雪的影响即使是在小范围区域内也不同（Steiger，2010）。20 世纪 80 年代末，瑞士和意大利北部因冬季降雪的极度缺乏导致其滑雪区的旅游流较之往常平均损失（参与率下降）了 30%（Abegg et al.，1994；Steiger，2011a）。当时，造雪现象并不普遍，因此滑雪场高度依赖自然雪。正因为雪季缺雪带来的严峻挑战，滑雪场开始在造雪方面的投资越来越多。到了 21 世纪初的冬季，由于缺雪造成的需求损失比前 20 年要低得多，例如，加拿大、美国和奥地利减少了 10%～12% 的损失（Dawson et al.，2009；Rutty et al.，2017；Scott，2006a，2006b；Steiger，2011b）。

　　如今，造雪已是最常用的适应气候多变性和气候变化的措施。但是，随着时间的推移，其他一些适应性应对方式也开始在冬季体育旅游目的地使用。冬奥会就是一个典型的例子。Rutty 等（2014）划分了气候适应的 3 个阶段：紧急适应阶段（1924～1956 年）、技术过渡阶段（1960～1984 年）和领先适应阶段（自 1988 年以来）。在紧急适应阶段之初，所有的体育赛事都是在户外举行的，并依赖于自然的冰雪。曲棍球和花样滑冰是那个时代最早转移到室内的项目。其他的应对天气风险的适应措施是将雪从库存地点大规模转移到活动地点，转移活动通常由军队支持完成，并系统地使用气候数据和天气保险等。技术过渡阶段的特点是机械化天气风险管理技术的使用增加，这些技术包括机械压雪、用于速滑的室内冰面以及内置制冷系统的混凝土雪橇和雪橇轨道等。室内冰球和花样滑冰比赛场地成为这个时代的标准。20 世纪 80 年代，在普莱西德湖（美国）举行的冬奥会是第一个在高山和北欧项目中使用造雪技术的赛事。在领先适应阶段，以往奥运会中发展起来的主要应对技术不仅成为标准，而且运用范围也得到了扩展，如造雪不仅覆盖了 100% 的高山和北欧赛事目的地的山坡，而且还被用于奥运会开始的前几个月储雪。2014 年索契冬奥会的雪是在前一个冬季生产和储存的，甚至是在夏季储存的。制冷系统的使用也越来越多，例如用于跳台雪道的冷却等（自 2010 年起）。现在，越来越多的活动转移到室内（速滑、冰壶），大量气象站也得以安装提供特定地点的每小时天气数据和预报，使得气象服务的功能越来越强大。

　　上述做法的主要原因是为了减少取消比赛的风险，尤其当游客数量和转

播收入从 1960 年的 50 万美元增加到 2010 年的 12 亿美元的时候,应对滑雪活动取消的风险正变得越来越重要(Rutty et al.,2014)。但是,技术的改造升级也使得那些温暖的城市举办奥运会成为可能,例如,在技术过渡阶段,主办城市 2 月的平均气温比紧急适应阶段高出 3.1℃。在领先适应阶段,主办城市 2 月份的平均气温比紧急适应时期高出了 7.8℃,也因此 2014 年冬季奥运会的主办城市索契成为有史以来最温暖的冬季奥运会城市(Rutty et al.,2014)。

由此出现了几个重要的问题:这些适应性措施是否能够应对气候变化。Scott 等(2014)对之前的 19 个冬奥会主办地区应对气候变化的条件做了研究。他们认为,到了 20 世纪 50 年代的时候,能举办冬奥会可靠地区的数量减少到低排放状况的 11 个和高排放状况的 10 个地区,而最近成功举办冬奥会的主办地和没能申办成功的地区如奥斯陆、温哥华将面临高风险状态,加米施/慕尼黑、索契则将沦为不可靠地区。到了 21 世纪 80 年代,之前的 10 个低排放地区仍然可靠,而高排放状况下只有 6 个依然可靠。这些结果表明,我们要把更多的注意力放在那些气候适宜的未来冬奥会举办地,另外,气候变化也是我们要重点考虑的方面,因为从申办到实际举办冬奥会有近十年的时间,在此期间气候将不可避免地加速变化。

对冬季奥运会等大型赛事进行天气和气候风险的应对,代表了以雪为基础的冬季旅游业的技术进步,其中一些技术已经运用于大众旅游的冬季目的地,以适应和改善季节性降雪的变化。造雪已经成为世界各地滑雪场的普遍做法。储雪并安然度过夏季是确保北欧和高山滑雪雪季早些到来的一项紧急策略。例如,奥地利的基茨比厄尔,由于海拔低而成为气候变化的突出潜在受害者,为此它利用几个雪库的储雪使得在 10 月中下旬就迎来了滑雪季。再如 2016~2017 年冬季奥地利遭遇了最长的非冰川雪季。这种提前开放滑雪场的趋势导致一种矛盾的情况:滑雪季的增长需求与供雪能力之间的脱钩。在北半球,需求高峰通常是在圣诞节、新年假期和冬季假期(通常是在 2 月份)。但根据海拔和纬度条件,山上的积雪量通常在 3 月至 5 月之间会达到最厚。显然,进一步提高应对技术来确保滑雪产品需要更大的财政能力。所以,气候变化可能会加剧滑雪场之间的竞争,可能造成市场收缩,从而产生日益严峻的气候环境中能(不能)生存下来的赢家(输家)。

从运营的角度讲,运营者为了避免损失,就必须在缩短了的滑雪季节产生相同的营业额,在这种情况下,气候变化也有可能增加其他形式的季节性体育旅游项目来吸引旅游流。这对于几乎完全依赖冬季的目的地来说很成问题。因此,冬季旅游目的地现在开始通过推出新产品项目(如山地自行车、山地家庭游乐园、主题徒步旅行等)以期在夏季的时候能吸引到顾客。这样对这些地区的经济和社会方面产生一定积极的影响(例如,以全年运营替代了季节性运营),但同时也伴随着对环境的负面影响,因为越来越多在山区环境中活动的游客会对生态系统造成破坏。

参考阅读:

Scott, D., Steiger, R., Rutty, M. and Johnson, P. (2014) The future of the Olympic Winter Games in an era of climate change. *Current Issues in Tourism* 18(10), 913–930.

Steiger, R. (2011b) The impact of snow scarcity on ski tourism. An analysis of the record warm season 2006/07 in Tyrol (Austria). *Tourism Review* 66(3), 4–15.

策略应对

旅游业管理者、规划者和政策制定者已经尝试以多种方式解决季节性问题。应对措施包括试图延长主要季节和/或通过多样化市场建立额外的季节市场机会;在一年中的目标时间内为供应商提供税收优惠;安排交错的学校假期,鼓励国内和国际旅游的季节错峰;在一年中的不同时间引入不同的价格;调整供应库存;在传统的淡季引入新的节日和会议等(Baum et al., 1999; Butler, 2001; Parrilla et al., 2007; Koenig-Lewis et al., 2005; Lee et al., 2008)。由于对季节性的复杂作用的理解水平较低以及缺乏合理的理论阐释,上述的应对策略在实践中受到了一定的阻碍(Amelung et al., 2007; Koenig-Lewis et al., 2005)。通过采用 Weaver 等(2002)对旅游季节性应对策略的分类,以及 Hinch 等(2000)对旅游季节性的休闲约束理论,或可在一定程度上解决这一问题。

策略类型

Weaver 等(2002)确定了 6 种应对旅游季节性的基本策略,并被其他一些研究者采用(Jang, 2004; Koenig-Lewis et al., 2005)。这些策略分为 3 种基于需求的方法(增加、减少或重新分配)和 3 种基于供给的方法(增加、减少和重新分配)。在实践中,需求和供给的方法是密切相关的(Cannas, 2012),下面将展开讨论。

第一套策略侧重于增加旺季以外的旅游人数。这种策略相比边缘地区而言,可能对城市更为有效,因为它寻求在所有季节吸引大量的游客(Koenig-

Lewis et al.，2005）。这个策略的核心是产品或市场的多样化开发,其中举办体育赛事和节日是最受欢迎的策略之一（Getz,2008）,例如,马恩岛就是一个通过引入体育赛事实现产品/市场多样化的良好范例（Baum et al.，1999）。马恩岛历来是英国一个受欢迎的夏季旅游目的地,但随着 20 世纪 80 年代初,那些喜欢晒太阳的人的市场急剧下降,促使其制定增加旺季体育旅游者的产品多样化战略。例如马恩岛上 5 月下旬和 6 月初举行的曼岛 TT 摩托车赛常作为引入其他相关赛事的前奏赛。对曼岛 TT 摩托车赛的评估显示,它每年吸引了约 3.7 万名游客,游客们在目的地的花费超过了 1 500 万英镑。这一重大赛事全年都得到了其他汽车运动赛事的支持,其他的每项赛事都吸引了 3 000～6 000 名游客。另一个以体育为基础的策略是增加高峰时段以外的游客,如可以提供额外的室内运动设施,如温泉、游泳池和攀岩墙等。

相反,为了应对雪季缩短的问题,高山滑雪胜地已经开发了高尔夫球场和山地自行车道作为在夏季吸引游客的一种方式（Hudson et al.，2016）（焦点 9.1）。面对 20 世纪 80 年代游客人数的减少,北美和欧洲的滑雪胜地都不约而同地改善滑雪服务和增加滑雪产品（Tuppen,2000）。其中一项关键举措是造雪设备的广泛使用,这可以让度假村上坡和底部之间频繁使用的雪道在当年开放的时间早一些,而关闭的时间晚一些,从而延长雪季。重要的是,这样做给消费者建立了信心,因为这使得往年他们认为雪季还未来或已结束的日子依然有雪。除此之外,许多度假胜地还扩大了游客冬季活动的范围,例如,在室内或在健身中心参与运动,以及提供单板滑雪、越野滑雪和雪鞋行走等其他冬季活动类型的设施。像加拿大不列颠哥伦比亚省惠斯勒这样的大型度假胜地,还开发了高尔夫球场等夏季景点,使之成为四季皆宜的目的地（Hudson et al.，2016）。

焦点 9.1 不列颠哥伦比亚省的四季皆宜的滑雪胜地

全季度假区已经成为应对滑雪行业季节性问题的共同策略。加拿大的不列颠哥伦比亚省有很多采取这类策略的例子。其中之一是位于班夫西部两小时车程处的 Panorama 度假村。在滑雪季节之外增加游客数量的策略包括春季、夏季和秋季的活动安排,如"1 000 峰铁人三项、疯狂捕手（Mad Trapper BC）杯山地自行车比赛、SEA2 顶峰（SEA2Summit）冒险比赛和禧玛诺泥地（Shimano Dirt）系列女子技能训练营"（Hudson et al.，2005）。在北部,就在贾斯珀国家公园外,韦尔芒特国家公园也被推荐为四季滑雪胜地,但两者有一个不同点,那就是韦尔芒特国家公园的位置坐落在全年能够滑雪的冰川上

(Oberti Resort Design，2016)。不过，在不列颠哥伦比亚省，将滑雪胜地转变为全季度假胜地的最好例子是温哥华北部沿海山区的惠斯勒黑梳山，除了是世界上最优质的滑雪胜地之一外，该地区还是一年里的其他时间段也受欢迎的目的地。不列颠哥伦比亚省度假村的运营商投资于造雪技术，使得雪季延长到了秋末初春，不过，当夏季温度升高，他们会面临因温度升高导致的技术限制外，还有来自社会传统方面的习俗束缚，如当加拿大人的本地温度暖和起来，他们往往会更倾向于在本地参加夏季活动。尽管惠斯勒市在早春到晚春的滑雪条件都很好，但温哥华更青睐的是夏季活动市场。采用"如果你不能打败他们，那就加入他们"的格言，惠斯勒黑梳山开始在整个夏天定期举办节日活动，开发世界一流的高尔夫球场，并利用美丽的山地景观建设广泛的自行车赛道的网状布局，下坡自行车道甚至使用了现有的滑雪缆车基础设施，使得惠斯勒成为温暖天气冒险运动的圣地(Whistler Blackcomb，2017)。

参考阅读：

Hudson，S. and Cross，P.（2005）Winter sports tourism destinations：Dealing with seasonality. In J. Higham（ed.）Sport Tourism Destinations（pp. 233 - 247）. London：Elsevier Butterworth Heinemann.

高尔夫的发展也被有效地用于改变其他旅游环境的季节性问题。例如，Baum 等(1999)报道，加拿大的爱德华王子岛开发了高尔夫旅游，成功地吸引到了春秋季节的旅游者。该项目以公共和私营部门的投资为特色，其目标对象为那些感兴趣并能在淡季访问的老年人和退休人员，由此，对这些人员进行有针对性的促销策略，从而实现开发的目的。Garau-Vadell 等(2008)描述了在西班牙马略卡岛成功实施类似策略。不过，他们的纵向研究发现，高尔夫旅游的增长速度已经放缓，包括酒店预订在内的旅游套餐订单在减少，营销渠道已经从传统渠道转向互联网等。这些研究结果强调了这样一个事实，即个人运动是动态变化的，可能时而受欢迎时而受冷落(第 10 章)。因此，需要仔细评估体育设施的多样化战略，特别是边缘地区旅游目的地，以确保获得足够的投资回报，而新的活动策略里那种产品多样化的低成本策略将会比资本密集型的再开发策略更受欢迎。

从需求方制度的角度制定策略，需要考虑进入新的但与原来互补的细分市场(Cannas，2012；Koenig-Lewis et al.，2005)。论及旅游季节性，存在一些传统上被认为较少有时间束缚的细分市场，如老年人、会议代表、有动机的旅行者、空巢老人、亲和群体和特殊兴趣者(Baum et al.，1999)。市场多样化的另一种形式解决了体育市场面临的一年中不同时期的制度上的束缚。欧洲训练营使用的地理市场细分就是一个很好的例子（Klemm et al.，2001）。欧洲训练营专营欧洲的自驾游假期活动，并积极地为一路上需要停留的露营地提供便利的体育设施。最初，该公司的目标是英国家庭，但由于学校假期的制度限制，8月份成为预定的高峰；此后，他们运用15年的时间成功地将自驾游活动推广到学校不同放假时间的欧洲其他国家，这种市场多元化战略的结果带来5月至9月稳定的旅游流，从而改变了只有8月的单一旺季。Jang（2004）运用金融投资组合理论提出了一种市场多样化的演变策略，他认为，考虑到需求——风险目标，营销人员应该选择一个沿着季节性需求效应边界线来确定细分市场的组成，至少，目的地营销人员应根据这些细分市场确定战略重点。

应对旅游季节性挑战的第二套策略是减少旺季的游客数量，这可以通过简单地提高价格或限制公共景点的进入来实现（Cannas，2012；Koenig-Lewis et al.，2005）。市场可以在很大程度上通过短期内的价格上涨来应对大的游客量。在旺季期间超过目的地当地的承载能力，采取控制措施限制新供应商的进入非常重要，例如，加拿大落基山国家公园通过严格控制向游客提供的住宿和服务存量，已经实现了这一点（Ritchie，1999）。从体育的角度来看，在旺季期间不举办重大体育赛事，并限制使用休闲类体育基础设施，也将有助于实现这一目标。另外，还可以通过调整制度因素，如将学校假期更均匀地分配到全年（Cannas，2012）来减少旺季的流量。传统的运动季节同样也可以进行调整。虽然许多以上提到的调整必须在州、国家甚至国际层面进行，因而超出了目的地管理方的职权范围，不过还是有一些可以施用于当地的策略的，例如，可以将当地定位为正常旅游旺季以外的体育项目的训练地点（Yamaguchi et al.，2015）。

最后，解决旅游季节性挑战的第三套策略是在全年更均匀地重新配置现有的游客访问量。例如可以通过重新安排体育节事，或利用个别运动的独特季节性模式来调整目的地游客访问量的季节性分布。另外，这些方法可以与不同的定价和目标营销相结合，例如，将游客从旺季转移到其他季节的促销活动等（Koenig-Lewis et al.，2005）。在公共管理的休闲区域，可以对那些受欢迎的空间进行分区和时间分流，要注意的是分区和/或分流是根据需要而进行调整的。

休闲约束理论

尽管有上述成功的案例，但旅游业的季节性变化仍然是该行业的一个突出问题。种种问题的背后表明，需要更强大的理论来阐释季节性问题（Amelung et al.，2007）。休闲约束理论提出的理论框架正好为这一领域提供了见解（Hinch et al.，2000；Hinch et al.，2001）。该理论考察了那些阻碍非参与者想要频繁参加休闲活动的因素，它从体育旅游季节性角度出发提出了这样一个问题："是什么抑制了人们在一年中的某些时间进行体育旅游？"这个问题的答案有助于更好地理解体育旅游的季节行为，并让管理者清晰地明了那些限制性因素。

Hudson 等（2010）使用休闲约束理论来研究加拿大单板滑雪旅游的发展障碍。他们的框架定位于旅游背景，运用休闲约束因素的分层模型（Crawford et al.，1991；Walker et al.，2005）来分析提高滑降滑雪参与度的管理方案。例如，他们发现的约束因素之一是，非滑雪者害怕他们在斜坡上会感到寒冷和不舒服，对此，一个合理的管理对策是提高消费者对冬季服装制造技术进步的认识，从而提高滑雪的舒适度。图 9.3 是根据休闲约束因素的层次模型（Jackson et al.，1993）修改的，修改后的模型适合体育旅游季节性的研究分析。

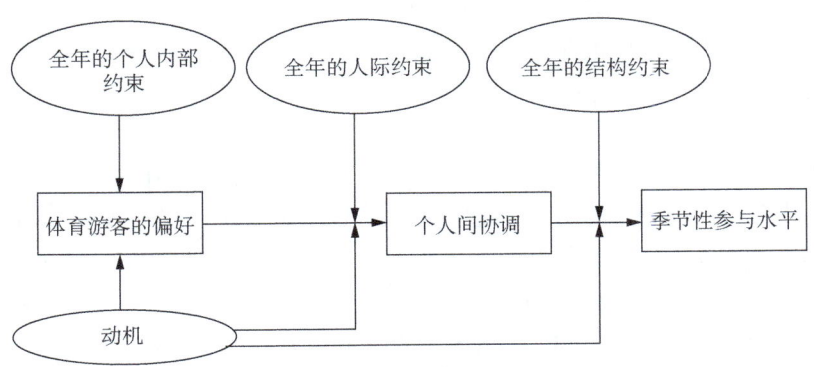

图 9.3　体育旅游季节性约束层次模型（Jackson et al.，1993）

体育旅游季节性约束层次模型的关键特征之一是当遇到季节性限制时需要协调的顺序。就体育旅游的季节性而言，体育偏好是出发点。这个阶段主要考虑季节性因素在旅游动机方面的核心地位。在气候条件等自然季节性因素成为吸引体育旅游者的主要因素或动机的情况下（例如，阳光温暖的条件对于休闲体育旅游者来说很重要；有利的雪地条件对于深度滑雪板爱好者很重要），游客如某个时间段内没有出现在目的地可能是一个主要的、也许是无法克服的约束因素。Jackson 等（1993）将这些约束因素称为个人内部约束因素。而在不存在上述限制约束的情况下，体育旅游者会进入人际约束层面。

团队运动,或有同伴参与的运动,需要游客与其他人协商、协调旅行计划。如游客寻找不到旅行和体育伙伴,即使他们有最初的动机最终也不会去参与体育旅游。最后,结构约束因素包括诸如高昂的旅行费用、缺乏住宿、学校或工作任务等因素。此时的体育游客可以通过协商、谈判来解决结构约束因素,尽管这些限制也可能被证明是无法克服的。主办地的创新性策略可以使游客解决这些限制约束变得更容易些。通过了解这一模型,体育旅游目的地可以确定适当的季节性目标市场,并帮助他们解决一年中不同时期面临的限制性约束。

小结

　　旅游和体育在一年中都有季节性变化的特点。虽然这些变化在旅游环境中通常被认为不是有利的因素,但在体育环境中对季节性变化的关注度却相对较少。矛盾的地方在于,尽管人们一直试图改变旅游的季节性模式,但收效不大,而另一方面的体育季节性却经历了相当大的变化,尤其是在向全年的延伸方面。各种自然的和制度的因素影响着这两个领域的季节性,而且人们越来越认识到,气候变化正在对旅游业的季节性产生影响。本章讨论了体育在季节性中的作用,以及它在应对气候变化和旅游季节性挑战方面具备的更好的战略意义。

　　很明显,体育不仅是旅游季节性的因素,而且有可能被用作改变一年中游客访问模式的一种手段,如延长观赏性体育项目的比赛季节,并将体育活动安排在旅游淡季,是增加旅游目的地旅游流量的直接方法。主动参与体育旅游也是一个有意识地影响目的地旅游季节性的机会,尤其是对于那些积极性很高的体育亚文化群体成员来说,情况尤为如此。因此,目的地应考虑如何在旅游淡季时利用本地区拥有的资源来吸引这些群体。提供独特资源的目的地可以采取细分市场营销策略,在一年中的非高峰期有效吸引地理上分散但充满激情的游客群体。最后,虽然本章没有深入讨论怀旧体育游客,但有研究表明,博物馆和相似类型的设施是有可能在夏季以外的月份吸引到游客的(Stevens,2001)。

　　长期以来,旅游管理者一直在追求季节性应对措施产生的经济效益,而体育管理者也越来越多地采用类似的方法,如体育的经济效益可以从吸引游客在一年中的非常规时间来目的地旅游中获得,其中一些收益可以直接通过运动场馆门票实现,而其他收益则可以通过利用旅游业来实现,如在淡季旅行的体育游客可能会因为较高的空置率而享受较低的住宿价格。如果某些运动会吸引到大量体育游客的到来,那么这些收益就可以最大化,此时对游客来说更为有利的团体价格和旅行套餐就可以通过协商而达成目标。

当然,本章开头提到旅游季节性的积极一面不应该在寻求解决季节性"问题"的过程中被泯灭,这是因为体育旅游目的地可以从"休耕期"中获益,从而使自然和人力资源得以再生。尽管许多体育赛季倾向于将赛程扩大到几乎全年都在进行的程度,但这也有不利之处,因为如果观众和运动员在休赛期没有调整好状态,他们可能会精疲力竭。体育作为吸引力只有当参与者的热情达到顶峰时才发挥最强大的功能,但这种热情是不可能无限期地延长或保持下去的。因此,为了体育、体育旅游和开展这些活动的目的地的可持续性发展,保持一年中某种季节性变化形式的做法,从战略上而言是谨慎的、正确的。

第 10 章

体育旅游的演变趋势

> "从某种程度上来说,正是 18、19 世纪来法国旅游的游客将登山运动传递给了体育爱好者,即登山者,在 20 世纪期间提供了滑雪旅游作为回报。"
>
> Bourdeau et al.,2002

【引言】

本章从长远的视角探讨体育旅游的动态发展趋势。我们首先从旅游和体育生命周期的讨论开篇,并以亚当·多林关于冲浪运动的演变及其对旅行模式的影响研究为案例,强调了旅游和体育生命周期的相互关系(案例研究 10.1)。接下来,我们探讨了以遗产为基础的体育旅行,这是一种特殊的互动形式,即体育遗产和怀旧作为一种旅游吸引力,这方面的例子包括体育名人堂参观、体育赛事现场实地体验以及通过幻想体育训练营和节目来想象过去的画面。无论是旅游和体育生命周期之间的互动,还是遗产体育旅游,都不是独立于其他力量的存在,而是在更广泛的领域中发挥着作用。因此,本章最后将重点放在未来可能会影响体育旅游全球趋势的网络关系上。

体育和旅游中交叉的生命周期

目的地和产品的生命周期是旅游业的主要特征(Butler,2006;Chapman et al.,2016)。Butler(1980)的旅游区生命周期模型从以下 6 个阶段体现了这一观点:探索、参与、发展、巩固、停滞以及复兴或衰退。在重新审视 Butler 生命周期模型时,Johnston(2001a)提出,这个周期的早期部分可以被归类为前旅游时代,因为除了旅游业之外,是其他的制度框架在目的地占据着主导地位,后阶段的停滞和衰退则可以被称为后旅游时代。在这两点之间,目的地会出现一系列小型的旅游产品周期。这些生命周期的表现形式一般为开始时访客数量的持续增加,直到目的地的资源条件受到不利影响,或者景点不再受人青睐,这时游客人数开始下降(第 4 章)。这种周期产生了各种影响,其中最重要的是,如果要延长目的地的寿命,就需要进行必要的管理干预来保证目的地旅游资源的可持续发展。

体育景点在许多目的地的生命周期中发挥着重要的作用。例如,Johnston(2001b)在详细分析了夏威夷科纳的目的地生命周期后指出,最初的"铁人三项"比赛是在 20 世纪 80 年代初从檀香山转移到科纳的。这一转变与科纳发展的最后阶段相对应。"铁人三项"运动转移至科纳也完成了该目的地的形象塑造的角色担当,它标志着科纳发展的一个关键节点,即用"积极运动"的形象取代了原来"生活方式"的形象。同样,日本宫崎县的冲浪运动在振兴日本当地旅游业中也发挥了重要作用(Doering,2018)。从 20 世纪 30 年代至50 年代,宫崎县成功地被定位为"南部热带天堂",在 20 世纪 60 年代至 70 年代则成为蜜月胜地,而同一时期,冲浪运动被引入日本,并在接下来的 40 年里慢慢出现了一定的发展势头。到 20 世纪 70 年代末,随着宫崎县的蜜月旅游转移到其他目的地,冲浪文化却在接下来的 30 年里在当地获得了长足发展,到 2010 年,冲浪文化和旅游业明显地融合在一起,使宫崎县成为日本最重要的冲浪目的地。随着冲浪被列入 2020 年东京奥运会项目,宫崎县作为冲浪目的地的地位必将进一步发展(案例研究 10.1)。

案例研究 10.1　从 he'e nalu 到奥林匹克运动——冲浪运动世纪演变

亚当·多林(Adam Doering),和歌山大学

2016 年 8 月 3 日,国际奥林匹克委员会(International Olympic Committee,IOC)一致投票决定在 2020 年东京奥运会上将冲浪作为一项新增项目。历史上第一次,20 名女性和 20 名男性冲浪者将在日本千叶争夺奖牌,作为奥运会比赛的一部分。关于冲浪运动加入奥运会的问题可以从奥运会游泳金牌获得者、现代冲浪运动之父、夏威夷人杜克·卡哈纳莫库的传记中窥知一二:"甚至早在……,我就已经在考虑有朝一日冲浪运动如何成为奥运会项目之一。为什么不呢?"(Kahanamoku et al.,1968)一个世纪后的今天,冲浪加入奥运会的相关问题则变成了:为什么是现在? 为什么是日本? 是什么政治、社会和经济因素使这个梦想在这个特定的历史时刻成为现实? 为了解决这些问题,本案例研究追溯了冲浪运动的发展史及其与旅游业的相互关系,最后反思冲浪运动被纳入奥运会所带来的未来前景。

冲浪起源于夏威夷和太平洋岛屿的前殖民时期（Ingersoll，2016）。在夏威夷语中，冲浪被称为 he'e nalu，意思是"滑浪"（Ingersoll，2016）。最早的历史记录可以追溯到 17 世纪中期，he'e nalu 在此时实则是一种广泛的社会、政治和精神活动，充满了冲浪颂歌、制船仪式和其他嵌入日常实践的神圣元素（Ingersoll，2016）。He'e nalu 过去是，现在还是海洋文化的一种形式，它将夏威夷人与潮汐和激流的节奏联系起来，并引导人们了解夏威夷群岛及其人民的航海历史（Ingersoll，2016）。作为前殖民时期夏威夷人每天生活的一个组成部分，he'e nalu 是夏威夷人认识世界并存在于世界的方式，这种方式由他们与海洋的动态关系所决定。

到 19 世纪末，夏威夷群岛的西方殖民化将疾病和基督教道德引入岛上，使 he'e nalu 这项运动几近消亡。20 世纪初，现代冲浪重新兴起了，它的兴起应该与夏威夷的殖民化有直接关系，因为在 1898 年，美国商业利益集团吞并了夏威夷群岛。为了吸引投资和促进夏威夷的旅游业，he'e nalu 开始被商品化并被重新包装成一个理想化的幻想热带岛屿，供游客消费。He'e nalu 变成了 surfing，成为旅游业发展的工具。包括杜克·卡哈纳莫库（Duke Kahanamoku，奥运冠军，美国游泳运动员）在内的威基基海滩男孩在早期冲浪旅游中发挥了关键作用，他们不仅教游客在缓慢滚动的威基基海浪中冲浪，而且还在欧胡岛北岸海浪更凶猛的地方恢复了 he'e nalu 的传统（Ingersoll，2016）。如此，he'e nalu 的传统被保留下来，但也出现了一种新的冲浪旅游模式。

冲浪运动随后从夏威夷发展到了更多地方，于 1907 年到达加州海岸，1915 年到达澳大利亚（Warshaw，2010）。1907 年，夏威夷出生的乔治·弗雷斯（George Ereeth）在加利福尼亚的雷东多海滩进行了一次冲浪表演（Moore，2011），目的是推广新的海滩文化并刺激沿加州海岸的房地产开发。很快一群核心人物开始了这项运动，并尝试新的冲浪板设计和材料。到 1950 年，聚苯乙烯材料的使用使长板更轻，便于运输和行进，使冲浪变得更加容易。1959 年，好莱坞大片《怀春玉女》（Gidget）的上映向公众介绍了冲浪的亚文化，激发了新一代前往海滩的热情（Warshaw，2010）。据估计，在这部电影上映之前，大约有 5 000 名冲浪者，但到 1963 年，冲浪者的数量估计在 150 万（Finney et al.，1996）到 200 万或 300 万（Moore，2011）之间，从此冲浪运动成为主流。

随着冲浪运动的发展，有关冲浪的电影在重塑这项运动方面继续发挥着重要作用。另一方面，冲浪运动的普及使得海滩变得拥挤不堪，此时另一种冲浪理想开始浮出水面：寻找完美的海浪。1964 年《无尽的夏天》（The Endless

Summer)这部电影讲述了两个古怪的冲浪者在全球范围内寻找世界上最佳海浪的故事,将冲浪旅行的想法植入了主流话语中。旅行中的冲浪者开始被称为"自由冲浪者"或"灵魂冲浪者",他们在印度尼西亚和太平洋的偏远地区寻找海浪。寻找完美的海浪和冲浪体验将这项运动扩展到新的地点,到 20 世纪 70 年代末,已经建立了全球商业化的冲浪旅游业。

数十年来,这项运动不断发展,慢慢地发生了转变。20 世纪 70 年代,澳大利亚的冲浪文化开始留下自己的印记,在冲浪运动的专业化、商业化和竞技化方面发挥了重要作用。竞技冲浪运动在全球范围内蓬勃发展,这导致澳大利亚一些大的冲浪品牌的发展——极速骑板(Quiksilver)、比拉邦(Billabong)和里普柯尔(Rip Curl)(Stranger,2010)。反过来,竞技冲浪激发了技术革新,因为竞争者试图通过改进冲浪板的设计来获得优势。20 世纪 60 年代末的短板革命和 20 世纪 80 年代的三叉"推进器"冲浪板的制造,使得冲浪运动出现了更急的转弯、更大的加速度和更积极的冲浪风格。这些关键的创新使冲浪成为当今众所周知的高水平竞技运动。

冲浪公司开始在世界各地推广冲浪运动的大型比赛,并赞助这项运动的顶级运动员。同时,这些冲浪公司也开始赞助其他非常有才华的"自由冲浪者",他们过着另类的旅行生活。通过冲浪公司对这些自由冲浪者的营销宣传,如专业人士前往异国他乡,在赞助的视频中冲浪,并在企业的宣传中出现,促进了 20 世纪 60 年代建立的冲浪旅行生活方式的进一步商业化(Stranger,2010)。随着全球化的到来,冲浪文化、冲浪旅游和相应的冲浪经济现在甚至已经占据了最孤立的海岸。跨国冲浪公司价值可达数十亿美元。今天的冲浪已经完全融入了消费资本主义制度。

在过去的一个世纪里,冲浪运动已经演变成一个有着广泛意义的社会实践行为,因此我们可以看到:在德国的河流中乘风破浪的冲浪者们、在得克萨斯州建造波浪池的冲浪者们、在苏必利尔湖的风暴中滑行的冲浪者们;他们的冲浪板也是五花八门:长板、串联板、滑板、水翼板和立式桨板。我们还看到了有当作生活方式的冲浪者、休闲的冲浪者、竞技冲浪者、灵魂冲浪者、漂流者、有机瑜伽冲浪者、大浪冲浪者、避开人群的冲浪者和以冲浪谋生的冲浪者等等,不一而足。此外,还有比以往任何时候都要多的女性冲浪者,以及正在接受训练以提高冲浪水平的青少年冲浪者们。而更重要的是,夏威夷本地冲浪者继续着 he'e nalu 的传统实践,以此作为新殖民时期争取冲浪旅游目的地自决权斗争的一部分(Ingersoll,2016),而所有这些都是在新千年里发生的。

冲浪运动如上所述尽管存在多样形式,但其未来发展还应集中于该运动是否会被纳入奥运会这个问题上来。与 20 世纪前在夏威夷的现代起源一样,将冲浪纳入奥运会可以理解为利用冲浪文化在亚洲及其他新兴市场获取更大的商业利益的又一次尝试。日本政府强调，冲浪比赛将在海上举行，以促进海洋体育旅游；日本冲浪者也希望此专业赛事将有助于他们获得日本主流社会的尊重，不过另一方面他们也担心增加的曝光率将压缩他们已经很少的休息时间（Doering，2018）。总而言之，冲浪运动被纳入 2020 年东京奥运会，让人们看到了这项运动在不远的未来的发展趋势：全球扩张、冲浪旅游目的地的发展、过度拥挤、高水平运动的发展，以及冲浪运动作为一项观赏性运动的发展。不过，从长远的发展来看，冲浪运动无疑会呈现出一种日益紧张的矛盾张力，这种张力是由该运动本身的多元发展样态和野心勃勃地期待最大程度地获得冲浪运动商业利润的规划之间的矛盾而造成的。

参考阅读：

Doering，A.（2018）Mobilising stoke：A genealogy of surf tourism development in Miyazaki，Japan. *Tourism Planning & Development* 15(1)，68-81.

Stranger，M.（2010）Surface and substructure：Beneath surfing's commodified surface. *Sport in Society* 13(7-8)，1117-1134.

体育的演变动力

如果要将体育作为振兴旅游目的地的机制，就必须了解它们通常是如何演变的。

> 与旅游产品一样，单项运动、体育学科和体育节事也有自己的生命周期。它们也会"过气"。而且，它们还不可避免地要参与其他休闲活动的竞争。"就体育运动本身而言，也不断需要对个别运动项目和赛事进行调整，以适应运动员以及观众不断变化的要求。"（Keller，2001）

衡量旅游目的地生命周期的一个主要指标是统计前往目的地的游客数量，衡量体育生命周期也要考虑参与者和观众的数量。其他衡量一项体育在其生命周期中地位的指标，还包括规则结构的复杂程度、技能发展和身体表现的水平，以及商品化和职业化程度。

近年来，许多高度结构化的竞技性团队运动增长开始放缓，而个性化和极限运动的兴起则清楚地说明了体育的动态变化（Breivik，2010；Gilchrist et al.，2016；Klostermann et al.，2014；Wheaton，2004）。这种演变在 21 世纪初就开始了，正如 Keller（2001）指出的：

有组织的体育运动的成员正在减少,传统的顶级运动能吸引新鲜血液的机会也越来越少。新一代人是滑行、滑翔和轮滑的一代。他们进行的运动是自由式项目,如直排轮滑、街头篮球和单板滑雪等,往往与年轻人的亚文化有关。对于新一代人而言,成绩和排名不再吸引人。重要的是审美、"感觉良好"和氛围感(Keller,2001)。

Breivik(2010)将这些新兴运动的特点归纳为风险、苛刻的自然或人造体育环境、松散的组织、远离主流体育文化,以及初级亚文化内的个人参与。新兴运动也体现在传统运动中的日益分化的运动形式上,如传统的登山(室内攀岩、抱石、运动攀岩)(焦点 10.1);空中运动的出现(滑翔伞、悬挂式滑翔、空中跳伞、空中滑板和杂技);新的板类运动(滑雪、滑板、波板),以及自行车运动[技巧、山地、小轮车(bicycle motocross,BMX)]、滑冰(直线)和雪橇(街头雪橇)的变化。可以肯定的是,创新形式的运动将继续出现,尽管这些运动各自的受欢迎程度和未来难以预测。

焦点 10.1　攀岩——成长的差异化

科里·库尔茨基(Cory Kulczycki),里贾纳大学

攀岩最初是作为登山运动的要素之一(Nettlefold et al.,1999)。自从它作为一项独立的活动诞生以来,一直在不断成长和发展,多样化和专业化是常态而非例外。现在,基于规则和实践的变化,出现了几种不同类型的攀岩,包括但不限于传统攀岩、运动攀岩、辅助攀岩、顶绳攀岩和巨石攀岩(Levey,2010)。在传统攀岩中,攀登者将锚(螺母和凸轮)放入岩石的裂缝中,与绳索相连,从而提供保护,防止坠落,当攀登完成后,这种保护就会被移除(Steele,2006)。运动攀岩强调更快速的髋操式动作,并使用永久放置在岩石中的螺栓(Schuster et al.,2001)。辅助攀岩者在攀登时得到各种工具的帮助(Abramson et al.,2007)。顶绳攀岩在攀登的顶部使用锚点,绳子通过这些锚点传递给攀登者和伙伴(即系绳者)。巨石攀岩是指在不使用绳索、安全带或其他攀登设备的情况下,在悬崖或大石块上攀登短路线(Levey,2010)。这些攀岩风格基于攀登者如何进行活动、他们的行为和他们对真实性的感知而有所不同(Kiewa,2002)。攀岩风格、场地、社会互动、过去的经验和文化都影响着户外攀岩者的旅行决策,其中不列颠哥伦比亚省的斯夸米什(Squamish),在巨石攀岩方面享有盛誉(Kulczycki,2014)。

最近,室内攀岩设施的数量激增,这些设施在外观和功能上模仿或偏离了传统的户外空间。事实证明,这些设施在城市地区的训练、社交和健身方面很

受欢迎(Eden et al.，2010)。这些设施的日益普及促进了不同的经验和技能组合，并导致攀岩界对真实性和场所意义的热烈讨论(Eden et al.，2010；Kulczycki et al.，2015)。在体育旅游的背景下，最重要的问题之一是，建成的设施是否会像户外设施一样成为受欢迎的旅游目的地？

参考阅读：

Kulczycki，C.（2014）Place meanings and rock climbing in outdoor settings. *Journal of Outdoor Recreation and* Tourism 7-8，8-15.

Kulczycki，C. and Hinch，T.（2015）'It's a place to climb'：Place meanings of indoor rock climbing facilities. *Leisure/Loisir* 38(3-4)，271-293.

体育运动更多地转向个性化和享乐主义的原因是多方面的。Klostermann等(2014)在研究德国体育参与变化时提出，社会价值观的转变，如个人主义的发展以及对健康和身体文化的日益关注，使得个人运动也在不断发展。Breivik(2010)阐述了另外三种可能性，第一种是"补偿"。随着一些社会变得更有控制力和更注重安全，一些人(特别是年轻人)会把极限运动作为一种治愈药剂或抵抗无聊的对策。第二种，这种转变可能被视为现代生活的延伸或"适应"，这种生活的特点是更多的感官刺激，表现在娱乐、美食和旅行等方面，而在体育中寻求变化可能是一种简单延伸。最后，第三种可能的解释是，现代和后现代社会中的变化可能被视为超现实的，而且往往是虚拟的(如电脑游戏)。作为回应，极限运动为参与者提供了一种以真实的方式，即通过他们的身体而不仅仅是他们的思想来表达自己的机会。

极限运动参与者面临的困境之一是如何将这类运动从反主流文化发展到主流活动。其中的原因在于这些运动的出现往往是因为一部分人希望摆脱"别人"的规则和条例，并建立他们自治的不同于大众的叛逆小团体，或者成为这个团体中的一部分，不过，由于这些运动本身的发展规律，在此过程中体育机构、媒体、设备和服装制造商以及旅游业之间相互作用，极限运动逐渐从亚文化转变为主流文化(Breivik，2010；Hoffer，1995)。在此演变过程中，市场结构和规则被引入以确保该活动的管理是以有利于商品化的方式进行的(Wheaton，2013)，而这样的发展演变持续进行，直至出现新的"叛逆"小团体，他们脱离原来群体并开始尝试新的活动。Gilchrist 等(2016)也认可这种演变模式，但他们指出，把运动作为生活方式的年轻参与者既是消费者，也是运动的生产者，因此，他们有相当大的能力"以成人、政府、企业利益或社会文化规范未规定的方式来定义自己的文化、身份和经验"。

　　单板滑雪很好地说明了这一论断。单板滑雪最开始是作为一种亚文化活动的面目出现在公众面前的，其目的是抵抗 20 世纪 80 年代主流的高山滑雪文化，因此非传统体育即是单板滑雪的标签。然而，在商品化的压力下，单板滑雪最初的激进性已经逐渐缓和，这可从其成为娱乐与体育电视网（entertainment and sports programs network，ESPN）的商业电视产品得到证实；同时，单板滑雪进入 1998 年冬季奥运会是标志着它从亚文化演变为主流运动的重要事件。当前，极限运动与大自然的关系是新发问题，因为这些极限运动虽说最初被认为是生态友好的，但随着越来越多偏远地区的极限运动参与，给环境带来了不小的压力；另一方面是基于城市的新型极限运动，如跑酷运动（穿越城市元素的身体实践）的兴起。目前，极限运动多由西方男性青年主导，这种情况在未来是否会发生重大变化值得关注，还有一点值得关注的是，由公司企业（如红牛公司）开发、赞助的极限运动越来越多了，因此虽然这些运动的参与者被认为是一种体育亚文化，但他们是为这些野心勃勃的实体企业建立了品牌和市场的亚文化。

旅游业的演变动力

　　在全球范围内，旅游业是相对独特的，因为它在国内和国际旅行的相互作用下表现出了持续增长的态势。Butler（2006）在目的地层面上用周期（如生命）、波浪（如连续的周期）和车轮（波中的周期）来描述这种增长，尽管他提醒大家说他运用的混沌理论表明，进行趋势预测是有困难的，不过他坚信全球旅游业仍将持续增长，尽管存在着全球经济衰退、恐怖袭击和自然灾害等重大干扰，因为旅游业的这种抗逆力是植根于人们心中的对个人休闲生活的极度重视，以及旅游系统中目的地和活动的多样性因素造成的。

　　在这种持续增长的背景下，旅游周期和浪潮对体育的发展产生了重大影响。例如，在过去的二十年里，高尔夫作为一种旅游发展战略被引入许多温暖气候的目的地，（Garau-Vadell et al.，2008；Humphreys，2014）。在这一发展过程中，参与高尔夫运动的人群已经扩展到当地居民并被他们所喜爱。旅游业和休闲活动存在着互惠关系，旅游业提供了

　　　　"一个普及休闲活动的机会，并且随着知名度的提高，它们可以发展成为正式的有组织的体育活动。有些甚至从休闲活动发展到了奥运会项目，如沙滩排球和单板滑雪就是两个很好的例子"（de Villers，2001）。

　　旅游业不仅把体育带到新的地方，它还促进了体育领域的创新。图 10.1 表

明,休闲与竞技领域都见证了体育的变化,而休闲领域要比竞技领域更有益于重大创新,经济、环境、政治、社会和技术等外部趋势影响着这两个领域。体育创新往往起源于家庭环境之外,休闲体育较之制度化的体育往往更有利于创新,盖因大多数休闲和旅游领域都鼓励大胆尝试,正如 Keller(2001)坚称,游客在度假时享受的地点变化和不被打断的自由时间有利于体育的创新。

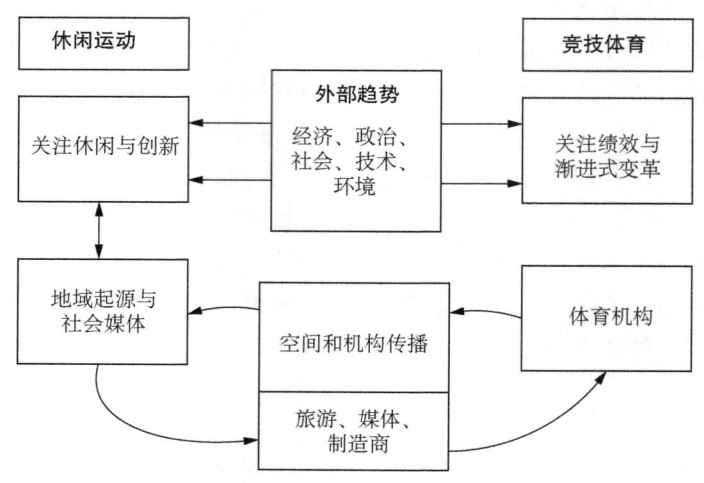

图 10.1　体育的创新(Keller, 2001)

在竞技环境中,主要从身体技能和策略方面来看绩效;竞技规则和实践并不鼓励激进的变化,它鼓励的是对规定的遵守。休闲体育中的主要创新是由休闲模式形成的,这些模式可能是特定的地理区域所特有的,其特点是自发性和自由;而与休闲环境中相对不受约束相比,各种正式的体育机构会主动压制竞技体育中的变化或变革。体育运动中的重大创新和细微变化主要通过社交媒体、传统媒体和体育用品制造商的营销来进行传播,旅游者也是创新和传播的重要媒介,他们为旅游目的地带来了新的体育项目,反过来也让他们了解了旅行中接触到的这个新体育项目。

遗产体育旅游

与体育旅游一样,遗产体育旅游被认为是旅游活动的一个主要类别,也是学术研究的一个重要领域(Timothy et al., 2002)。Ramshaw 等(2016,2007)认为,这些领域的交汇点是遗产体育旅游现象。其他作者如 Gibson(1998a, 1998b, 1998c)使用了耐人寻味的但是狭义的基于怀旧的体育旅游概念,尽管这个概念有些狭窄。

怀旧体育旅游将体育遗产定位为一种旅游吸引力(焦点 10.2)。它以体育名人堂和博物馆、高规格的体育场馆和一系列主题项目的形式,提供了体育生命周期如何直接影响旅游业的具体证据,因为这些项目本身就具有旅游景点的特征(Delpy,1998)。从根本上说,怀旧"是一种苦乐参半的情感,涉及回到过去的愿望……"(Cho et al.,2014)。因此,体育一直与怀旧密切相关,也许是因为它将人们与他们年轻时更活跃的时候重新联系起来(Gammon,2002)。Snyder(1991)认为,体育怀旧会引发我们对自身死亡的反思,这往往会导致对过去的理想化。

> "表面上看,体育馆和博物馆吸引人们是因为他们对体育的迷恋,包括过去的偶像人物和纪念品。但这只是一方面;吸引力也可能是基于过去和现在之间不协调的对比。这种过去与现在的共存创造了怀旧情绪的背景"(Snyder,1991)。

过去的体育经历可能会成为以体育为导向的人从中获得生活意义的参考点。这种意义源于对过去的集体或个人的观点。就前者而言,大众媒体和体育机构庆祝各种赛事的胜利、节事和人物,使其在大众意识中留下深刻印象。在后一种情况下,体育怀旧与一个人在其生命中不同阶段的体育参与和身份认同的基准有关,而这往往体现在他们的社交媒体实践中。Fairley 等(2005)指出,这种怀旧不只是集中在体育纪念品或其他有形的体育遗产表现上,还有部分是由于渴望重温与体育有关的社会体验。集体怀旧与个人怀旧的结合创造了一种强大的力量,从而使体育和旅游产业正越来越多地利用这种力量来创造更多的商业发展机会。

焦点 10.2　**遗产、怀旧和户外冰球**

格雷戈里·拉姆肖(Gregory Ramshaw),克莱姆森大学

Falla(2000)认为,户外冰球代表了"北方休闲遗产的一个方面"。尤其是各种不同形式的户外溜冰场,如后院溜冰场、农村的农家池塘和城市的社区溜冰场等。在北美的许多地方,户外溜冰场被赋予了神话和象征的特质。正如 Ramshaw 等(2006)所说,溜冰场是带我们回到童年的地方,在那里,无拘无束的游戏比刻板的、规范的运动更重要。那里是表达民族主义的地方,加拿大人尤甚;那里的冬天不需要害怕,它等着我们的拥抱。同样,户外溜冰场相较于竞争激烈的业余冰球比赛而言更像是它的反面怀旧符号,因为它代表着平等主义主导的旧时光,在那个时候年龄、能力和经济状况似乎都不需要考虑进

去,尽管如 Ramshaw(2010a,2010b)所言,户外溜冰场实际上并不是高度平等的,尤其在性别方面。鉴于户外冰场与怀旧和遗产历史的紧密联系,它们现在以多种方式被复制:在营销活动和广告中,在艺术品和纪念品中,在大型观赏型节事和参与型节事中。最值得注意的是,户外冰球赛事已成为美国职业冰球联盟(National Hockey League,NHL)年度赛程的主要内容,这些赛事活动通常在大型户外棒球场和足球场的人造冰球场上进行,包括道具和舞台,如老式球衣和白雪覆盖的冬季景观。2003 年至 2018 年,有 25 场 NHL 户外冰球比赛在加拿大和美国的体育场进行,出席人数从大约 30 000 人(2016 年的温尼伯)到超过 100 000 人(2014 年的密歇根州安娜堡)。此外,在过去的 15 年里,户外冰球观赛活动也得到了小冰球联盟、大学冰球联盟和欧洲冰球联盟的青睐。超过 100 场的非 NHL 户外比赛已经在远至莫斯科的红场和克罗地亚的普拉竞技场(一个有 2 000 年历史的罗马圆形剧场)的场地进行。因此,以观众为基础的户外冰球比赛的激增很可能降低了本地以外的媒体的青睐和旅游吸引力,因为这些不再是"一生一次"和"必须看到"的奇观(Ramshaw,2014b)。另一方面,区域性和全国性的"池塘冰球"锦标赛出现了大幅增长,如世界池塘冰球锦标赛(Lowes et al.,2015),这些比赛是在湖泊和池塘等天然冰冻水体上进行的,从体育旅游角度来看通常是无序的、无组织状态的。这种形式的户外冰球可以被归类为"基于参与的节事",在这些活动中,个人和集体的遗产和怀旧被体育旅游者以运动美学的方式体现和表演。

参考阅读:

Ramshaw, G. (2014b) Too much nostalgia? A decennial reflection on the heritage classic ice hockey event. *Event Management* 18(4),473-478.

可以预见的是,中年以上的人往往被看作是怀旧旅游的主要人群。Snyder(1991)认为:

> "对许多人来说,体育引发了他们对过去与体育相关的愉快经历的憧憬之情,这种感觉在中年和老年群体中最为明显,因为他们有更多的体育经历,但也许更重要的是,在他们生命中的这个时期,对自己死亡的担忧在他们的自我反思中显得非常突出。因此,对于那些参与体育的人来说,怀旧可能是一种安慰,也是调整他们生活中不确定性的一种手段。"

Gammon(2002)反驳了这一点,他认为怀旧作为流行文化的一部分也是年轻人感兴趣的,因为年轻人利用过去来建立"新"的趋势。体育博物馆和名人堂是怀旧体育旅游的主要表现形式(Ramshaw，2010a，2010b)，如位于纽约库珀斯敦的国家棒球名人堂就是一个很好的例子，它于 1939 年开放，每年吸引约 400 000 名游客(Gammon，2002)，其运行总量已超过 1 400 万人次，其新会员的入会是美国备受瞩目的年度媒体盛事。

保留于过去、现在以及未来的一些体育赛事和活动场地(如指定的奥林匹克场地)是第二种主要的怀旧体育旅游吸引物(Ramshaw et al.，2010)，这些场所是勇士们曾经在此比赛创造传奇的地方，因此具有特殊的内在的吸引力(Stevens，2001)，由此营造出一种特定体育场所与运动员比赛场景的怀旧情感体验。不过，遗产和现代性之间的紧张关系也随处可见，例如，尽管现代化的体育设施被开发来提高运动员的表现、观众的体验和收入增益，但体育场馆原有认同的丧失将会付出高昂的代价。因此，需要精心设计战略措施来为体育场馆的灵魂注入新的活力，例如，在将旧场馆设施迁移至新的场所的时候，可以安排精心策划的仪式，如邀请旧场馆设施的前运动员明星过来，象征性地或实际地将火炬传给新场所中的现役运动员(Belanger，2000)。另一种捕捉怀旧情绪的方法是在新场馆中加入体育博物馆和名人堂。例如，1984 年向公众开放的诺坎普(FC 巴塞罗那足球场)体育博物馆在 2016 年迎来了第 3 000 万名游客(FC Barcelona，2016)。

幻想体育项目是怀旧体育旅游的第三种特别耐人寻味的变化(Gammon et al.，2007)。从模拟训练营到主题游轮、餐厅和酒吧，应有尽有。Gammon(2002)认为，前往梦幻体育训练营有 5 个主要动机：①与著名节事相关联的愿望；②在著名或有意义的场所中接受培训；③增加对特定球队或俱乐部的认同感；④接近(物理和/或心理)某体育明星的愿望；⑤对该运动和技能提高感兴趣。对于怀旧体育旅游者来说，这些营地使参与者能够从日常的生活中摆脱出来，并提供给他们重温年轻时的经历的机会，或者通过实现他们的体育梦想而不是重温过去的现实来重构他们的经历。虽然这些选定的基于怀旧的体育旅游的表现形式很突出，但也存在着广泛的变化。Cho 等(2014)提出了一个体育旅游背景下的怀旧概念模型，以进一步了解这些变化。他们的模型强调了 4 种类型的怀旧：①作为过去的个人经历的怀旧，可能由体育场等运动物体引起；②作为社会化过程的怀旧，个人通过基于怀旧的社会互动构建身份；③有意识地用于建立自我身份的体育怀旧情感；④用于建立群体成员身份和归属感的体育怀旧。

遗产体育旅游中针对体育遗产的批判性观点认为，体育具有负面作用，因而并不值得拿到与体育怀旧同等意义上的考量，这种观点比较有见地。除了怀旧之外，关于体育遗产旅游的学术研究还关注了纪念冲突、边缘化人群以及体育遗产与当代旅游推广之间的失调现象等问题（Ramshaw，2014a，2014b）。更进一步说，Ramshaw 等（2016）认为"体育遗产"与"体育作为遗产"是不同的，对前者而言指的是体育的吸引力来自对体育本身的成就和节事的庆祝；而于后者，体育被认为是居于某地人们的集体身份的体现。这两种观点都超越了怀旧的局限性，反映了体育旅游中的长期时间维度。

影响体育旅游的主要趋势

体育和旅游因其所处的广泛复杂环境而产生很强的随机性，这使得预测它们未来的趋势变得很困难，不过，趋势分析的确给我们提供了未来的发展方向，如 Getz 等（2016）认为，体育节事旅游和更大层面的其他体育旅游预计会继续增长，不过这种增长不太可能采取现有体育旅游参与模式的简单线性趋势。这一点也从 Buckley 等（2015）那里得到了认同，他们认为虽然旅游业将面临各种重大挑战和机遇，但旅游系统及其运作环境的复杂性必定会使得旅游业的发展不会是线性的，例如，环境挑战虽被认为是未来旅游业发展的主要制约因素，但体验型经济和活动导向型旅游的发展可能会降低对环境的负面影响（Tolkach et al.，2016）。

正如本章前面所讨论的，现今体育参与的趋势特点是从团队竞技运动转向个性化和冒险运动（Bourdeau et al.，2002；Breivik，2010；Gilchrist et al.，2016；Klostermann et al.，2014；Wheaton，2004），表现为某项运动内部就出现多种变异形式（例如冲浪就有短板、长板、桨板、身体冲浪）；或者体育职业类型也变得越来越复杂，如那种随体育职业道路升级而改变旅行模式的职业（Getz et al.，2014）。这些变化背后的原因很大程度上是广义的社会层面的发展因素，如流动性增加、后现代生产和消费实践等；或者是这些社会趋势而招致的反作用（例如，具身体验和风险面临）（Breivik，2010）。新的体育机会仍将在基于需求和技术的城市环境中发展；而边缘地区作为体育场所，其不确定性和风险性也将不断提高，并且这些趋势本身也植根于体育和旅游更大的发展环境中。

经济趋势

收入增加是旅游需求的最大驱动力，反之，在经济不稳定时期，收入下降和收入保障下降是改变旅游流量的有力决定因素（Dwyer et al.，2008）。经济的激增和衰退都会在体育旅游活动中得到体现。旅游业的积极经济因素包括放松管制、贸易增长、信息技术的改进，以及私营企业的兴旺发展，而消极因素包括周期性的经济衰退、贸易保护，以及国家和地区之间发展的巨大差异。

全球化也许是 20 世纪后半叶出现的最主要的经济趋势（第 4 章；Higham et al.，2009），给体育和旅游的商品化带来了更大的压力，而旅游、休闲、体育和娱乐的融合趋势是其中的重要发展趋势，这在组织化的精英体育中尤为明显，主要表现形式为职业化和"商业表演"（de Villers，2001；Keller，2001）。全球化的另一个影响是体验经济的出现，这导致人们在旅游背景下寻求积极的体验（Tolkach et al.，2016）。积极型体育旅游的发展都呈现出这些趋势，同时，这些趋势也出现在主动参与型、庆祝型和社区型等体育节事的发展态势中（Chalip，2006）。

尽管最近出现了一些抵制全球化的民众运动，如英国投票退出欧盟，美国总统的选举，支持贸易保护主义和移民政策，但全球化的进程不太可能被逆转。事实上，中国和印度经济在全球化进程中的增长已经使他们成为旅游业需求方的重要参与者（Buckley et al.，2015；Tolkach et al.，2016）。从体育旅游的角度来看，这意味着这些国家居民对体育的文化理解和动机将对体育游客的分布和活动产生重大影响。全球化在近期出现的环境危机中也发挥了重要作用，但这种影响也有经济后果。Buckley 等（2015）指出，其中一个后果是油价上涨，这将导致长途旅游的减少，因为旅游飞行的成本越来越高，社会的接受度会越来越低（Higham et al.，2016）。

媒体在这个过程中发挥了重要作用。大众媒体（如报纸、广播和电视）在黄金时代与体育有着长期的联系。然而，人们认为正是这种联系对精英体育产生了最大的影响（McKay et al.，1992）。从一开始，体育的电视转播就引起了人们的关注，他们担心球迷会不再去看现场的比赛，而是在家里观看体育比赛。这种担忧的根源是认为体育收入将从传统体育机构转移到广播公司。

　　"体育的经济性建立在这样的原则之上：说服大众离开他们的家，前往封闭的体育场馆，并支付入场费来观看专业运动员进行各种形式的结构化体育比赛"（Rowe，1996）。

历史表明，电视广播公司确实享有可观的经济回报，但它们也为电视体育赛事的所有者和管理者以及这些体育赛事的举办地带来了可观的经济利益。现在，职业体育的电视收入远远超过了门票收入。尽管经济环境在不断变化，但仍有人担心媒体为了自己的目的颠覆了体育，并因此侵蚀了这些运动的完整性。例如，Rowe（1996）指出：

　　"电视已经逐渐对体育施压，要求在方便播出的时间进行比赛，并修改规则以保证结果，防止赛事过于'超时'，并克服任何可能导致观众去换台的沉闷段落。体育电视在全球范围内的传播给体育带来了巨大的压力，例如，它要求尽可能在最方便的时间和最有利可图的电视市场'直播'体育节目"（Rowe，1996）。

付费电视、在线流媒体、社交媒体和视频游戏等形式的互动技术对体育旅游提出了实质性的挑战。25 年前，Johnson（1991）推测，随着在舒适的家中观看体育赛事的互动体验日益增加，最终可能会导致需要向观众收取费用来观看电视转播的比赛，以便在体育场馆中营造令人兴奋的氛围。虽然这种预测还没有成为普遍的现实，但在预售门票销售不佳的情况下发售补充票以增加观众人数和气氛是一种常见的做法，尤其是在预计有大量电视观众的情况下。对于体育旅游者来说，现场体验的好处必须明显超过与旅行相关的成本才会激励他们旅行前往比赛目的地现场。对于体育旅游管理者来说，提倡保留那些使体育与众不同的东西也很重要。体育固有的真实性（Hinch et al.，2005）为许多旅游目的地提供了竞争优势，如果活动的性质转变为舞台上的娱乐活动，这种优势就会丧失。

媒体的影响作用并不限于主流体育。亚文化体育也可以与媒体紧密联系在一起。后现代社会"专业媒体……在向参与者介绍技术、设备、文化准则和语言方面发挥着根本作用，这为体育'部落'的身份奠定了基础"（Bourdeau et al.，2002）。因此，这种媒体成为体育旅游管理者的兴趣所在，因为它影响着体育亚文化群体在追逐体育热情中的旅行痕迹。

环境趋势

从长远来看，体育和旅游的相互作用将受到环境趋势的强烈影响（第 7 章；第 9 章），而气候变化将是环境趋势里的一个重要变量（Buckley et al.，2015）。尽管诸多的政治辩论聚焦于环境测量、原因和影响等问题上，不过在对环境趋势变化这一事实方面大家已有普遍共识，并担忧其对旅游和体育的影响（Hall et al.，2005）；另外，当前大多数的相关研究在游客流量和影响分布等领域，不过也有学者开始关注旅游业在这一环境变化过程中的作用问题。

关于气候变化对游客数量和分布的影响的研究通常是基于模型完成的。对不断变化的气候条件进行预测，然后在游客找寻有利的气候条件时将其转化为他们旅游地的变化分布图。值得注意的是，由于气候变化而产生的目的地重新分布的结果，会导致赢家和输家的出现，因为有些旅游地的条件将得到改善，而另一些将失去吸引力（Hein et al.，2009；Iordache et al.，2009）。虽然旅游业普遍受到这些变化的影响，以冬季和夏季体育活动为主的旅游业对这些变化尤其敏感(Dodds et al.，2009)；而对于依赖雪的滑雪业来说，情况更是如此(案例研究 9.1)。Moen 等(2007)预测，随着积雪的减少，瑞典现有滑雪场的滑雪者数量和支出都会减少。Scott 等(2007)认识到其他地方的滑雪业也面临着类似的挑战，但他们也指出，气候变化带来的影响可以通过需求和供给方面的战略应对来缓和。在需求方面，可以通过改进天气预报和报告措施，以及滑雪者可以实施的各种应对限制的协商策略(如改变他们的滑雪假期时间)等。在供给方面，一系列的技术创新也可以用来缓和自然雪况变化的影响，如①使用造雪设备；②改进滑雪场的景观和操作方法；③云催化剂。另外，还可以实施商业方面的策略，如①滑雪场集团；②收入多样化；③调整营销做法。一个更激进但已经存在的替代方案是开发室内滑雪场。

旅游业越来越被认为是导致气候变化的一个重要因素，据估计，全世界 4%～6%的二氧化碳排放来自旅游活动(Dodds et al.，2009)，其中 70%～75%归因于交通排放，其余部分来自住宿、餐饮和景点部门(Iordache et al.，2009)。因此，旅游业需主动地减少二氧化碳排放，而这也是监管机构的目标。糟糕的是，旅游业对气候变化和环境恶化带来的长期影响的认识还远远不足(Tolkach et al.，2016)。然而，Otto 等(2009)在对 2010 年国际足球世界杯的探索性研究中发现，举办像世界杯这样的大型活动提高了旅游和体育利益相关者关于活动对气候变化影响的认知水平，这将有助于赛事期间和后续活动中的碳减排战略实施。

政治趋势

政治稳定是旅游业发展的前提条件(Dwyer et al，2008；Tolkach et al.，2016)。美国和欧洲在全球政治中依然保持着很强的影响力，但随着中国、印度和俄罗斯的经济增长，它们将面临越来越多的竞争。非国家主体因素(如民族、文化、原住民和宗教观点)将越来越多地参与进来，还可能会重塑体育旅游的空间和时间要素。另外，发展中国家和发达国家内部和之间日益扩大的收入差距，将继续影响体育旅游的流动和分布。国际舞台上权力和影响力发生的变化导致原有的平衡被打破，将推动政治的未来走向。尽管美国最近采取了保护主义立场，但国际自由贸易进程仍在继续，这凸显了世界各国权力格局的变化。然而，自由贸易的经济利益是不可能平均分配的。Hall(2000b)预测，将有

"发展中国家和发达国家在全球经济发展战略上的冲突加剧，因为对发展中国家的大部分人而言，由于人口和资源的条件限制，他们

将永远无法拥有西方的生活方式。"

类似的差异也存在于一个国家内部：一些地区因全球化下的经济变化受益，而另一些地区则遭受损失，由此引发的种种情绪宣泄和政治不满可见于各地的抗议活动，而这也对旅游和体育带来最直接的影响。的确，全球化带来若干问题；不过从另一个角度来说，或许正是这些问题会给旅游业和体育带来一定的积极影响，例如它们可被用作地缘政治战略的工具，正如 Buckley 等（2015）提供的英联邦运动会体育竞赛的例子：该竞赛被贴上"友好运动会"的标签，用来团结不同的英联邦成员。

恐怖主义对旅游业来说已经不是一个新挑战了（Hall，2000b；Sonmez et al.，1999），对体育的挑战也不陌生。在体育旅游方面，最引人注目的恐怖主义事件也许是慕尼黑（1972）奥运村对以色列运动员的致命袭击（Wedemeyer，1999）。然而，尽管体育赛事作为恐怖袭击目标的频率很高，但出于政治动机对体育的袭击却少得令人吃惊。事实上，有人认为，在 2001 年 9 月 11 日美国发生恐怖袭击后，体育旅游是复原力较强的旅游类型之一（World Tourism Organisation，2001）。恐怖威胁对大型体育赛事最明显的影响是安全成本的增加。举例来说，2016 年，估计 2020 年东京奥运会的安保费用为 14.4 亿美元，占奥运会总预算 126 亿美元的 11% 以上。鉴于这一预算费用巨大并出于国家利益考虑，日本政府承诺将帮助当地奥组委支付这些费用（The Japan News，2017）。这样高的成本不仅会让许多城市对举办一些赛事望而却步，而且如果观众感到有风险或对安全措施感到沮丧，还可能导致对场外观赛的偏爱超过现场消费。相对于以观众或参与者为基础的节事体育旅游而言，以分散的空间模式为特征的体育活动可能会更受欢迎。同样，随着传统的体育节事旅游消费模式的改变，怀旧型旅游也会增加。

社会和人口趋势

社会和人口趋势也可能会对体育旅游的未来产生相当大的影响（Delpy，2001）。Dwyer 等（2008）认为，游客对发现、体验、参与、学习和更密切地融入旅游目的地的日常生活越来越感兴趣，而体育提供了满足这种愿望的机制。就特定的人口趋势而言，移民导致体育活动模式的改变，这给体育旅游活动带来了挑战，如加拿大的滑雪业，因为亚洲移民与盎格鲁-撒克逊血统的居民相比，光顾滑雪胜地的可能性要小得多（Hudson et al.，2010）。在北美，人口老龄化也使得滑雪业存在类似的挑战。

"1946 年至 1964 年出生的人几乎占了北美人口的三分之一，因为他们衰老的身体不再能承受高山攀爬的严酷要求,开始转向更温和的冬季运动,如雪鞋行走和越野滑雪。高科技计算机改造的滑雪板和设备,使年老的户外运动爱好者也能更安全、更容易地学习或继续享受滑雪运动,这也在近年来一定程度上减少了老年人雪上运动下滑的趋势。"(Loverseed,2000)

面对这一趋势,体育旅游经营者必须调整他们的产品以适应市场的需求。调整的方向主要从艰难的探险活动转向对体力要求较低的软性探险户外体育活动。另外,老龄化人口可能会变得更加注重健康,因此,那些能够帮助他们保持甚至恢复身心健康,而不是将他们置于危险之中的体育活动将会是他们的选择。

从现代社会到后现代社会的转变也在调节着体育旅游的人文环境。从某种层面出发,这种转变的经济根源在于新自由主义者摒弃了福利国家和受管制的市场,转而支持竞争、自由贸易和全球化(Dwyer et al.,2008;Stewart et al.,2000)。细分市场、个人主义、灵活性、时间碎片化、新技术、创新通信网络和商业化都是当今社会的特征。"地方"在后现代体育中的角色也在发生变化,基于本地部落忠诚度正在转变为对企业身份或品牌的依恋。表 10.1 为现代和后现代体育的比较。

表 10.1　现代和后现代体育的比较(Stewart et al.,2000)

维度/元素	现代体育	后现代体育
游戏结构	规则是神圣的	规则是可修改的、实验性质的
团队领导	保守的	冒险的
价值观和习俗	业余生活、尊重权威、塑造人格	专业精神、创新
组织和管理	中央控制	权力分散
财务结构	门票收入	赞助、电视转播权、门票收入、体育即商业
场馆和设施	体育场馆的基本座位	定制的座位、视频支持
推广	有限的	广泛的
观看	现场比赛上座率	电视/直播观众占主导地位
旁观者的偏好	传统技艺展示	竞技与娱乐并重
球迷的忠诚度	单一的和狭义的忠诚	多重忠诚——所有的空间维度
体育市场	无差别的大众市场	分散的和细分的市场
教练和培训	僵化、重复的做法	科学和自然实践的融合——多样性

技术、通信趋势

技术创新已经不可逆转地改变了体育和旅游的面貌，表现在由于技术创新带来的体育成绩的提高和旅游体验的丰富。此外，技术还进一步模糊了体育和旅游之间的界限。例如，社交媒体的进步使得与体育相关的网站从静态的信息库演变为互动的品牌网站，并进而构成了休闲体验的基础（Gilchrist et al.，2016）。这些新兴技术正在打破时间和空间的障碍。Dwyer 等（2008）认为信息和通信技术的进步对旅游业有最重要的影响。从根本上说，他们认为这一领域的进步"为企业提供了回应个人偏好和刺激旅游购买的工具"（Dwyer et al.，2008）。这种新技术力量的一个例子是社交网络在旅行者决策中的作用越来越大（Xiang et al.，2010）。同样，以运动为生活方式的参与者"通过分享动作、表演和风格来深入理解一项运动，并参与网络论坛上有关运动练习和更深层哲学意义的探讨来获得对该运动的进一步理解"（Gilchrist et al.，2016）。这种做法加速了新兴运动在全球范围内扩散的趋势。

当前最根本的一个问题是，虚拟现实和网络空间技术正在对人们的休闲体验方式产生直接影响（Buckley et al.，2015），而网络空间中的体育体验能在多大程度上替代现实空间中的体育体验，仍然是一个值得推敲的问题。目前存在于网络空间的体育体验的例子包括在线体育评论直播、虚拟体育联盟、在线赌博、体育转播期间的实时观众调查，以及体育比赛的即时进度更新和实时数字视频图像等。在另一个层面上，许多电脑游戏都非常符合体育的定义（第 2 章），其中包括体育活动部分（焦点 10.3）。虽然这些体育活动成分目前还比较简单，但随着计算机的虚拟现实技术的发展，它可能会变得越来越复杂。电视广播技术的发展使得场外"球迷公园"出现，在那里，观看体育赛事的大屏幕转播的人数实际上可以与比赛现场的观众人数相媲美，这一现象导致 Weed（2010）质疑传统上与体育旅行动机有关的基本假设是否仍然有效。Buckley 等（2015）预测，随着我们的身体和感官能力通过内置设备得到增强，游客将越来越具有电子人的特征，如现在面世的与旅游相关的智能手机应用程序和可穿戴辅助设备（如谷歌眼镜和三星 Gear 头盔）可以使观众通过调节设备上的摄像机的角度来更好地观看体育节目。

焦点 10.3　电子竞技革命

虽然本书对体育旅游的概念化明确地将身体整体运动作为体育运动的一

个关键特征,但随着电子竞技的出现,这一观点正受到挑战。Chen(2017)认为,2017 年有 4 300 万人收看了在北美各城市举行的《英雄联盟》(*League of Legends*)多人游戏比赛。虽然其中许多观众是通过笔记本电脑、iPad 或智能手机的屏幕观看的,但还有许多人是亲自前往观看或参与比赛的。事实上,这些运动的比赛人员可以在世界任何地方通过超高速宽带实时地相互竞技或相互对抗。这些类型的游戏比赛越来越受欢迎,并为顶级玩家提供了可观的收入潜力。各种游戏主题已经出现,包括英超足球和 NBA 篮球等现实生活中的运动也有了数字版的游戏。而现实中"真正的"体育联盟正是利用这些游戏来推广他们的品牌,赢得新的或保留现有的市场。中国已被证明是电子竞技的沃土,国家体育总局组建了电子竞技国家队。电子竞技还被纳入中国杭州2022 年亚运会的体育项目中,这进一步证明了电子竞技的接受度正在不断提高。不管个人对电子竞技是否属于真正的体育的看法如何,很显然,如果这一发展态势继续下去,它将对体育和体育旅游产生越来越大的影响。随着游戏技术的发展,电子竞技的未来正继续发展,它必将迅速改变体育和旅游生态,以及我们所知的体育旅游的体验。

参考阅读:

Chen, S. (2017) Big crowds, big bucks: A beginner's guide to the e-sports phenomenon that's conquering China. *South China Morning Post*. See http://www. scmp. com/news/china/society/article/2104977/big-crowds-big-bucks-beginners-guide-e-sports-phenomenon-thats.

在过去,交通方面的技术进步在旅游业的发展中发挥了关键作用;现在,它们可能还会继续影响着旅游业。例如,航空运输业正面临着减少碳足迹的巨大压力。未来学家罗宾·曼宁指出,有几个趋势将有助于该行业在这一领域的改进。

纳米技术、生物技术、信息技术和认知科学的研究正在提供越来越多的机会。这方面的例子包括:新的轻质和强韧的复合材料、电子塑料、直接从植物生长中创造的燃料(可有效地清除大气中不需要的碳)、更智能的计算机和航空电子系统以及运输信息学(Nusca,2010)。

在地球大气层之上,太空旅行的持续发展将使人们有更多机会进入失重环境,这可能会催生出全新一代的体育活动。海洋环境的类似发展也将为该领域的体育旅游带来新的巨大的机遇。

小结

体育和旅游本身就是动态的。虽然像奥运会和国际足联世界杯这样的传统可以激发人们爱国情感的体育运动，以及以它们为代表的传统竞技体育仍在继续增长，但它们的增长速度要比弱竞争性的个人探险和生活方式运动慢。在旅游业方面，也发生了许多变化，其中一个重要的变化是向体验型经济的明显转变。体育和旅游领域的这些趋势的相互作用使体育旅游成为一个极具创新性和令人兴奋的娱乐、工作和学习的环境。显然，体育影响着旅游目的地生命周期的性质和速度，而旅游业对体育生命周期也有类似的影响。有意识地运作好这些影响为追求可持续发展战略提供了强有力的工具。

遗产体育旅游代表了体育旅游在时间维度上的另一个重要动态，促使游客通过参观充满体育遗产的地方和参与能重现过去的项目来寻找他们的理想往昔。然而，体育旅游业最近才开始认识到这些游客感兴趣的产品范围。即使只是在体育游客的想象中，遗产体育旅游也为体育游客提供了成为时间旅行者的机会。因此，研究人员和管理人员不应简单地关注体育旅游的地理维度，而应认识到体育旅游体验的时间维度，因为它可能使体育旅游体验范围成倍扩大。

同样明显的是，体育旅游并非存在于真空中。经济、环境、政治、社会人口和技术领域的各种变化都可能会对体育旅游带来直接影响，在某些情况下甚至会产生巨大的影响。其他的影响可能是间接的，不那么引人注目，但随着时间的推移，它们可能是实质性的，甚至会改变比赛规则。气候变化就是一个很好的例子。与往年同期相比，气候变化所产生的影响往往由于季节性和天气的正常变化而被忽略。然而，从长远来看，气候变化将对全球和地区的体育和旅游的空间和时间分布产生重大影响。通过研究外部环境的现存趋势，体育旅游管理者可以能更好地确定体育旅游可持续发展的目标和目的，并制定有效的行动计划。要追求体育旅游的可持续性发展，需要识别、理解这些趋势变化并对其付诸行动。

第 5 部分

结　　论

第 11 章

锁定和变换目标导向：
不断发展的国际体育旅游

【引言】

体育运动在社会中无处不在。国际奥委会宣称体育是一项人权。联合国（2017 年）也认为，体育是一种低成本、高影响力的人道主义和人类发展工具。还有人说，体育塑造了个人的生活和个人生活的社会，同时，体育也是社会的反映。与旅游业一样，体育是一种社会建构的现象（Andrews，2007）。虽然体育可以用技术术语来定义，但体育现象是其空间历史背景的反映。亚历山大大帝在公元前 334 年波斯战役前夕举办的体育活动，以及他试图通过举办奥运会来美化形象的象征性意义，都是古典时代所独有的。同样，当代与意义、身份和生活方式相关的体育实践，其实也是社会独特性和多样性不断演变的反映。

在这方面，我们可以反思一下自本书前两版出版以来，社会发生的快速变化："深度休闲"的亚精英竞争者参与体育赛事人数的增长；自我参考导向而非结果导向的个人表现衡量；线上游戏和虚拟体育的发展；单一体育项目向混合形式的持续演变；个人化、非结构化、自由式运动数量的显著增长和多样化发展等（Andrews，2006；Coakley，2017）。这些新一代体育运动具有强大的亚文化性质特点，为参与者提供了丰富的机会来建立个人或集体认同感（Hagen et al.，2016），而且他们并不太关注运动表现和结果，或者说关注的重心至少次于美学、风格和意义（Falcous，2017）。体育的这些动态反映了个人身份被混淆，国家身份认同受全球化力量影响侵蚀的现象（Higham et al.，2009）。

在这个社会动态背景下，本书一开始便考虑体育的定义标准，以及这些标准是如何在当代体育旅游实践中进行演变。体育的技术定义设法解决那些通用的、无争议的、跨越空间的定义标准。为此我们一直使用 McPherson 等（1989）的定义，他们认为体育运动是"一种结构化、目标导向性、竞争性和以竞赛为基础的戏剧性的身体活动"。当然，这些不可变的技术标准是可以阐释的，当它们被重新阐释时，体育运动项目和参与形式的广泛多样性就会出现（Hinch et al.，2004）。因此，虽然体育运动是由规则构成的，但规则的实施却是参差不齐的，它可以从严格执行到不成文、不强调规则或故意忽视和不执行规则等各个层次展开。规则可以被编纂成文，以供学习和定期修订，但它也可能是约定俗成的，并且仅针对体育亚文化的圈子成员（Wheaton，2004）。

McPherson 等继续探讨了体育的目标导向问题（McPherson et al.，1989），指出参与体育运动的人寻求达到一定水平的成绩目标或能力目标，但目标导向也受到主观解释的影响。目标导向通常表现为战胜或击败对手，但这是一种不考虑自我价值感（成为最好）和任务（尽我所能）导向（Duda et al.，1992）的目标导向。也就是说，目标导向也可能是结果导向或主观导向的（Falcous，2017）。这些都是与旅游体验相关的至关重要的区别。比赛通常以单人或团队的对抗成绩来衡量，但比赛还可以延伸到自我对抗、挑战程度、对抗虚拟对手、对抗自然力量或一节技术挑战课程。在最好的情况下，比赛结果的不确定性确保了体育竞赛的最佳状态，这种氛围感、戏剧性以及观众的持续性参与是无可比拟的。

虽然运动是体育活动的一项要求，但由于观众和参与者都在寻找合适的、理想的或标志性的体育参与以及比赛的地点和场所，因而空间流动性也是体育运动的一项要求。这些决定了体育的质量（Hinch et al.，2004），而对体育技术元素的不断演变的解释，让这个研究领域充满了活力和魅力。我们在本书中阐述了这一领域的一系列研究，而书中的这些章节可能会被解读为一系列与体育相关的旅游的单独文章。因此我们运用了一个概念框架，将前面的章节整合在了一起，从而构建了本书的结构。体育和旅游的动态时空结构，引导着我们对当代的体育和旅游实践与空间和时间之间的关系进行思考。在引言（第 1 章）之后，我们用了 3 个章节（第 2~4 章）来阐述体育和旅游的概念基础（第 2 章）、体育旅游市场（第 3 章）和可持续体育旅游的发展过程（第 4 章）。在此基础上，后续章节主要分为两个部分。第一个部分（第 5~7 章）讨论了体育旅游的空间维度，分别包括空间（地理位置和旅游流）、地方（体育和文化）和环境（景观、资源和影响）的地理概念。紧随其后的第二个部分（第 8~10章）则通过分别考虑短期（体育和游客体验）、中期（季节性、体育和旅游）和长期（体育旅游的演变趋势）时间框架，讨论了体育旅游的时间维度。

体育旅游发展的相关研究，为这一现象在时空上已经发生和即将发生的变化方式提供了多层次的深刻见解。第 1 章提出了三个基本问题：体育作为旅游发展的焦点，有何独特之处？体育旅游在空间上是如何表现的？这些表现会随时间发生什么样的变化？为了解决这些问题,本书着重分析了体育旅游发展日益多样化的表现形式。不断扩大的个人流动性和日益多样化的体育参与之间的交集已成为学者相当感兴趣的领域（Gibson，2005；Glyptis，1982；Maguire，1993，1994；Standeven et al.，1999；Weed et al.，2004）。学者们一直关注大型体育赛事（Getz，1997；Ritchie，1984），但我们长期以来一直认为,体育旅游现象远不只观看赛事。事实上,"由于绝大多数大型活动都是由工业化国家主办的,因此关于这些活动的过程和影响的讨论和研究,往往围绕发达国家特有的经济和政治环境进行"。我们提醒各位关注体育更广泛的表现形式,包括与体育相关的旅游业的广泛多样性,这也是批判性学术工作的要求。

体育旅游发展的基础

体育旅游发展的研究需要一个基础,这个基础含体育与旅游之间的关系基本框架,体育旅游市场分析,及对其基本发展概念和问题的理解。本书第 2 章将体育旅游概念化为在有限的时间内远离居住环境的以体育为基础的旅游,其中体育的特点是独特的规则集合、与体能相关的竞争和好动的天性。从这个角度来看,体育被视为升级版（Leiper，1990）旅游景点系统中的旅游景点,该系统阐明了体育游客的主要类别和体育景点四种核心的类型：观赏型体育节事、参与型体育节事、参与型休闲体育项目和体育遗产活动。通过有意识地将体育视为一种独特的旅游景点,读者能够更好地理解体育旅游发展的本质和影响模式。这些观点,以及其他的一些替代性观点是基于越来越多的文献和学术成果（Gibson，2006；Weed，2006，2009）。案例研究 2.1（Richard Shipway）说明了体育旅游研究取得的进展,具体内容包括伯恩茅斯大学的体育旅游课程以及该课程为学生在此领域嵌入、激发和提高就业能力的策略。

对体育旅游市场的本质批判性也给体育旅游发展的研究带来重要意义。体育旅游不仅是旅游市场的一个专门性市场,而且还包括多个利基市场,这些利基市场的性质因参与体育活动的不同形式而异,对游客的旅游动机和体验也有不同的影响。在这本书中,我们超越了 Redmond（1990）和 Gibson（1998a）提出的体育旅游的三分类法。他们将体育旅游分为体育度假（活动）、综合性的体育节事和世界锦标赛（赛事）、体育名人堂和博物馆（怀旧）的形式存在。进一步提出了体育旅游四重分类,即观赏型体育节事、参与型体育节事、参与型休闲体育项目和体育遗产活动,并基于这四重分类展开讨论。

在第 3 章中,我们讨论了休闲体育市场。Eiji Ito 在案例研究 3.1 中考察了文化、理想情感与体育旅游动机之间的关系。具体而言，由于近年来体育旅游显著的增长，以及现存参与型体育节事日益多样化，这种分类允许对观众和参与事件进行分开讨论。自 2010 年本书第二版出版以来，我们认为参与型体育节事的发展是体育旅游变革中的一大特征。然而，尽管许多参与型体育节事的参赛者制定了严格的训练计划，以备战他们的目标赛事，但对于大多数人来说，他们的实际表现是以自我而不是以结果为目标导向的（Falcous，2017）。对于其他人来说，由于参与型体育节事具有"结构松散、非竞争性和紧密的社会联系"等特点，因而参与型体育节事可能会被视为"去体育化"的实践活动（Falcous，2017）。该模式也支撑了我们在第 3 章有关体育旅游市场和第 8 章有关体育和游客体验中的讨论。

体育旅游的发展不仅意味着经济的增长，也是个人成长和成就感获得、生活质量的提高，以及个人和社会福祉的等其他各种衡量指标进步的信号。为了达到未来的期望状态，需要提前规划部署来引导体育旅游的发展过程。若体育旅游的发展要与联合国的可持续发展目标保持一致，就需要长远的眼光和积极的干预措施。本书探讨了三个关键的发展问题。

第一个与商品化和原真性有关。虽然旅游业只是体育商品化的动力之一，但它应被视为是其中一个重要的动力；另外，体育作为旅游吸引物的一个关键优势就是它的真实性倾向，表现为其在结果的不确定性、身体基础和全感官特性、自我塑造与身份构建，以及培育团体方面的能力。体育为游客提供了进入目的地"后台"的通道，在这个"后台"中，居民、观众和运动员，都不再刻意为游客表演，因为游客本身就是自己的表演者。从这个意义上说，体育为人们提供了一个进入"真实"社群的通道。

全球化是第二个关键的发展问题。体育是全球化的重要体现，其特点是职业联盟越来越多地跨越国界进行赛事活动，并从全球范围内招募球员。像足球等体育运动深受全球大众青睐，但在比赛方式上，不同地区仍存在较大差异。这些差异代表着体育旅游发展的机遇。在这种情况下，体育可以为一个地方的独特性做出贡献，从而提供具有竞争力的旅游优势。对体育赛事的重大投资，如南非主办 2010 年足球世界杯，被证明是在全球市场中定位城市和国家的方式（案例研究 4.1）。

第三个强调的主要发展问题是组织分散化的挑战。通过建立体育旅游联盟来克服组织分散问题的尝试令人鼓舞，但还需要继续阐明合作的益处。如果不能证明这些益处，那么体育旅游的各个利益相关者，包括体育赛事组织者和发起人、体育协会、体育场馆管理者、目的地管理者和旅游营销人员，就不可能以合作的方式开展工作。

体育旅游发展与空间

体育旅游发展与空间分析的关键是研究与体育相关的地方和旅游流，体育以创造独特旅游地方的方式赋予空间意义，以及体育旅游的资源需求和影响。在第 5 章中，我们利用系统和规模、中心地理论、地方层级、空间旅游流以及核心和边缘等地理概念，具体讨论了体育旅游的空间参数。在案例研究 5.1（Ariannec. Reis）中，我们利用空间排斥的地理概念对 2016 年巴西里约热内卢体育、旅游和空间的关系进行了批判性讨论；在焦点 5.1 和 5.2 中，我们分别对体育场所位置层级结构和旅游流空间变化的关系进行了分析。我们发现这些空间地理工具在解释城市体育设施、赛事和职业运动队的选址趋势方面特别有用，并且边缘地区的体育旅游具有完全不同的空间标准。

本书将地方描述为充满意义的空间，这对那些利用体育来进行目的地的旅游销售的营销者特别有吸引力。主办方和游客对这些地方的依恋，是基于他们对该地方的属性的依赖以及该地方对他们身份认同的贡献程度。案例研究 6.1 说明了本土与全球相互作用可能产生的紧张关系。在这个案例中，利物浦足球队本地球迷的地方认同感受到了国际球迷的挑战。许多国际球迷前往利物浦去支持他们的球队，尽管他们在利物浦没有住所。类似地，同质化的体育景观威胁着旅游业，因为它导致基于体育的独特地域意义的瓦解。因此，在参与全球市场的同时，也面临着保持与体育场所和活动相关的独特区域意义和认同感的挑战。旅游利益相关者应该支持体育管理者为捍卫其体育"公正性"所付出的努力。用于宣传体育旅游目的地的图片与居民对自己家园的认同感之间也应该保持一致。否则，对目的地的矛盾观点可能会导致相互冲突的态度和行为。

环境，更具体地说，景观、资源和影响是空间主题下最后一章（第 7 章）的重点。在这里，我们借鉴了 Bale（1989）的观点，即体育是一种文化形式，体育景观也是文化景观的一部分。因此，利用自然环境要素的体育运动可能会使这些景观受到不同程度的人为影响。在本章中，我们考察了体育和旅游业的资源基础，讨论了对这些资源进行可持续管理的重要性，并强调了体育旅游在全球传播的影响所带来的紧迫挑战。案例研究 7.1 中特别关注了与冬季运动目的地相关的体育活动中所体现的环境问题，尤其是冬季运动胜地所依赖的自然资源——雪减少情况下的环境挑战。这些挑战还反映在焦点 7.1 对于高尔夫这样的水源密集性运动所面临的问题的讨论中。本章还考察了建筑环境中的体育旅游，探讨了体育场馆、设施开发对自然和体育景观的影响等相关问题。

体育旅游发展与时间

体育旅游的时间维度包括体育旅游体验、体育和旅游的季节变化，以及体育旅游现象的长期动态演化。第8章有两个值得注意的要点。首先，我们对体育旅游体验的讨论参考了 Morgan（2007）的体验空间模型。该模型提出了两种不同的体育体验传递方法。第一种，管理方法，该方法将体验作为一种产品或服务，以预先确定和标准化的方式为体育竞赛增加体验价值。奥运会开幕式和闭幕式都是这种方法的例子，它们是按照剧本精心设计和编排的。第二种，消费者行为方法，该方法认为如果能够深化赛事对主客双方的个人、社会和文化意义，使其在强烈的社会互动基础上共同创造体育体验，那么体育旅游游客的体验就可能是具有情感色彩的、象征性的和变革性的。有关该方法的优势性可参见焦点8.1共同创造的观赛体验——日本2019年橄榄球世界杯的规划案例。本章的结构基于对体育旅游的四重分类，包括观赏型体育节事、参与型体育节事、参与型休闲体育项目和体育遗产活动。另外，参与型体育节事的增长也是本章的一个特点。案例研究8.1提供了关于业余运动员追求深度参与体育活动的见解，其中涉及他们自己以及他们的配偶和随从人员的经历。

体育和旅游的季节性模式代表了体育旅游发展的一个独特的时间维度。由于在淡季期间容量利用不充分和收入的减少，旅游管理者通常会将游客的季节性变化视为一个难题。从旅游管理的角度来看，体育可以作为一种能够影响旅游季节性的成功策略。赛事活动制定和规划方面，越来越多地将体育赛事安排在旅游淡季。就主动的体育旅游而言，在淡季期间以可用的专业资源为特征的目的地，对体育亚文化群体特别有吸引力。同样，怀旧体育旅游景点在旅游旺季之外仍然发挥作用。如果得到适当的推广，它们或许可以改变旅游目的地的季节性模式。近年来，气候变化对体育旅游的季节性产生了重大影响。尤其是与气候条件直接相关的体育活动，如滑雪等（案例研究9.1）。尽管这会因地理位置的不同而有差异，但总体上均面临着"自然"滑雪季节缩短的挑战。

旅游目的地周期以及体育生命周期理论为体育和旅游业的长期演变提供了宝贵的理论基础（第10章）。随着体育运动在其生命周期中的发展，体育目的地也会受到影响。例如，从传统竞技体育向个人化和生活化的转变，将影响体育旅游发展的分布状况，这是因为新的地点是根据新的资源需求开发的。案例研究10.1提供了一个很好的例子，它阐明了冲浪既是一项运动又是体育旅游分布中的一个因素。个人体育生命周期也受到旅游业的影响。随着冲浪等休闲活动成为受欢迎的旅游活动，各种变化也应运而生，包括高水平赛事，如 2020 年东京奥运会将冲浪纳入比赛项目。

遗产体育旅游展示了体育的发展如何对旅游业产生直接影响。体育怀旧在某种程度上是一种对快速变化着的社会的抗拒，它不仅仅是一个让游客重温青春的机会，还是一个逃避现实回到过去那些被认为是更单纯的时代的契机。当游客的身影穿梭在体育名人堂、发生历史性体育时刻的地点和使他们能够重现或重温历史的奇幻节目中时，这些时间旅行通过空间旅行变得更加便利。更通俗来讲，宏观层面的各种趋势将影响体育旅游的未来。全球化进程似乎是这些趋势的重要基础。动态的经济、环境、政治、社会人口和技术/通信领域为体育旅游发展带来了机遇和挑战。不仅这些领域中每个特征都在不断变化，并与其他领域中的特征相互作用，使得因果关系难以区分，更不用说预测了。尽管这项工作可能很困难，但影响体育旅游发展的能力部分取决于是否能够这样做。

小结

体育为旅游研究提供了一个独特、动态且有趣的焦点。社会中参与体育活动的范围极为广泛，而对体育相关旅游活动的参与也是一种动态现象。从本土到全球，体育在媒体市场的重要性体现了体育、媒体和旅游利益的有趣互动。或许更重要的是，体育运动的基本规则结构、竞技性和趣味性特点，为旅游业的发展带来了一系列复杂的机遇和挑战。体育运动的特点使它与其他形式的与旅游和发展相关的市场区别开来，是需要专门研究和发表相关研究成果的市场组合。

本书探讨了体育作为一种独特且具有强大潜力的旅游吸引力的功能。体育的特质提供了一个独特的吸引力内核，为旅游业的利益相关者和体育旅游研究者的探索提供了沃土。体育作为旅游吸引物的人文因素，具有很强的多样性。在体育游客可能被概念化的许多维度中，高水平运动员和业余参与者、参赛者和观众、团队和个人参赛者、自我实现型参赛者和休闲娱乐型参赛者，都只是其中的一小部分。不断发展的体育旅游形式，可以从多元化的细分市场、游客期望的体验和社交媒体影响力等方面探索不断发展的旅游形式，而这些都将形成目的地的独特性。

本书将体育视为一种独特类型的旅游吸引力，论证了体育旅游在空间和时间上的真实体现。体育旅游对旅行模式、体育和旅游地点、旅游目的地的含义以及对景观、建筑（如体育馆和体育场）和自然（如海洋环境和滑雪场）等均具有影响。它还影响旅游体验的性质、季节性观光模式以及体育、旅游和体育旅游目的地的演变。虽然认识到与体育相关旅游业的变化模式很重要，但从已知理论的角度去辩证地理解是什么因素驱动其动态变化也很重要。体育旅游理论已经跨越了描述性研究，进入了基于理论进行解释和预测的阶段。

在谈及体育旅游研究发展趋势这一部分，理论见解大多来自前沿的学术领域。我们在本书中提出的理论见解主要来自地理学。它们在一定程度上，为体育相关的旅游现象提供了进一步的解释，因此它们应该在体育旅游研究中被接纳、应用并进一步发展。这种理论构建背后的驱动力不应仅包括解决与体育旅游实践相关的实际和潜在问题等明显需求，还应包括探索性研究，虽然探索性研究可能产生较少针对性的结果，但它有可能为解释这一现象提供新的视角。对这些动态的理解，意味着体育旅游发展进程中的利益相关人员不仅仅是被动观察者或被动参与者。而应该通过主动参与理论建设和实证研究，继续推进我们对体育与旅游业之间动态关系的理解。

本书开篇讲述了在公元前 334 年亚历山大大帝统治的马其顿社会中体育所发挥的一些作用。那么，在本章结束时，我们也应当对当前的社会进行一些反思，毕竟它构成了当代体育旅游行业。人们普遍认为，体育和旅游业是社会建构的现象，应该建立在权力和包容的原则之上。联合国（2017）认为体育是对人类健康至关重要的一项基本人权，而旅游越来越被认为与生活质量和主观幸福感有关（McCabe，2009；McCabe et al.，2013；McCabe et al.，2010），还与社会和家庭资本有关（Minnaert et al.，2009）。然而，许多体育和娱乐活动的参与仍然受到社会阶层、种族和性别的严格限制（Gibson，2005）。"无论在哪个文化或历史时期，人们都通过体育来将自己和他人区分开来，以反映自己的地位和声望"（Booth et al.，1999）。在一些社会中，参加体育活动仍然受到周围环境问题的困扰，如日益久坐、不健康的生活方式和肥胖（Coakley，2017）。排斥运动仍然是许多当代体育运动的特点。同时，许多太小而不能自己做决定的儿童容易受到雄心勃勃的父母、成绩导向的教学制度和竞争激烈的国家体育发展制度的约束。

Booth 等（1999）指出，相似身份的群体通常有共同的生活方式和消费模式。旅游行业也是如此，尽管人们对旅游交通的能源需求和排放感到担忧（Buckley et al.，2015），但不可否认的是，旅行频率和距离仍然是用来区分社会阶层和固化中产阶级社会关系的依据（Cohen，1984）。人们普遍认识到，高度的个人流动性（Burns et al.，2008；Hall，2004）和主动或被动参与体育活动的热情不断高涨（Glyptis，1991）是 20 世纪末和 21 世纪初社会的两个决定性特征。然而，在许多社会中，个人流动性和旅行自由仍然受到限制和排斥（Hall，2004）。鉴于此，我们呼吁政府制定符合联合国（2015）可持续发展目标的国家和区域政策（以及数据、测量和报告系统）。原因在于，联合国可持续发展目标（sustainable development goal，SDG）中体现了一系列当代关键问题，内容涉及有利于实现可持续发展的社会转型等相关问题。显然，社会包容仍然是体育和旅游业中的一个难题；解决社会包容问题直接关系到可持续发展"目标 3（良好健康和福利）""目标 5（性别平等）""目标 10（减少不平等）""目标 12（负责任的消费和生产）""目标 16（和平、正义与强大机构）"和"目标 17（促进目标实现的伙伴关系）"。同样地，我们必须敏锐地认识到，我们的社会正面临着与可持续发展有关的巨大挑战，包括日益加剧的不平等、全球健康威胁、环境退化、自然资源枯竭和气候变化。社会和政治的力量不仅塑造了体育和旅游行业，也在促进社会转型以应对这些挑战方面发挥着不可替代的关键作用。

参考文献

Abad, J.M. (2001) The growth of the Olympic City of Barcelona. *Olympic Review* 27 (38), 16–19.

Abegg, B. and Frösch, R. (1994) Climate change and winter tourism: Impact on transport companies in the Swiss canton of Graubünden. In M. Beniston (ed.) *Mountain Environments in Changing Climates* (pp. 328–340). London: Routledge.

Abramson, A. and Fletcher, R. (2007) Recreating the vertical: Rock-climbing as epic and deep eco-play. *Anthropology Today* 23 (6), 3–7.

Ajzen, I. and Driver, B.L. (1992) Application of the theory of planned behavior to leisure choice. *Journal of Leisure Research* 24 (3), 207–224.

Alexander, M. (2001, 15 April) Sport relays billions to NZ economy. *Sunday Star Times*, p. E:3.

Alexandris, K. and Carroll, B. (1999) Constraints on recreational sport participation in adults in Greece: Implications for providing and managing sport services. *Journal of Sport Management* 13 (4), 317–332.

Allcock, J.B. (1989) Seasonality. In S.F. Witt and L. Moutinho (eds) *Tourism Marketing and Management Handbook* (pp. 387–392). Englewood Cliffs: Prentice Hall.

Allen Collinson, J. and Hockey, J. (2007) 'Working out' identity: Distance runners and the management of disrupted identity. *Leisure Studies* 26 (4), 381–398.

Allmers, S. and Maennig, W. (2009) Economic impacts of the FIFA Soccer World Cups in France 1998, Germany 2006, and outlook for South Arica 2010. *Eastern Economic Journal* 35, 500–519.

Amelung, B., Nicholls, S. and Viner, D. (2007) Implications of global climate change for tourism flows and seasonality. *Journal of Travel Research* 45 (3), 285–296.

Andrews, D. (2006) *Sports-Commerce-Culture: Essays on Sport in Late Capitalist America*. New York: Peter Lang.

Andueza, J.M. (1997) The role of sport in the tourism destinations chosen by tourists visiting Spain. *Journal of Sport Tourism* 4 (3), 7–10.

Anon. (1996, 18 July) Business money is the champion. *Marketing* 3.

Anon. (2000) Shared vision? Australian leisure management considers the development of shared community and school sports facilities in country areas. *Australian Leisure Management* 19, 24–25.

Archer, B. and Cooper, C. (1995) The positive and negative impacts of tourism. In W. Theobald (ed.) *Global Tourism: The Next Decade* (pp. 3–91). Oxford: Butterworth Heinemann.

ASICS (nd) ASICS Sports Museum. See http://corp.asics.com/en/about_asics/museum (accessed 22 August 2017).

Atkisson, A. (2000) *Believing Cassandra: An Optimist Looks at a Pessimists World*. New York: Scribe Publishers.

Bagheri, A. and Hjorth, P. (2007) Planning for sustainable development: A paradigm shift towards a process-based approach. *Sustainable Development* 15 (2), 83–96.

Baker, C. (2015) Beyond the island story?: The opening ceremony of the London 2012 Olympic Games as public history. *Rethinking History* 19 (3), 409–428.

Bale, J. (1982) *Sport and Place: A Geography of Sport in England, Scotland and Wales*. London: C. Hurst & Co. Ltd.

Bale, J. (1989) *Sports Geography*. London: E&FN Spon.

Bale, J. (1993a) *Sport, Space and the City*. London: Routledge.

Bale, J. (1993b) The spatial development of the modern stadium. *International Review for the Sociology of Sport* 28 (2+3), 121–134.

Bale, J. (1994) *Landscapes of Modern Sport*. Leicester: Leicester University Press.

Bale, J. (2002) *Sports Geography* (2nd edn). London: Routledge.

Bale, J. and Maguire, J. (2013) *The Global Sports Arena: Athletic Talent Migration in an Interdependent World*. London: Routledge.

Ball, R.M. (1988) Seasonality: A problem for workers in the tourism labour market? *The Services Industries Journal* 8 (4), 501–513.

Ball, R.M. (1989) Some aspects of tourism, seasonality, and local labour markets. *Area* 21 (1), 35–45.

Baloglu, S. and McCleary, K.W. (1999) A model of destination image formation. *Annals of Tourism Research* 26 (4), 868–897.

Barker, M. (2004) Crime and sport events tourism: The 1999–2000 America's Cup. In B. Ritchie and D. Adair (eds) *Sport Tourism: Interrelationships, Impacts and Issues* (pp. 226–252). Clevedon: Channel View Publications.

Barney, R.K., Wenn, S.R. and Martyn, S.G. (2002) *Selling the Five Rings: The International Olympic Committee and the Rise of Olympic Commercialism*. Salt Lake City: University of Utah Press.

Baron, R.R.V. (1975) *Seasonality in Tourism: A Guide to the Analysis of Seasonality and Trends for Policy Making*. London: Economist Intelligence Unit.

Barros, C.P., Butler, R. and Correia, A. (2010) The length of stay of golf tourism: A survival analysis. *Tourism Management* 31 (1), 13–21.

Bartoluci, M. and Čavlek, N. (2000) The economic basis of the development of golf in Croatian tourism: Prospects and misconceptions. *Acta Turistica* 12 (2), 105–138.

Basińska-Zych, A. and Lubowiecki-Vikuk, A.P. (2011) Sport and tourism as elements of place branding: A case study on Poland. *Journal of Tourism Challenges and Trends* 4 (2), 33–52.

Bassett, C. and Wilbert, C. (1999) Where you want to go today (like it or not). In D. Crouch (ed.) *Leisure/Tourism Geographies* (pp. 181–194). London: Routledge.

Baum, T. and Hagen, L. (1999) Responses to seasonality: The experiences of peripheral destinations. *International Journal of Tourism Research* 1 (5), 299–312.

Baum, T. and Lundtorp, S. (2001) Seasonality in tourism: An introduction. In T. Baum and S. Lundtorp (eds) *Seasonality in Tourism* (pp. 1–4). London: Pergamon.

Beardsley, D. (1988) *Country on Ice*. Markham: Paperjacks Ltd.

Beezer, A. and Hebdige, D. (1992) Subculture: The meaning of style. In M. Barker and A. Beezer (eds) *Reading into Cultural Studies* (pp. 101–117). London: Routledge.

Befu, H. (2001) *Hegemony of Homogeneity: An Anthropological Analysis of 'Nihonjinron'*. Melbourne: Trans Pacific Press.

Belanger, A. (2000) Sport venues and the spectacularization of urban spaces in North America: The case of the Molson Centre in Montreal. *International Review for the Sociology of Sport* 35 (3), 378–397.

Bell, R. (2000) A modern perspective of the ancient Olympic events. *The Sport Journal* 3 (3), 1–2.

Bellan, G.L. and Bellan-Santini, D.R. (2001) A review of littoral tourism, sport and leisure activities: Consequences on marine flora and fauna. *Aquatic Conservation: Marine and Freshwater Ecosystems* 11 (4), 325–333.

Bentley, T.A., Page, S.J. and Laird, I.S. (2000) Safety in New Zealand's adventure tourism industry: The client accident experience of adventure tourism operators. *Journal of Travel Medicine* 7 (5), 239–245.

Beresford, S. (1999) The sport–tourism link in the Yorkshire region. In M. Scarrott (ed.) *Exploring Sports Tourism: Proceedings of a SPRIG Seminar Held at the University of Sheffield on 15 April 1999* (pp. 29–37) Sheffield: Sheffield Hallam University.

Bernstein, A. (2000) Things you can see from there you can't see from here: Globalization, media, and the Olympics. *Journal of Sport and Social Issues* 24 (4), 351–369.

Bieger, T. and Laesser, C. (2002) Market segmentation by motivation: The case of Switzerland. *Journal of Travel Research* 41 (1), 68–76.

Binns, T. (1995) Geography in development: Development in geography. *Geography* 80, 303–322.

Black, D. (2008) Dreaming big: The pursuit of 'second order' games as a strategic response to globalization. *Sport in Society* 11 (4), 467–480.

Bloch, C. and Laursen, P.F. (1996) Play, sports and environment. *International Review for the Sociology of Sport* 31 (2), 205–217.

Bodet, G. and Lacassagne, M.F. (2012) International place branding through sporting events: A British perspective of the 2008 Beijing Olympics. *European Sport Management Quarterly* 12 (4), 357–374.

Boniface, B.G. and Cooper, C. (1994) *The Geography of Travel and Tourism* (2nd edn). Oxford: Butterworth Heinemann.

Boorstin, D.J. (1975) *The Image: A Guide to Pseudo-Events in America.* New York: Atheum.

Booth, D. (1993) Sydney 2000: The games people play. *Current Affairs Bulletin* December/January, 4–11.

Booth, D. (1997) Sports history: What can be done?. *Sport, Education and Society* 2 (2), 191–204.

Booth, D. (1999) Gifts of corruption? Ambiguities of obligation in the Olympic movement. *Olympika* 8, 43–68.

Booth, D. (2000) Modern sport: Emergence and experiences. In C. Collins (ed.) *Sport in New Zealand Society* (pp. 45–63). Palmerston North: Dunmore Press.

Booth, D. and Loy, J.W. (1999) Sport, status, and style. *Sport History Review* 30 (1), 1–26.

Borish, L.J. and Rischler, B.L. (2001) Labour, leisure and sport in cultural perspective. *Rethinking History* 5 (1), 1–9.

Borland, J. and MacDonald, R. (2003) Demand for sport. *Oxford Review of Economic Policy* 19 (4), 478–502.

Bourdeau, P., Corneloup, J. and Mao, P. (2002) Adventure sports and tourism in the French Mountains: Dynamics of change and challenges for sustainable development. *Current Issues in Tourism* 5 (1), 22–32.

Bows-Larkin, A., Mander, S.L., Traut, M.B., Anderson, K.L. and Wood, F.R. (2016) Aviation and climate change: The continuing challenge. *Encyclopedia of Aerospace Engineering.* doi: 10.1002/97804700686652.eae1031.

Boyle, R. and Haynes, R. (1996) 'The grand old game': Football, media and identity in Scotland. *Media, Culture & Society* 18 (4), 549–564.

Bramwell, B. (1999) Sport, tourism and city development. *International Journal of Tourism Research* 1 (6), 459–460.

Bramwell, B., Higham, J.E.S., Lane, B. and Miller, G. (2017) Twenty-five years of sustainable tourism: Looking back and moving forward. *Journal of Sustainable Tourism* 25 (1), 1–9.

Brayley, R.E. (1999) Using technology to enhance the recreation education classroom. *Journal of Physical Education, Recreation & Dance* 70 (9), 23–25.

Breivik, G. (2010) Trends in adventure sports in a post-modern society. *Sport in Society* 13 (2), 260–273.

Breuer, C., Hallmann, K. and Wicker, P. (2011) Determinants of sport participation in different sports. *Managing Leisure* 16 (4), 269–286.

Briassoulis, H. (2007) Golf-centered development in coastal Mediterranean Europe: A soft sustainability test. *Journal of Sustainable Tourism* 15 (5), 441–462.

Briassoulis, H. (2010) 'Sorry golfers, this is not your spot!': Exploring public opposition to golf development. *Journal of Sport and Social Issues* 34 (3), 288–311.

British Tourist Authority (2000) *Sporting Britain: Play It, Love It, Watch It, Live It, Visit.* London: Haymarket Magazines Ltd.

Broudehoux, A-M. (2016) Mega-events, urban image construction, and the politics of exclusion. In R. Gruneau and J. Horne (eds) *Mega-Events and Globalization: Capital and Spectacle in a Changing World Order* (pp. 113–130). London Routledge.

Brown, C. and Paul, D.M. (1999) Local organized interests and the 1996 Cincinnati Sports Stadia Tax Referendum. *Journal of Sport and Social Issues* 23 (2), 218–237.

Brown, G. (2000) Emerging issues in Olympic sponsorship: Implications for host cities. *Sport Management Review* 3 (1), 71–92.

Brown, G. (2001) Sydney 2000: An invitation to the world. *Olympic Review* 27 (37), 15–20.

Brown, G. and Raymond, C. (2007) The relationship between place attachment and landscape values: Toward mapping place attachment. *Applied Geography* 27 (2), 89–111.

Brown, G., Chalip, L., Jago, L. and Mules, T. (2002) The Sydney Olympics and brand Australia. In N. Morgan, A. Pritchard and R. Pride (eds) *Destination Branding: Creating the Unique Destination Proposition* (pp. 163–185). Oxford: Butterworth-Heinemann.

Brown, G., Smith, A. and Assaker, G. (2016) Revisiting the host city: An empirical examination of sport involvement, place attachment, event satisfaction and spectator intentions at the London Olympics. *Tourism Management* 55, 160–172.

Brymer, E. (2009). Extreme sports as a facilitator of ecocentricity and positive life changes. *World Leisure Journal* 51 (1) 47–53.

Buckley, R., Gretzel, U., Scott, D., Weaver, D. and Becken, S. (2015) Tourism megatrends. *Tourism Recreation Research* 40 (1), 59–70.

Bull, C. and Weed, M. (1999) Niche markets and small island tourism: The development of sports tourism in Malta. *Managing Leisure* 4 (3), 142–155.

Bunning, R.J. and Gibson, H.J. (2016) The role of travel conditions in cycling tourism: Implications for destination and event management. *Journal of Sport & Tourism* 20 (3–4), 175–193.

Burgan, B. and Mules, T. (1992) Economic impact of sporting events. *Annals of Tourism Research* 19 (4), 700–710.

Burgess, C. (2010) The 'illusion' of homogeneous Japan and national character: Discourse as a tool to transcend the 'myth' vs. 'reality' binary. *The Asia-Pacific Journal: Japan Focus* 9 (1), 1–24.

Burnstyn, V. (1999) *The Rites of Men: Manhood, Politics, and the Culture of Sport.* Toronto: University of Toronto Press.

Burton, R.W. (1995) *Travel Geography* (2nd edn). London: Pitman Publishing.

Butler, R.W. (1980) The concept of the tourist area lifecycle of evolution: Implications for the management of resources. *Canadian Geographer* 24 (1), 5–12.

Butler, R.W. (1993) Tourism: An evolutionary perspective. In J.G. Nelson, R.W. Butler and G. Wall (eds) *Tourism and Sustainable Development: Monitoring, Planning, Managing* (pp. 27–43). Waterloo: University of Waterloo – Department of Geography Publication Series No. 37.

Butler, R.W. (1994) Seasonality in tourism: Issues and problems. In A.V. Seaton (ed.) *Tourism: The State of the Art* (pp. 332–339). Chichester: John Wiley and Sons.

Butler, R.W. (1996) The role of tourism in cultural transformation in developing countries. In W. Nuryanti (ed.) *Tourism and Culture: Global Civilization in Change* (pp. 91–101). Yogyakarta: Gadjah Mada University Press.

Butler, R.W. (2001) Seasonality in tourism: Issues and implications. In T. Baum and S. Lundtorp (eds) *Seasonality in Tourism* (pp. 5–23). London: Pergamon.

Butler, R.W. (ed.) (2006) *The Tourist Area Life Cycle: Vol. 1 Applications and Modifications.* Clevedon: Channel View Publications.

Butler, R.W. and Mao, B. (1997) Seasonality in tourism: Problems and measurement. In P.E. Murphy (ed.) *Quality Management in Urban Tourism* (pp. 9–24). Chichester: John Wiley and Sons.

Butler, R.W. and Boyd, S.W. (eds) (2000) *Tourism and National Parks: Issues and Implications*. Chichester: John Wiley and Sons.

Campelo, A., Aitken, R., Thyne, M. and Gnoth, J. (2014) Sense of place: The importance for destination branding. *Journal of Travel Research* 53 (2), 154–166.

Camy, J., Adamkiewics, E. and Chantelat, P. (1993) Sporting uses of the city: Urban anthropology applied to the sports practices in the agglomeration of Lyon. *International Review for the Sociology of Sport* 28 (2–3), 175–185.

Canadian Sport Tourism Alliance (2017) Sport tourism surges past $6.5 billion annually. CSTA Alert, Ottawa.

Canadian Tourism Commission (2002) Sport tourism impact. *Tourism: Canada's Tourism Monthly* 6.

Canadian Tourism Commission & Coopers and Lybrand (1996) *Domestic Tourism Market Research Study*. Ottawa: Industry Canadian.

Cannas, R. (2012) An overview of tourism seasonality: Key concepts and policies. *Almatourism: Journal of Tourism, Culture and Territorial Development* 3 (5), 40–58.

Cantelon, H. and Gruneau, R.S. (1988) The production of sport for television. In J. Harvey and H. Cantelon (eds) *Not Just a Game: Essays in Canadian Sport Sociology* (pp. 177–194). Ottawa: University of Ottawa Press.

Cantelon, H. and Letters, M. (2000) The making of the IOC environmental policy as the third dimension of the Olympic movement. *International Review for the Sociology of Sport* 35 (3), 294–308.

Carle, A. and Nauright, J. (1999) A man's game? Women playing rugby union in Australia. *Football Studies* 2 (1), 55–73.

Carmichael, B. and Murphy, P.E. (1996) Tourism economic impact of a rotating sports event: The case of the British Columbia Games. *Festival Management and Event Tourism* 4 (3–4), 127–138.

Carneiro, M.J., Breda, Z. and Cordeiro, C. (2016) Sports tourism development and destination sustainability: The case of the coastal area of the Aveiro region, Portugal. *Journal of Sport & Tourism* 20 (3–4), 305–334.

Carter, J., Dyer, P. and Sharma, B. (2007) Dis-placed voices: Sense of place and place-identity on the Sunshine Coast. *Social and Cultural Geography* 8 (5), 755–773.

Carus, L. (1998) A conceptual framework for the strategic analysis and forecasting stage within the strategic tourism management process. *Journal of Sport & Tourism* 4 (4), 29–44.

Casey, M.E. (2010) Low cost air travel: Welcome aboard?. *Tourist Studies* 10 (2), 175–191.

Cashmore, E. (1996) *Making Sense of Sports* (2nd edn). London: Routledge.

Castells, M. (1997) *The Rise of the Network Society*. Oxford: Blackwell.

Chadwick, G. (1971) *A Systems View of Planning*. Oxford: Pergamon Press.

Chalip, L. (1992) The construction and use of polysemic structures: Olympic lessons for sport marketers. *Journal of Sport Management* 6 (2), 87–98.

Chalip, L. (2001) Sport tourism: Capitalising on the linkage. In D. Kluka and G. Schilling (eds) *Perspectives: The Business of Sport* (pp. 77–89). Oxford: Meyer and Meyer.

Chalip, L. (2004a) Beyond impact: A general model for host community event leverage. In B. Ritchie and D. Adair (eds) *Sport Tourism: Interrelationships, Impacts and Issues* (pp. 226–252). Clevedon: Channel View Publications.

Chalip, L. (2004b) Olympic teams as market segments. In T.D. Hinch and J.E.S. Higham (eds) *Sport Tourism Development* (pp. 52–54). Clevedon: Channel View Publications.

Chalip, L. (2006) Towards social leverage of sport events. *Journal of Sport & Tourism* 11 (2), 109–127.

Chalip, L. and Costa, C.A. (2005) Sport event tourism and the destination brand: Towards a general theory. *Sport in Society* 8 (2), 218–237.

Chalip, L. and McGuirty, J. (2004) Bundling sport events with the host destination. *Journal of Sport & Tourism* 9 (3), 267–282.

Chalip, L., Green, B.C. and Vander Velden, L. (1998) Sources of interest in travel to the Olympic Games. *Journal of Vacation Marketing* 4 (1), 7–22.

Chalip, L., Green, B.C. and Hill, B. (2003) Effects of sport event media on destination image and intention to visit. *Journal of Sport Management* 17 (3), 214–234.

Chang, P.C. and Singh, K.K. (1990) Risk management for mega-events: The 1988 Olympic Winter Games. *Tourism Management* 11 (1), 45–52.

Chapin, T.S. (2004) Sports facilities as urban redevelopment catalysts: Baltimore's Camden Yards and Cleveland's Gateway. *Journal of the American Planning Association* 70 (2), 193–209.

Chapman, A. and Light, D. (2016) Exploring the tourist destination as a mosaic: The alternative lifecycles of the seaside amusement arcade sector in Britain. *Tourism Management* 52, 254–263.

Chelladurai, P. and Chang, K. (2000) Targets and standards of quality in sport services. *Sport Management Review* 3 (1), 1–22.

Chen, K.C., Groves, D. and Lengfelder, J. (1999) A system model of sport tourism with implications for research. *Visions in Leisure and Business* 18 (1), 34–44.

Chernushenko, D. (1996) Sports tourism goes sustainable: The Lillehammer Experience. *Visions in Leisure and Business* 15 (1), 65–73.

Cho, H., Ramshaw, G. and Norman, W.C. (2014) A conceptual model for nostalgia in the context of sport tourism: Re-classifying the sporting past. *Journal of Sport & Tourism* 19 (2), 145–167.

Chogahara, M. and Yamaguchi, Y. (1998) Resocialization and continuity of involvement in physical activity among elderly Japanese. *International Review for the Sociology of Sport* 33 (3), 277–289.

Christaller, W. (1955) Contributions to the geography of the travel trade. Erkunde Bandix, February 1955. Heft 1. (Regional Science Series).

Christaller, W. (1964) Some considerations of tourism location in Europe: The peripheral regions – underdeveloped countries – recreation areas. *Papers, Regional Science Association* 12, 95–105.

Chung, J.Y. (2009) Seasonality in tourism: A review. *E-review of Tourism Research* 7 (5), 82–96.

Clawson, M. and Knetsch, J. (1966) *The Economics of Outdoor Recreation*. Baltimore: Johns Hopkins Press.

Clay, J. (2001, 29 April) Sense of place gives Derby unique allure (p. C1). *Lexington Herald*.

Coakley, J. (1990) *Sports in Society: Issues and Controversies* (4th edn). Missouri: Times Mirror/Mosby College Publishing.

Coakley, J. (2017) *Sport in Society: Issues and Controversies* (12th edn). Boston: McGraw Hill Higher Education.

Coalter, F. (1999) Sport and recreation in the United Kingdom: Flow with the flow or buck with the trends? *Managing Leisure* 4 (1), 24–39.

Cohen, E. (1979) A phenomenology of tourist experiences. *Sociology* 13 (2), 179–201.

Cohen, E. (1984) The sociology of tourism: Approaches, issues, and findings. *Annual Review of Sociology* 10 (1), 373–392.

Cohen, E. (1988) Authenticity and the commoditization of tourism *Annals of Tourism Research* 15 (3), 371–386.

Cohen, E. (1996) A phenomenology of tourist experiences. In Y. Apostolopoulos, S. Leivadi and A. Yiannakis (eds) *The Sociology of Tourism* (pp. 90–111). London: Routledge.

Cohen, E. and Cohen, S. (2012) Authentication: Hot and cool. *Annals of Tourism Research* 39 (3), 1295–1314.

Cole, S. (2007) Beyond authenticity and commodification. *Annals of Tourism Research* 34 (4), 943–960.

Collier, A. (1999) *Principles of Tourism: A New Zealand Perspective* (5th edn). Auckland: Longman.

Collins, A., Jones, C. and Munday, M. (2009) Assessing the environmental impacts of mega sporting events: Two options? *Tourism Management* 30 (6), 828–837.

Collins, M.F. (1991) The economics of sport and sports in the economy: Some international comparisons. In C.P. Cooper (ed.) *Progress in Tourism, Recreation and Hospitality Management* (pp. 184–214). London: Belhaven Press.

Collins, M.F. and Jackson, G. (1999) The economics of sport tourism. In J. Standeven and P. DeKnop (eds) *Sport Tourism* (pp. 170–201). Champaign, IL: Human Kinetics.

Collins, M.F. and Jackson, G. (2001) Evidence for a sports tourism continuum. Paper presented at the Journeys in Leisure: Current and Future Alliances, Luton, UK.

Commons, J. and Page, S. (2001) Managing seasonality in peripheral tourism regions: The case of Northland, New Zealand. In T. Baum and S. Lundtorp (eds) *Seasonality in Tourism* (pp. 153–172). London: Pergamon.

Commonwealth Department of Industry, Science and Resources (2000) Towards a National Sport Tourism Strategy (Draft report). Canberra: Commonwealth Department of Industry, Science and Resources.

Cooper, C., Fletcher, J., Gilbert, D. and Wanhill, S. (1993) *Tourism: Principles and Practice*. Harlow: Longman Group Limited.

Cornelissen, S. (2008) Scripting the nation: Sport, mega-events, foreign policy and state-building in post-apartheid South Africa. *Sport in Society* 11 (4), 481–493.

Cornelissen, S. (2010) The geopolitics of global aspiration: Sport mega-events and emerging powers. *International Journal of the History of Sport* 27 (16–18), 3008–3025.

Cornelissen, S., Bob, U. and Swart, K. (2011) Towards redefining the concept of legacy in relation to sport mega-events: Insights from the 2010 FIFA World Cup. *Development Southern Africa* 28 (3), 307–318.

Cottle, R.L. (1981) Economics of the professional golfers association tour. *Social Science Quarterly* 62 (4), 721–734.

Cowell, R. (1997) Stretching the limits: Environmental compensation, habitat creation and sustainable development. *Transactions of the Institute of British Geographers* 22 (3), 292–306.

Crawford, D.W., Jackson, E.L. and Godbey, G. (1991) A hierarchical model of leisure constraints. *Leisure Sciences* 13 (4), 309–320.

Crawford, S.A.G. (1995) Rugby and the forging of national identity. In J. Nauright (ed.) *Sport, Power and Society in New Zealand: Historical and Contemporary Perspectives* (pp. 5–19). Sydney: University of New South Wales Printery.

Creutzig, F., Jochem, P., Edelenbosch, O.Y., Mattauch, L., van Vuuren, D.P., McCollum, D. and Minx, J. (2015) Transport: A roadblock to climate change mitigation? *Science* 350 (6263), 911–912.

Crompton, J.L. (1979) Motivations for pleasure vacation. *Annals of Tourism Research* 6 (4), 408–424.

Crompton, J.L. (1995) Economic impact analysis of sports facilities and events: Eleven sources of misapplication. *Journal of Sport Management* 9 (1), 14–35.

Crouch, D. (2000) Places around us: Embodied lay geographies in leisure and tourism. *Leisure Studies* 19 (2), 63–76.

Csikszentmihalyi, M. (2002) *Flow: The Classic Work on How to Achieve Happiness*. London: Rider Paperbacks.

Cuthbertson, B., Heine, M. and Whitson, D. (1997) Producing meaning through movement: An alternative view of sense of place. *Trumpeter* 14 (2), 72–75.

Daniels, M.J. (2007) Central place theory and sport tourism impacts. *Annals of Tourism Research* 34 (2), 332–347.

Dann, G.M.S. (1981) Tourist motivation: An appraisal. *Annals of Tourism Research* 8 (2), 187–219.

Darcy, S. (2003) The politics of disability and access: The Sydney 2000 Games experience. *Disability & Society* 18 (6), 737–757.

Dauncey, H. and Hare, G. (2000) World Cup France '98: Metaphors, meanings and values. *International Review for the Sociology of Sport* 35 (3), 331–347.

Davidson, L. and Stebbins, R. (2011) *Serious Leisure and Nature: Sustainable Consumption in the Outdoors.* New York: Palgrave Macmillan.

Davies, J. and Williment, J. (2008) Sport tourism: Grey sport tourists, all black and red experiences. *Journal of Sport & Tourism* 13 (3), 221–242.

Davis, J. and Thornley, A. (2010) Urban regeneration for the London 2012 Olympics: Issues of land acquisition and legacy. *City, Culture and Society* 1 (2), 89–98.

Dawson, J., Havitz, M. and Scott, D. (2011) Behavioral adaptation of alpine skiers to climate change: Examining activity involvement and place loyalty. *Journal of Travel and Tourism Marketing* 28 (4), 388–404.

Dawson, J., Scott, D. and McBoyle, G. (2009) Climate change analogue analysis of ski tourism in the northeastern USA. *Climate Research* 39 (1), 1–9.

De Knop, P. (1998) Sport tourism: A state of the art. *European Journal for Sport Management* 5 (2), 5–20.

De Melo, V. and Mangan, J.A. (1997) A web of the wealthy: Modern sport in the nineteenth-century culture of Rio de Janeiro. *International Journal of the History of Sport* 14 (1), 168–173.

de Villers, D.J. (2001) Sport and tourism to stimulate development. *Olympic Review* 27 (38), 11–13.

Dear, M. and Flusty, S. (1999) The postmodern urban condition. In M. Featherstone and S. Lash (eds) *Spaces of Culture: City-Nation-World* (pp. 64–85). London: Sage.

Delia, E.B. (2015) The exclusiveness of group identity in celebrations of team success. *Sport Management Review* 18 (3), 396–406.

Deloitte (2014) *All to Play for: Global Money League.* Manchester: Deloitte Sport Business Group.

Delpy, L. (1998) An overview of sport tourism: Building towards a dimensional framework. *Journal of Vacation Marketing* 4 (1), 23–38.

Delpy, L. (2001, 22–23 February) Preparing for the rise in sports tourism. Paper presented at the World Conference on Sport and Tourism, Barcelona, Spain.

Delpy Neirotti, L., Bosetti, H.A. and Teed, K.C. (2001) Motivation to attend the 1996 Summer Olympic Games. *Journal of Travel Research* 39 (3), 327–331.

Denham, D. (2004) Global and local influences on English Rugby League. *Sociology of Sport Journal* 21 (2), 206–219.

Derom, I. and Ramshaw, G. (2016) Leveraging sport heritage to promote tourism destinations: The case of the Tour of Flanders cyclo event. *Journal of Sport & Tourism* 20 (3–4), 263–283.

Devine, A. and Devine, F. (2004) The politics of sports tourism in Northern Ireland. *Journal of Sport Tourism* 9 (2), 171–182.

Dietvorst, A.G.J. (1995) Tourist behaviour and the importance of time-space analysis. In G.J. Ashworth and A.G.J. Dietvorst (eds) *Tourism and Spatial Transformations: Implications for Policy and Planning.* Wallingford: CABI.

Dietvorst, A.G.J. and Ashworth, G.J. (1995) Tourism transformations: An introduction. In G.J. Ashworth and A.G.J. Dietvorst (eds) *Tourism and Spatial Transformations: Implications for Policy and Planning* (pp. 1–13). Wallingford: CABI.

Dixon, K. (2014) The role of lateral surveillance in the construction of authentic football fandom practice. *Surveillance & Society* 11 (4), 424–438.

Dodds, R. and Graci, S. (2009) Canada's tourism industry—Mitigating the effects of climate change: A lot of concern but little action. *Tourism and Hospitality Planning and Development* 6 (1), 39–51.

Doering, A. (2018) Mobilising stoke: A genealogy of surf tourism development in Miyazaki, Japan. *Tourism Planning & Development* 15 (1), 68–81.

Dolnicar, S. (2002) A review of data-driven market segmentation in tourism. *Journal of Travel & Tourism Marketing* 12 (1), 1–22.

Donnelly, P. and Young, K.M. (1985) Reproductions and transformation of cultural forms in sport: A contextual analysis of rugby. *International Journal of the History of Sport* 20 (1–2), 19–38.

Donnelly, P. and Young, K.M. (1988) The construction and confirmation of identity in sport subcultures. *Sociology of Sport Journal* 5 (3), 223–240.

Doxey, G. (1975, 8–11 September) Visitor–resident interaction in tourist destinations: Inferences from empirical research in Barbados, West Indies and Niagara-on-the-Lake, Ontario. Paper presented at the Symposium on the Planning and Development of the Tourist Industry in the ECC Region, Dubrovnik, Yugoslavia.

Duda, J.L. and Nicholls, J.G. (1992) Dimensions of achievement motivation in schoolwork and sport. *Journal of Educational Psychology*, 84 (3), 290.

Duncan, M. and Brummett, B. (1989) Types and sources of spectating pleasure in televised sports. *Sociology of Sport Journal* 6 (3), 195–211.

Dunn Ross, E.L. and Iso-Ahola, S.E. (1991) Sightseeing tourists' motivation and satisfaction. *Annals of Tourism Research* 18 (2), 226–237.

Dunning, E. (1994) Sport in space and time: 'Civilizing processes', trajectories of state-formation and the development of modern sport. *International Review for the Sociology of Sport* 29 (4), 331–345.

Dunning, E. (1999) *Sport Matters: Sociological Studies of Sport, Violence and Civilisation*. London: Routledge.

Dutch Ministry of Economic Affairs (1991) *Improving Seasonal Spread of Tourism*. Rotterdam: Markant-Adviesbureau, Dutch Ministry of Economic Affairs.

Dwyer, L. (2014) Transnational corporations and the globalization of tourism. In A.A. Lew, C.M. Hall and A.M. Williams (eds) *The Wiley Blackwell Companion to Tourism* (pp. 197–209). Chichester: John Wiley & Sons.

Dwyer, L., Edwards, D., Mistilis, N., Roman, C., Scott. N. and Cooper, C. (2008) Megatrends underpinning tourism to 2020: Analysis of key drivers for change. CRC for Sustainable Tourism Pty Ltd. See http://crctourism.com.au/WMS/Upload/Resources/bookshop/80046%20Dwyer_TourismTrends2020%20WEB.pdf (accessed 23 April 2010).

Eastman, S.T. and Riggs, K.E. (1994) Televised sports and ritual: Fan experiences. *Sociology of Sport Journal* 11 (3), 249–274.

Echtner, C.M. and Ritchie, J.B.R. (1993) The measurement of destination image : An empirical assessment. *Journal of Travel Research* Spring 31 (4) , 3–13.

Eden, S. and Barratt, P. (2010) Outdoors versus indoors? Angling ponds, climbing walls and changing expectations of environmental leisure. *Area* 42 (4), 487–493.

Edensor, T. and Richards, S. (2007) Snowboarders vs skiers: Contested choreographies of the slopes. *Leisure Studies* 26 (1), 97–114.

Edensor, T. and Millington, S. (2008) 'This is our city': Branding football and local embeddedness. *Global Networks: A Journal of Transnational Affairs* 8 (2), 172–193.

Edgell, D.L. (1990) *International Tourism Policy*. New York: Van Nostrand Reinhold.

Eid, M. and Diener, E. (2001) Norms for experiencing emotions in different cultures: Inter- and intranational differences. *Journal of Personality and Social Psychology* 81 (5), 869–884.

Elias, N. and Dunning, E. (2008) *Quest for Excitement: Sport and Leisure in the Civilising Process* (rev. edn). Dublin: University College Dublin Press.

Elling, A. and Janssens, J. (2009) Sexuality as a structural principle in sport participation: Negotiating sports spaces. *International Review for the Sociology of Sport* 44 (1), 71–86.

Emery, P.R. (1998, 2–4 July) Bidding to host a major sports event: Strategic investment or complete lottery. Paper presented at the Sport in the City, Sheffield, UK.

Environment Agency (2008) Assessing Optimum Irrigation Water Use: Additional Agricultural and Non-Agricultural Sectors (Report No. SC040008/SR1). Bristol: Environment Agency.

Ernst and Young (1996) Economic Impact Analysis America's Cup Auckland 2000. Unpublished report prepared for the Auckland Regional Services Trust, Auckland.

Esfahani, N., Goudarzi, M. and Assadi, H. (2009) The analysis of the factors affecting the development of Iran sport tourism and the presentation of a strategic model. *World Journal of Sport Sciences* 2 (2), 136–144.

Evans, D. and Norcliffe, G. (2016) Local identities in a global game: The social production of football space in Liverpool. *Journal of Sport & Tourism* 20 (3–4), 217–232.

Ewert, A. and Shultis, J. (1999) Technology and backcountry recreation: Boon to recreation or bust for management. *Journal of Physical Education, Recreation and Dance* 70 (8), 23–28.

Fairley, S. (2003) In search of relived social experience: Group-based nostalgia sport tourism. *Journal of Sport Management* 17 (3), 284–304.

Fairley, S. and Gammon, S. (2005) Something lived, something learned: Nostalgia's expanding role in sport tourism. *Sport in Society* 8 (2), 182–197.

Fairley, S. and Tyler, B.D. (2009) Cultural learning through a sport tourism experience: The role of the group. *Journal of Sport Tourism* 14 (4), 273–292.

Falcous, M. (2017) Why we ride: Road cyclists, meaning, and lifestyles. *Journal of Sport and Social Issues* 41 (3), 239–255.

Falcous, M. and Newman, J.I. (2016) Sporting mythscapes, neoliberal histories, and post-colonial amnesia in *Aotearoa*/New Zealand. *International Review for the Sociology of Sport* 51 (1), 61–77.

Falla, J. (2000) *Home Ice: Reflections on Backyard Rinks and Frozen Ponds*. Toronto: McClelland & Stewart.

Fang, Y. and Yin, J. (2015) National assessment of climate resources for tourism seasonality in China using the tourism climate index. *Atmosphere* 6 (2), 183–194.

Faulkner, B., Tideswell, C. and Weston, A.M. (1998) Leveraging tourism benefits from the Sydney 2000 Olympics. Paper presented at the Sport Management Association of Australia and New Zealand, Gold Coast, Australia, 26–28 November.

FC Barcelona (2016) FC Barcelona Museum preparing for 30 millionth visitor. See https://www.fcbarcelona.com/club/news/2016-2017/fc-barcelona-museum-preparing-for-30-millionth-visitor (accessed 14 July 2017).

Fejgin, N. (1994) Participation in high school competitive sports: A subversion of school mission or contribution to academic goals?. *Sociology of Sport Journal* 11 (3), 211–230.

Finney, B.R. and Houston, J.D. (1996) *Surfing: A History of the Ancient Hawaiian Sport*. San Francisco: Pomegranate.

Firat, A. (1995) Consumer culture or culture consumed. In J. Costa and G. Bamossy (eds) *Marketing in a Multicultural World* (pp. 105–123). Thousand Oaks, CA: Sage.

Flagestad, A. and Hope, C.A. (2001) Strategic success in winter sports destinations: A sustainable value creation perspective. *Tourism Management* 22 (5), 445–461.

Flognfeldt, T. (2001) Long-term positive adjustments to seasonality: Consequences of summer tourism in the Jotunheimen area, Norway. In T. Baum and S. Lundtorp (eds) *Seasonality in Tourism* (pp. 109–118). Oxford: Pergamon.

Fougere, G. (1989) Sport, culture and identity: The case of rugby football. In D. Novitz and B. Willmott (eds) *Cultural Identity in New Zealand* (pp. 110–122). Wellington: GP Books.

Fourie, J. and Santana-Gallego, M. (2011) The impact of mega-sport events on tourist arrivals. *Tourism Management* 32 (6), 1364–1370.

Francis, S. and Murphy, P.E. (2005) Sport tourism destinations: The active sport tourist perspective. In J.E.S. Higham (ed.) *Sport Tourism Destinations: Issues, Opportunities and Analysis* (pp. 73–92). Oxford: Elsevier.

Frechtling, D.C. (1996) *Practical Tourism Forecasting*. Oxford: Butterworth-Heinemann.

Freidmann, J. (1986) The world city hypothesis. *Development and Change* 17 (1), 69–83.

Frosdick, S. and Marsh, P. (2013) *Football Hooliganism*. London: Routledge.

Funk, D.C. and Bruun, T.J. (2007) The role of socio-psychological and culture-education motives in marketing international sport tourism: A cross-cultural perspective. *Tourism Management* 28 (3), 806–819.

Fyall, A. and Jago, L. (eds) (2009) Sustainability in sport and tourism. *Journal of Sport & Touirsm* 14 (2–3), 77–81.

Gaboriau, P. (2003) The Tour de France and cycling's Belle Epoque. *International Journal of the History of Sport* 20 (2), 57–78.

Gallarza, M.G., Saura, I. and Garcia, H. (2002) Destination image: Towards a conceptual framework. *Annals of Tourism Research* 29 (1), 56–78.

Gammon, S. (2002) Fantasy, nostalgia and the pursuit of what never was. In S. Gammon and J. Kurtzman (eds) *Sport Tourism: Principles and Practice* (pp. 61–72). Eastbourne: Leisure Studies Association.

Gammon, S. (2015) Sport tourism finding its place?. In S. Gammon and S. Elkington (eds) *Landscapes of Leisure* (pp. 110–122). London: Palgrave Macmillan.

Gammon, S. and Fear, V. (2005) Stadia tours and the power of backstage. *Journal of Sport Tourism* 10 (4), 243–252.

Gammon, S. and Kurtzman, J. (eds) (2002) *Sport Tourism: Principles and Practice*. Eastbourne: Leisure Studies Association.

Gammon, S. and Ramshaw, G. (2007) *Heritage, Sport and Tourism: Sporting Pasts–Tourist Futures*. London: Routledge.

Gammon, S. and Robinson, T. (1997) Sport and tourism: A conceptual framework. *Journal of Sport Tourism* 4 (3), 11–18.

Gammon, S. and Robinson, T. (1999) The development and design of the sport tourism curriculum with particular reference to the BA (hons) sport tourism degree at the University of Luton. *Journal of Sport & Tourism* 5 (2), 13–18.

Gammon, S. and Robinson, T. (2003) Sport and tourism: A conceptual framework. *Journal of Sport & Tourism* 8, 21–26.

Gammon, S., Ramshaw, G. and Waterton, E. (2013) Examining the Olympics: Heritage, identity and performance. *International Journal of Heritage Studies* 19 (2), 119–124.

Gammon, S., Ramshaw, G. and Wright, R. (2017) Theory in sport tourism: Some critical reflections. *Journal of Sport & Tourism* 21 (2), 69–74.

Gantz, W. and Wenner, L.A. (1995) Fanship and the television sports viewing experience. *Sociology of Sport Journal* 12 (1), 56–74.

Garau-Vadell, J.B. and de Borja-Sole, L. (2008) Golf in mass tourism destinations facing seasonality: A longitudinal study. *Tourism Review* 63 (2), 16–24.

García, B. (2010) The concept of the Olympic Cultural Programme: Origin, evolution and projection. Centre d'Estudis Olímpics (CEO-UAB), Barcelona. International Chair in Olympism (IOC–UAB). See http://ceo.uab.cat.

Garmise, M. (1987) *Proceedings of the International Seminar and Workshop on Outdoor Education, Recreation and Sport Tourism*. Natanya: Emmanuel Gill Publishing.

Garrod, B. (2009) Understanding the relationship between tourism destination imagery and tourist photography. *Journal of Travel Research* 47 (3), 346–358.

Gee, S. (2014) Sport and alcohol consumption as a neoteric moral panic in New Zealand: Context, voices and control. *Journal of Policy Research in Tourism, Leisure and Events* 6 (2), 153–171.

Getz, D. (1991) *Festivals, Special Events and Tourism*. New York: Van Nostrand Reinhold.

Getz, D. (1997) *Event Management and Event Tourism*. New York: Cognizant Communications Corporation.

Getz, D. (1998) Trends, strategies, and issues in sport-event tourism. *Sport Marketing Quarterly* 7 (2), 8–13.

Getz, D. (2008) Event tourism: Definition, evolution, and research. *Tourism Management* 29 (3), 403–428.

Getz, D. and Cheyne, J. (1997) Special event motivations and behaviour. In C. Ryan (ed.) *The Tourist Experience: A New Introduction* (pp. 136–154). London: Cassell.

Getz, D. and McConnell, A. (2011) Serious sport tourism and event travel careers. *Journal of Sport Management* 25 (4), 326–338.

Getz, D. and McConnell, A. (2014) Comparing trail runners and mountain bikers: Motivation, involvement, portfolios, and event-tourist careers. *Journal of Convention & Event Tourism* 15 (1), 69–100.

Getz, D. and Page, S.J. (2016) *Event Studies: Theory, Research and Policy for Planned Events* (3rd edn). London: Routledge.

Ghaderi, Z., Khoshkam, M. and Henderson, J.C. (2014) From snow skiing to grass skiing: Implications of climate change for the ski industry in Dizin, Iran. *Anatolia* 25 (1), 96–107.

Gibson, H.J. (1998a) Sport tourism: A critical analysis of research. *Sport Management Review* 1 (1), 45–76.

Gibson, H.J. (1998b) Active sport tourism: Who participates? *Leisure Studies* 17 (2), 155–170.

Gibson, H.J. (1998c) The wide world of sport tourism. *Parks and Recreation* 33 (9), 108–114.

Gibson, H.J. (2002) Sport tourism at a crossroad? Considerations for the future. In S. Gammon and J. Kurtzman (eds) *Sport Tourism: Principles and Practice* (Vol. 76; pp. 111–122). Eastbourne: Leisure Studies Association.

Gibson, H.J. (2005) Understanding sport tourism experiences. In J.E.S. Higham (ed.) *Sport Tourism Destinations: Issues, Opportunities and Analysis* (pp. 57–72). Oxford: Elseiver Butterworth Heinemann.

Gibson, H.J. (ed.) (2006) *Sport Tourism: Concepts and Theories*. London: Routledge.

Gibson, H.J., Attle, S.P. and Yiannakis, A. (1998) Segmenting the active sport tourist market: A life-span perspective. *Journal of Vacation Marketing* 4 (1), 52–64.

Gibson, H.J., Willming, C. and Holdnak, A. (2002) Small-scale event sport tourism: College sport as a tourist attraction. In S. Gammon and J. Kurtzman (eds) *Sport Tourism: Principles and Practice* (pp. 3–18). Eastbourne: Leisure Studies Association.

Gibson, H.J., Kaplanidou, K. and Kang, S.J. (2012) Small-scale event sport tourism: A case study in sustainable tourism. *Sport Management Review* 15 (2), 160–170.

Gibson, O. (2012) Premier League Lands £3bn TV Rights Bonanza from Sky and BT. *The Guardian*. See http://www.theguardian.com/media/2012/jun/13/premier-league-tv-rights-3-billion-sky-bt (accessed 24 June 2017).

Gilbert, D. and Hudson, S. (2000) Tourism demand constraints: A skiing participation. *Annals of Tourism Research* 27 (4), 906–925.

Gilchrist, P. and Wheaton, B. (2011) Lifestyle sport, public policy and youth engagement: Examining the emergence of parkour. *International Journal of Sport Policy and Politics* 3 (1), 109–131.

Gilchrist, P. and Wheaton, B. (2016) Lifestyle and adventure sports among youth. In K. Green and A. Smith (eds) *Routledge Handbook on Youth Sport* (Chapter 18). New York: Routledge.

Gillespie, D., Leffler, A. and Lerner, E. (2002) If it weren't for my hobby, I'd have a life: Dog sports, serious leisure, and boundary negotiations. *Leisure Studies* 21 (3–4), 285–304.

Gillett, P. and Kelly, S. (2006) 'Non-local' Masters Games participants: An investigation of competitive active sport tourist motives. *Journal of Sport Tourism* 11 (3–4), 239–257.

Gilmore, J.H. and Pine, B.J. (2007) *Authenticity: What Consumers Really Want*. Boston, MA: Harvard Business School Press.

Giulianotti, R. (1991) Scotland's tartan army in Italy: The case for the carnivalesques. *The Sociological Review* 39 (3), 503–527.

Giulianotti, R. (1995a) Football and the politics of carnival: An ethnographic study of Scottish fans in Sweden. *International Review for the Sociology of Sport* 30 (2), 191–220.

Giulianotti, R. (1995b) Participant observation and research into football hooliganism: Reflections on the problems of entree and everyday risks. *Sociology of Sport Journal* 12 (1), 1–20.

Giulianotti, R. (1996) Back to the future: An ethnography of Ireland's football fans at the 1994 World Cup finals in the USA. *International Review for the Sociology of Sport* 31 (3), 323–344.

Giulianotti, R. (2016) *Sport: A Critical Sociology* (2nd edn). Oxford: Polity Press.

Glyptis, S.A. (1982) *Sport and Tourism in Western Europe*. London: British Travel Education Trust.

Glyptis, S.A. (1989) Leisure and patterns of time use. Paper presented at the Leisure Studies Association Annual Conference, Bournemouth, England, 24–26 April 1987.

Glyptis, S.A. (1991) Sport and tourism. In C.P. Cooper (ed.) *Progress in Tourism, Recreation and Hospitality Management* (pp. 165–187). London: Belhaven Press.

Go, F.M. (2004) Tourism in the context of globalization. In S. Williams (ed.) *Tourism: Critical Concepts in the Social Sciences* (pp. 49–80). London: Routledge.

Godbey, G. and Graefe, A. (1991) Repeat tourism, play and monetary spending. *Annals of Tourism Research* 18 (2), 213–225.

Gold, J.R. and Gold, M.M. (eds) (2016) *Olympic Cities: City Agendas, Planning, and the World's Games, 1896–2020*. London: Routledge.

Goldman, R. and Papson, S. (1998) *Nike Culture: The Sign of the Swoosh*. London: Sage.

Golf Canada (2014) Sustainability pilot. See http://www.golfcanadafoundation.com/partners/sustainability-pilot/ (accessed 18 June 2017).

Gomez-Martin, M.B. (2005) Weather, climate and tourism a geographic perspective. *Annals of Tourism Research* 32, 571–591.

Goulding, C. (1999) Heritage, nostalgia, and the 'grey' consumer. *Journal of Marketing Practice: Applied Marketing Science* 5 (6), 177–199.

Grabowski, P. (1999) Tourism and sport: Parallel tracks for developing tourism in Brunei?. *Tourism Recreation Research* 24 (2), 95–98.

Graburn, N.H.H. (1989) Tourism: The sacred journey. In V.L. Smith (ed.) *Hosts and Guests: The Anthropology of Tourism* (2nd edn). Philadelphia: University of Pennsylvania Press.

Graczyk, W. (2014) Foreign fans revel in ballpark fun. *The Japan Times*. http://www.japantimes.co.jp/sports/2014/05/17/baseball/foreign-fans-revel-ballpark-fun/#.WOSdAPnyiiM (accessed 1 April 2017).

Graefe, A.R., Vaske, J.J. and Kuss, F.R. (1984) Social carrying capacity: An integration and synthesis of twenty years of research. *Leisure Sciences* 6 (4), 395–431.

Grainger, A. and Jackson, S. (1999) Resiting the swoosh in the land of the long white cloud. *Peace Review* 11 (4), 511–516.

Grainger, A. and Jackson, S. (2000) Sports marketing and the challenges of globalization: A case study of cultural resistance in New Zealand. *International Journal of Sports Marketing & Sponsorship* 2 (2), 35–49.

Gratton, C., Dobson, N. and Shibli, S. (2000) The economic importance of major sports events: A case-study of six events. *Managing Leisure* 5 (1), 17–28.

Gratton, C. and Preuss, H. (2008) Maximizing Olympic impacts by building up legacies. *The International Journal of the History of Sport* 25 (14), 1922–1938.

Gratton, C., Shibli, S. and Coleman, R. (2005) Sport and economic regeneration in cities. *Urban Studies* 42 (5–6), 985–999.

Gratton, C., Shibli, S. and Coleman, R. (2006) The economic impact of major sports events: A review of ten events in the UK. *The Sociological Review* 54 (s2), 41–58.

Gratton, C. and Taylor, P. (2000) *Economics of Sport and Recreation*. London: E&FN Spon.

Green, B.C. (2001) Leveraging subculture and identity to promote sport events. *Sport Management Review* 4 (1), 1–19.

Green, B.C. and Chalip, L. (1998) Sport tourism as the celebration of subculture. *Annals of Tourism Research* 25 (2), 275–291.

Green, P. (1992) *Alexander of Macedon, 356–323 BC: A Historical Biography*. Berkeley, CA: University of California Press.

Greenwood, D.J. (1989) Culture by the pound: An anthropological perspective on tourism as cultural commodification. In V.L. Smith (ed.) *Hosts and Guests: The Anthropology of Tourism* (pp. 17–31). Philadelphia, PA: University of Pennsylvania Press.

Groff, D., Funderburk, J., McComb, A. and Connolly, S. (2000) Ninety minutes into the game. *Parks and Recreation* 35 (8), 70–79.

Grundlingh, A. (1994) Playing for power? Rugby, Afrikaner nationalism and masculinity in South Africa, c.1900–70. *International Journal of the History of Sport* 11 (3), 408–430.

Gu, H. and Ryan, C. (2008) Place attachment, identity and community impacts of tourism: The case of a Beijing hutong. *Tourism Management* 29, 637–647.

Gunn, C. (1988) *Vacationscape: Designing Tourist Regions* (2nd edn). New York: Van Nostrand Reinhold.

Gustafson, S. (2013) Displacement and the racial state in Olympic Atlanta. *Southeastern Geographer* 53 (2), 198–213.

Guttmann, A. (1992) *The Olympics: A History of the Modern Games*. Urbana, IL: University of Illinois Press.

Hackworth, J. (2008) The durability of roll-out neoliberalism under centre-left governance: The case of Ontario's social housing sector. *Studies in Political Economy* 81 (1) , 7–26.

Hagen, S. and Boyes, M. (2016) Affective ride experiences on mountain bike terrain. *Journal of Outdoor Recreation and Tourism* 15, 89–98.

Halberstam, D. (1999) *Playing for Keeps: Michael Jordan and the World He Made*. New York: Random House.

Hall, C.M. (1992a) *Hallmark Tourist Events: Impacts, Management and Planning*. London: Belhaven Press.

Hall, C.M. (1992b) Review: Adventure, sport and health tourism. In B. Weiler and C.M. Hall (eds) *Special Interest Tourism* (pp. 186–210). London: Belhaven Press.

Hall, C.M. (1993) The politics of leisure: An analysis of spectacles and mega-events. In A.J. Veal, P. Johnson and G. Cushman (eds) *Leisure and Tourism: Social and Environmental Changes* (pp. 620–629). Sydney: World Leisure and Recreation Association.

Hall, C.M. (1995) *Introduction to Tourism in Australia: Impacts, Planning and Development* (2nd edn). South Melbourne: Addison Wesley Longman Australia.

Hall, C.M. (1998) Imaging, tourism and sports event fever: The Sydney Olympics and the need for a social charter for mega-events. In C. Gratton and I.P. Henry (eds) *Sport in the City: The Role of Sport in Economic and Social Regeneration* (pp. 166–183). London: Routledge.

Hall, C.M. (1999) Rethinking collaboration and partnership: A public policy perspective. *Journal of Sustainable Tourism* 7 (3–4), 274–289.

Hall, C.M. (2000a) *Tourism Planning: Policies, Processes and Relationships*. Harlow: Prentice-Hall.

Hall, C.M. (2000b) The future of tourism: A personal speculation. *Tourism Recreation Research* 25 (1), 85–95.

Hall, C.M. (2004) Sport tourism and urban regeneration. In B. Ritchie and D. Adair (eds) *Sport Tourism: Interrelationships, Impacts and Issues* (pp. 192–205). Clevedon: Channel View Publications.

Hall, C.M. (2008) *Tourism Planning: Policies, Processes and Relationships*. Harlow: Pearson Education.

Hall, C.M. and Weiler, B. (eds) (1992) *Special Interest Tourism*. London: Belhaven Press.

Hall, C.M. and Lew, A.A. (eds) (1998) *Sustainable Tourism: A Geographical Perspective*. Harlow: Addison Wesley Longman Ltd.

Hall, C.M. and Higham, J.E.S. (eds) (2005) *Tourism, Recreation and Climate Change: International Perspectives*. Clevedon: Channel View Publications.

Hall, C.M. and Page, S.J. (2014) *The Geography of Tourism and Recreation: Environment, Place and Space*. London: Routledge.

Hall, C.M., Jenkins, J. and Kearsley, G.W. (eds) (1997) *Tourism Planning and Policy in Australia and New Zealand*. Sydney: Irwin Publishers.

Hallmann, K., Zehrer, A. and Müller, S. (2015) Perceived destination image: An image model for a winter sports destination and its effect on intention to revisit. *Journal of Travel Research* 54 (1), 94–106.

Halpenny, E.A., Kulczycki, C. and Moghimehfar, F. (2016) Factors effecting destination and event loyalty: Examining the sustainability of a recurrent small-scale running event at Banff National Park. *Journal of Sport & Tourism* 20 (3–4), 233–262.

Hamilton, L.C., Brown, C. and Keim, B.D. (2007) Ski areas, weather and climate: Time series models for New England case studies. *International Journal of Climatology* 27 (5), 2113–2124.

Hammitt, W.E. (1980) Outdoor recreation: Is it a multi-phase experience?. *Journal of Leisure Research* 12 (2), 107–115.

Hanna, S. and Rowley, J. (2008) An analysis of terminology use in place branding. *Place Branding and Public Diplomacy* 4 (1), 61–75.

Harada, M. (2016) *Supotsu toshi senryaku [Strategic Planning for the Development of the Sports City]*. Kyoto: Gakugei Publisher (in Japanese).

Harahousou, Y. (1999) Elderly people, leisure and physical recreation in Greece. *World Leisure and Recreation* 41 (3), 20–24.

Harrison, S.J., Winterbottom, W.J. and Shepard, C. (1999) The potential effects of climate change on the Scottish tourism industry. *Tourism Management* 20 (2), 203–211.

Harrison-Hill, T. and Chalip, L. (2005) Marketing sport tourism: Creating synergy between sport and destination. *Sport in Society* 8 (2), 302–320.

Hartman, R. (1986) Tourism, seasonality and social change. *Leisure Studies* 5 (1), 25–33.

Harvey, D. (1989) *The Condition of Postmodernity*. Oxford: Blackwell Publishers Inc.

Harvey, D. (2007) Neoliberalism as creative destruction. *The Annals of the American Academy of Political and Social Science* 610 (1), 21–44.

Harvey, J. and Houle, F. (1994) Sport, world economy, global culture, and new social movements. *Sociology of Sport Journal* 11 (4), 337–355.

Harvey, J., Rail, G. and Thibault, I. (1996) Globalization and sport: Sketching a theoretical model for empirical analyses. *Journal of Sport and Social Issues* 23 (3), 258–277.

Harvey, J., Horne, J., Safai, P., Darnell, S. and Courchesne-O'Neill, S. (2013) *Sport and Social Movements: From the Local to the Global*. London: Bloomsbury.

Hawkins, D.E. and Mann, S. (2007) The World Bank's role in tourism development. *Annals of Tourism Research* 34 (2), 348–363.

Hawkins, P. (1999) Sports Tourism in the Peak National Park. In M. Scarrott (ed.) *Exploring Sports Tourism: Proceedings of a SPRIG Seminar Held at the University of Sheffield on 15 April 1999* (pp. 38–45). Sheffield: Sheffield Hallam University.

Heath, E.T. and Kruger, E.A. (2015) Spectators' contribution to the environmental dimension of sustainable event sports tourism. Unpublished PhD thesis, University of Pretoria.

Hede, A.M. and Kellett, P. (2010) Why develop Melbourne Park? In T.D. Hinch and J.E.S. Higham (eds) *Sport Tourism Development* (2nd edn). Bristol: Channel View Publications.

Hein, L., Metzger, M. and Moren, A. (2009) Potential impacts of climate change on tourism: A case study for Spain. *Current Opinion in Environmental Sustainability* 1, 170–178.

Heino, R. (2000) New sports: What is so punk about snowboarding?. *Journal of Sport and Social Issues* 24 (2), 176–191.

Heitzman, J. (1999) Sports and conflict in urban planning. The Indian national games in Bangalore. *Journal of Sport and Social Issues* 23 (1), 5–23.

Henderson, J.C., Foo, K., Lim, H. and Yip, S. (2010) Sports events and tourism: The Singapore formula one grand prix. *International Journal of Event and Festival Management* 1 (1), 60–73.

Hendrikx, J. and Hreinsson, E.Ö. (2012) The potential impact of climate change on seasonal snow in New Zealand: Part II—industry vulnerability and future snowmaking potential. *Theoretical & Applied Climatology* 110, 619–630.

Heslop, L.A., Nadeau, J., O'Reilly, N. and Armenakyan, A. (2013) Mega-event and country co-branding: Image shifts, transfers and reputational impacts. *Corporate Reputation Review* 16 (1), 7–33.

Higgins, M. (2016) Snowboarding, Once a High-Flying Sport, Crashes to Earth. *The New York Times*. See https://www.nytimes.com/2016/03/07/sports/snowboarding-once-a-high-flying-sport-crashes-to-earth.html?_r=0 (accessed 24 June 2017).

Higham, J.E.S. (1996) The Bledisloe Cup: Quantifying the direct economic benefits of event tourism, with ramifications for a city in economic transition. *Festival Management and Event Tourism* 4 (3–4), 107–116.

Higham, J.E.S. (1999) Sport as an avenue of tourism development: An analysis of the positive and negative impacts of sport tourism. *Current Issues in Tourism* 2 (1), 82–90.

Higham, J.E.S. (2005) *Sport Tourism Destinations: Issues, Opportunities and Analysis*. Oxford: Elsevier Butterworth Heinemann.

Higham, J.E.S., Cohen, S.A., Cavaliere, C.T., Reis, A.C. and Finkler, W. (2016) Climate change, tourist air travel and radical emissions reduction. *Journal of Cleaner Production* 111, 336–347.

Higham, J.E.S. and Hinch, T.D. (1998) The transition to professional rugby union in New Zealand: An analysis of the temporal dimensions of tourism within the Otago Highlanders franchise. Paper presented at the Proceedings of the New Zealand Tourism and Hospitality Research Conference (Part I), Akaroa, New Zealand, 1–4 December.

Higham, J.E.S. and Hinch, T.D. (2000) Sport tourism and the transition to professional Rugby Union in New Zealand: The spatial dimension of tourism associated with the Otago Highlanders, Southern New Zealand. In P.L.M. Robinson, N. Evans, R. Sharpley and J. Swarbrooke (eds) *Reflections on International Tourism: Motivations, Behaviour and Tourists Types* (Vol. 4; pp. 145–158). Sunderland: Business Education Publishers Ltd.

Higham, J.E.S. and Hinch, T.D. (2002a) Sport, tourism and seasons: The challenges and potential of overcoming seasonality in the sport and tourism sectors. *Tourism Management* 23 (2), 175–185.

Higham, J.E.S. and Hinch, T.D. (2002b) Sport and tourism development: Avenues of tourism development associated with a regional sport franchise at an urban tourism destination. In S. Gammon and J. Kurtzman (eds) *Sport Tourism: Principles and Practice* (pp. 19–34). Eastbourne: Leisure Studies Association.

Higham, J.E.S. and Hinch, T.D. (2003) Sport, space and time: Effects of the Otago Highlanders franchise on tourism. *Journal of Sports Management* 17 (3), 235–257.

Higham, J.E.S. and Hinch, T.D. (2006) Sport and tourism research: A geographic approach. *Sport & Tourism: A Multidisciplinary Journal* 11 (1), 31–49.

Higham, J.E.S. and Hinch, T.D. (2010) *Sport and Tourism: Globalisation, Mobility and Identity*. Oxford: Butterworth Heinemann.

Hill, C.R. (1992) *Olympic Politics*. Manchester: Manchester University Press.

Hill, J.S. and Vincent, J. (2006) Globalisation and sports branding: The case of Manchester United. *International Journal of Sports Marketing and Sponsorship* 7 (3), 61–78.

Hill, J. and McLean, D.C. (1999) Introduction: Possible, probable, or preferable future? *Journal of Physical Education, Recreation & Dance* 70 (9), 15–17.

Hiller, H.H. (1998) Assessing the impacts of mega-events: A linkage model. *Current Issues in Tourism* 1 (1), 47–57.

Hinch, T.D. (2006) Canadian sport and culture in the tourism marketplace. *Tourism Geographies* 8 (1), 15–30.

Hinch, T.D. (2013) Ultra-marathons and tourism development: The case of the Canadian death race in Grande Cache, Alberta. In B. Garrod and A. Fyall (eds) *Contemporary Cases in Sport* (pp. 22–40). Oxford: Goodfellow Publishers.

Hinch, T., Hickey, G. and Jackson, E.L. (2001) Seasonal visitation at Fort Edmonton Park: An empirical analysis using a leisure constraints framework. In T. Baum and S. Lundtorp (eds) *Seasonality in Tourism* (pp. 173–186). London: Pergamon.

Hinch, T.D. and Higham, J.E.S. (2001) Sport tourism: A framework for research. *The International Journal of Tourism Research* 3 (1), 45–58.

Hinch, T.D. and Higham, J.E.S (2005) Sport, tourism and authenticity. *European Sport Management Quarterly: Special Issue Sports Tourism Theory and Method* 5 (3), 243–256.

Hinch, T.D. and Higham, J.E.S. (2004) *Sport Tourism Development*. Clevedon: Channel View Publications.

Hinch, T.D., Higham, J.E.S. and Doering, A. (2018) Sport, tourism and identity: Japan, rugby union and the transcultural maul. In C. Acton and D. Hassan (eds) *Sport and Contested Identities: Contemporary Issues and Debates* (pp. 191–206). London: Routledge.

Hinch, T.D., Higham, J.E.S. and Moyle, B.D. (2016) Sport tourism and sustainable destinations: Foundations and pathways. *Journal of Sport & Tourism* 20 (3–4), 163–173.

Hinch, T., Higham, J. and Sant, S.L. (2014) Taking stock of sport tourism research. In A. Lew, C.M. Hall and A.M. Williams (eds) *The Wiley Blackwell Companion to Tourism* (pp. 414–424). Chichester: John Wiley.

Hinch, T. and Holt, N.L. (2017) Sustaining places and participatory sport tourism events. *Journal of Sustainable Tourism* 25 (8), 1084–1099.

Hinch, T. and Ito, E. (2018) Sustainable sport tourism in Japan. *Tourism Planning & Development*.

Hinch, T.D. and Jackson, E.L. (2000) Leisure constraints research: Its value as a framework for understanding tourism seasonality. *Current Issues in Tourism* 3 (2), 87–106.

Hinch, T. and Kono, S. (2018) Ultramarathon runners' perception of place: A photo-based analysis. *Journal of Sport & Tourism* 22 (2), 109–130.

Hjalager, A. (2007) Stages in the economic globalisation of tourism. *Annals of Tourism Research* 34, 437–457.

Hodeck, A. and Hovemann, G. (2016) Motivation of active sport tourists in a German highland destination: A cross-seasonal comparison. *Journal of Sport & Tourism* 20 (3–4), 335–348.

Hodge, K. and Hermansson, G. (2007) Psychological preparation of athletes for the Olympic context: The New Zealand summer and winter Olympic teams. *Athletic Insight* 9 (4), 1–14.

Hodge, K., Lonsdale, C. and Ng, J.Y. (2008) Burnout in elite rugby: Relationships with basic psychological needs fulfilment. *Journal of Sports Sciences* 26 (8), 835–844.

Hodge, K., Lonsdale, C. and Oliver, A. (2010) The elite athlete as a 'business traveller/tourist'. In J.E.S. Higham and T.D. Hinch (eds) *Sport and Tourism: Globalisation, Mobility and Identity* (pp. 88–91). Oxford: Elsevier Butterworth Heinemann.

Hodges, J. and Hall, C.M. (1996) The housing and social impact of mega events: Lessons for the Sydney 2000 Olympics. Paper presented at the Proceedings 'Towards a More Sustainable Tourism', Dunedin, New Zealand, 3–6 December.

Hoffer, R. (1995) Down and out: On land, sea, air, facing questions about their sanity. *Sports Illustrated* 83 (1), 42–49.

Holden, A. (2000) Winter tourism and the environment in conflict: The case of Cairngorm, Scotland. *International Journal of Tourism Research* 2 (4), 247–260.

Hooper, I. (1998) The value of sport in urban regeneration: A case study of Glasgow. Paper presented at the Sport in the City Conference, Sheffield, UK, 2–4 July.

Hopkins, D. (2014) The sustainability of climate change adaptation strategies in New Zealand's ski industry: A range of stakeholder perceptions. *Journal of Sustainable Tourism* 22 (1), 107–126.

Hopkins, D. and Maclean, K. (2014) Climate change perceptions and responses in Scotland's ski industry. *Tourism Geographies: An International Journal of Tourism Space, Place and Environment* 16 (3), 400–414.

Hopkins, D. and Higham, J.E.S. (2016) *Low Carbon Mobility Transitions*. Oxford: Goodfellow Publishers.

Hopkins, D. and Higham, J.E.S. (2018) Climate change and tourism: Mitigation and global climate agreements. In C. Cooper, B. Gartner, N. Scott and S. Volo (eds) *The Sage Handbook of Tourism Management*. London: Sage.

Hopkins, D., Higham, J.E. and Becken, S. (2013) Climate change in a regional context: Relative vulnerability in the Australasian skier market. *Regional Environmental Change* 13 (2), 449–458.

Hopwood, B., Mellor, M. and O'Brien, G. (2005) Sustainable development: Mapping different approaches. *Sustainable Development* 13, 38–52.

Hornby, N. (1996) *Fever Pitch*. London: Cassel Group.

Horne, J. (1996) 'Sakka' in Japan. *Media, Culture & Society* 18 (4), 527–547.

Horne, W.R. (2000) Municipal economic development via hallmark tourism events. *The Journal of Tourism Studies* 11 (1), 30–35.

Host Broadcaster Consultancy (1997) *Critical Path Analysis for the 1998 Commonwealth Games*. Kuala Lumpur: Lambang Negara Malaysia.

Hritz, N. and Ross, C. (2010) The perceived impacts of sport tourism: An urban host community perspective. *Journal of Sport Management* 24 (2), 119–138.

Hsu, L-H. (2005) Revisiting the concept of sport. *Journal of Humanities and Social Sciences* 1 (2), 45–54.

Huber, N., Hergert, R., Price, B., Zäch, C., Hersoerger, A.M., Pütz, M., Kienast, F. and Bolliger, J. (2017) Renewable energy sources: Conflicts and opportunities in a changing landscape. *Regional Environmental Change* 17 (4), 1241–1255.

Hudson, S. (2000) *Snow Business: A Study of the International Ski Industry*. London: Cassell.

Hudson, S. (2002) The downhill skier in Banff National Park: An endangered species. In S. Gammon and J. Kurtzman (eds) *Sport Tourism: Principles and Practice* (pp. 89–110). Eastbourne: Leisure Studies Association.

Hudson, S. (2003) Winter sport tourism. In S. Hudson (ed.) *Sport and Adventure Tourism* (pp. 89–123). New York: The Haworth Hospitality Press.

Hudson, S. and Gilbert, D. (1998) Skiing constraints: Arresting the downhill slide. Paper presented at the Presentation at the Conference on Harnessing the High Latitudes, University of Surrey, Guildford, UK, 15–17 June.

Hudson, S. and Cross, P. (2005) Winter sports destinations: Dealing with seasonality. In J.E.S. Higham (ed.) *Sport Tourism Destinations: Issues, Opportunities and Analysis* (pp. 188–204). Oxford: Elsevier.

Hudson, S., Hinch T., Walker, G.J. and Simpson, B. (2010) Constraints to sport tourism: A cross-cultural analysis. *Journal of Sport & Tourism* 15 (1), 71–88.

Hudson, S. and Hudson, L. (2010) *Golf Tourism*. Oxford: Goodfellow Publishers.

Hudson, S. and Hudson, L. (2015) *Winter Sports Tourism*. Oxford: Goodfellow Publishers.

Hudson, S. and Hudson, L. (2016) The development and design of ski resorts: From theory to practice. In H. Richins and J. Hull (eds) *Mountain Tourism: Experiences, Communities, Environments and Sustainable Futures* (pp. 331–340). Wallingford: CABI.

Hultsman, W. (2012) Couple involvement in serious leisure: Examining participation in dog agility. *Leisure Studies* 31 (2), 231–253.

Humberstone, B. (2011) Embodiment and social and environmental action in nature-based sport: Spiritual spaces. *Leisure Studies* 30 (4), 495–512.

Humphreys, C. (2011) Who cares where I play? Linking reputation with the golfing capital and the implication for golf destinations. *Journal of Sport & Tourism* 16 (2), 105–128.

Humphreys, C. (2014) Understanding how sporting characteristics and behaviours influence destination selection: A grounded theory study of golf tourism. *Journal of Sport & Tourism* 19 (1), 29–54.

Humphreys, C.J. and Weed, M. (2014) Golf tourism and the trip decision-making process: The influence of lifestage, negotiation and compromise, and the existence of tiered decision-making units. *Leisure Studies* 33 (1), 75–95.

Hunter, C. (1995) Key concepts for tourism and the environment. In C. Hunter and H. Green (eds) *Tourism and the Environment: A Sustainable Relationship?* (pp. 52–92). London: Routledge.

Ifedi, F. (2008) *Sport Participation in Canada, 2005*. Ottawa: Statistics Canada.

Ingersoll, K.A. (2016) *Waves of Knowing: A Seascape Epistemology*. Durham: Duke University Press.

Ingham, A.G., Howell, J.W. and Swetman, R.D. (1993) Evaluating sport 'hero/ines': Contents, forms, and social relations. *Quest* 45 (2), 197–210.

Ingraham, C. (2018) Competition or exhibition? The Olympic arts and cultural policy rhetoric. *International Journal of Cultural Policy* 24 (2), 256–271.

Inskeep, E. (1991) *Tourism Planning: An Integrated and Sustainable Development Approach*. Chichester: John Wiley & Sons.

International Olympic Committee and World Tourism Organisation (2001) *Conclusions of the World Conference on Sport and Tourism*. Barcelona: International Olympic Committee and World Tourism Organization, Lausanne: International Olympic Committee.

IOC (2015) *Olympic Charter* (in force from 2 August 2016). Lausanne: International Olympic Committee.

Iordache, M.C. and Cebuc, I. (2009) Analysis of the impact of climate change on some European countries. *Analele Stiintifice ale Universitatii 'Alexandru Ioan Cuza' din Iasi* 56, 270–286. See http://anale.feaa.uaic.ro/anale/resurse/22_M03_Iordache_sa.pdf (accessed 24 April 2010).

Irwin, R. and Sandler, M. (1998) An analysis of travel behaviour and event induced expenditures among American collegiate championship patron groups. *Journal of Vacation Marketing* 4 (1), 78–90.

Iso-Ahola, S.E. (1982) Towards a social psychological theory for tourism motivation: A rejoinder. *Annals of Tourism Research* 12, 256–262.

Iso-Ahola, S.E. and Allen, J. (1982) The dynamics of leisure motivation: The effects of outcome on leisure needs. *Research Quarterly for Exercise and Sport* 53 (2), 141.

Jackson, E.L. (1989) Environmental attitudes, values and recreation. In E.L. Jackson and T.L. Burton (eds) *Understanding Leisure and Recreation: Mapping the Past, Charting the Future* (pp. 357–384). State College, PA: Venture Publishing.

Jackson, E.L. (1999) Leisure and the Internet. *Journal of Physical Education, Recreation & Dance* 70 (9), 18–22.

Jackson, E.L., Crawford, D.W. and Godbey, G. (1993) Negotiation of leisure constraints. *Leisure Sciences* 15 (1), 1–11.

Jackson, G. and Reeves, M. (1997) Evidencing the sport tourism relationship. In M.F. Collins and I.S. Cooper (eds) *Leisure Management: Issues and Applications* (pp. 172–188). Wallingford: CABI.

Jackson, S.J. (1994) Gretzky, crisis, and Canadian identity in 1988: Rearticulating the Americanization of culture debate. *Sociology of Sport Journal* 11 (4), 428–446.

Jackson, S.J. (1997) Sport, violence and advertising: A case study of global/local disjuncture in New Zealand. Paper presented at the North American Society for the Sociology of Sport Conference, Toronto, Canada, 5–8 November, 1997.

Jackson, S.J. (1998) The 49th paradox: The 1988 Calgary Winter Olympic Games and Canadian identity as contested terrain. In M. Duncan, G. Chich and A. Aycock (eds) *Player Culture Studies: Exploration in the Field of Play* (pp. 191–208). Greenwich: Ablex Publishing.

Jackson, S.J. and Andrews, D.L. (1999) Between and beyond the global and local: American popular sporting culture in New Zealand. In A. Yiannakis and M. Melnik (eds) *Sport Sociology: Contemporary Themes* (5th edn; pp. 467–474). Champaign: Human Kinetics.

Jackson, S.J., Batty, R. and Scherer, J. (2001) Transnational sport marketing at the global/local nexus: The Adidasification of the New Zealand All Blacks. *International Journal of Sports Marketing and Sponsorship* 3 (2), 55–71.

Jackson, S.J. and McKenzie, A.D. (2000) Violence and sport in New Zealand. In C. Collins (ed.) Sport in New Zealand Society (pp. 153–170). Palmerston North: Dunmore Press.

Jamal, T. B. and Getz, D. (1994) Collaboration theory and community tourism planning. *Annals of Tourism Research* 22 (1), 186–204.

Jang, S.S. (2004) Mitigating tourism seasonality: A quantitative approach. *Annals of Tourism Research* 31 (4), 819–836.

Japan National Tourism Organization (2017) Press release. See http://www.jnto.go.jp/jpn/news/press_releases/pdf/170117_monthly.pdf (in Japanese).

Jefferson, A. (1986) Smoothing out the ups and downs in demand. *British Hotelier and Restaurateur* July/August, 24–25.

Jeffrey, D. and Barden, R.D. (2001) An analysis of the nature, causes and marketing implications of seasonality in the occupancy performance of English hotels. In T. Baum and S. Lundtorp (eds) *Seasonality and Tourism* (pp. 119–140). London: Pergamon.

Jennings, A. (1996) *The New Lords of the Rings: Olympic Corruption and How to Buy Gold Medals*. London: Pocket Books.

Jhally, S. (1989) Cultural studies and the sports/media complex. In L.A. Wenner (ed.) *Media, Sports and Society* (pp. 70–93). Newbury Park: Sage.

Johnson, W.O. (1991) Sport in the year 2001: A fan's world. Watching sport in the 21st century. *Sports Illustrated* 75 (4), 40–48.

Johnston, C.S. (2001a) Shoring the foundations of the destination life cycle model, part 1: Ontological and epistemological considerations. *Tourism Geographies* 3 (1), 2–28.

Johnston, C.S. (2001b) Shoring the foundations of the destination life cycle model, part 2: A case study of Kona, Hawai'i Island. *Tourism Geographies* 3 (2), 135–164.

Jones, C. (2001) Mega-events and host-region impacts: Determining the true worth of the 1999 Rugby World Cup. *International Journal of Tourism Research* 3 (3), 241–251.

Jones, I. (2000) A model of serious leisure identification: The case of football fandom. *Leisure Studies* 19 (4), 283–298.

Jones, I. and Green, B.C. (2005) Serious leisure, social identity and sport tourism in sport. *Sport in Society* 8 (2), 164–181.

Kahanamoku, D. and Brennan, J. (1968) *Duke Kahanamoku's World of Surfing*. Sydney: Angus and Robertson.

Kane, M.J. and Zink, R. (2004) Package adventure tours: Markets in serious leisure careers. *Leisure Studies* 23 (4), 329–345.

Kang, Y.S. and Perdue, R. (1994) Long-term impacts of a mega-event on international tourism to the host country: A conceptual model and the case of the 1988 Seoul Olympics. *Journal of International Consumer Marketing* 6 (3–4), 205–226.

Kaplanidou, K. and Vogt, C. (2007) The interrelationship between sport event and destination image and sport tourists' behaviours. *Journal of Sport & Tourism* 12 (3–4), 183–206.

Kaspar, R. (1998) Sport, environment and culture. *Olympic Review* 20 (April/May), 1–5.

Keller, P. (2001) Sport and tourism: Introductory report. Paper presented at the World Conference on Sport and Tourism, Barcelona, Spain, 22–23 February.

Kennedy, E. and Deegan, J. (2001) Seasonality in Irish tourism, 1973–1995. In T. Baum and S. Lundtorp (eds) *Seasonality and Tourism* (pp. 119–140). London: Pergamon.

Kennelly, M., Lamont, M. and Moyle, B. (2015) Stories from the Sideline: Experiences of Serious Leisure Participants, Australian and New Zealand Academy of Leisure Sciences, 9–11 December, University of South Australia, Adelaide, Australia.

Kennelly, M., Moyle, B. and Lamont, M. (2013) Constraint negotiation in serious leisure: A study of amateur triathletes. *Journal of Leisure Research* 45(4), 466–484.

Kennelly, M. and Toohey, K. (2014) Strategic alliances in sport tourism: National sport organizations and sport tour operators. *Sport Management Review* 17 (4), 407–418.

Kennelly, J. and Watt, P. (2012) Seeing Olympic effects through the eyes of marginally housed youth: Changing places and the gentrification of East London. *Visual Studies* 27 (2), 151–160.

Kenyon, G. (1969) Sport involvement: A conceptual go and some consequences thereof. In G. Kenyon (ed.) *Aspects of Contemporary Sport Sociology* (pp. 77–100). Chicago: Athletic Institute.

Kerr, A.K. and Emery, P.R. (2011) Foreign fandom and the Liverpool FC: A cyber-mediated romance. *Soccer and Society* 12 (6), 880–896.

Kerstetter, D. and Bricker, K. (2009) Exploring Fijian's sense of place after exposure to tourism development. *Journal of Sustainable Tourism* 17 (6), 691–708.

Kiewa, J. (2002) Traditional climbing: Metaphor of resistance or metanarrative of oppression?. *Leisure Studies* 21 (2), 145–161.

Kirkup, N. and Sutherland, M. (2017) Exploring the relationships between motivation, attachment and loyalty within sport event tourism. *Current Issues in Tourism* 20 (1), 7–14.

Klemm, M. and Rawel, J. (2001) Extending the school holiday season: The case of Eurocamp. In T. Baum and S. Lundtorp (eds) *Seasonality in Tourism* (pp. 141–152). London: Pergamon.

Klenosky, D., Gengler, C. and Mulvey, M. (1993) Understanding the factors influencing ski destination choice: A means-end analytic approach. *Journal of Leisure Research* 25, 362–379.

Klostermann, C. and Nagel, S. (2014) Changes in German sport participation: Historical trends in individual sports. *International Review for the Sociology of Sport* 49 (5), 609–634.

Knott, B. (2015) The strategic contribution of sport mega-events to nation branding: The case of South Africa and the 2010 FIFA World Cup. Unpublished PhD thesis, Bournemouth University.

Koenig-Lewis, N. and Bischoff, E.E. (2005) Seasonality research: The state of the art. *International Journal of Tourism Research* 7 (4–5), 201–219.

Kotler, P., Haider, D.H. and Rein, I. (1993) Marketing Places: Attracting *Investment, Industry, and Tourism to Cities, States and Nations.* New York: The Free Press.

Krawczyk, Z. (1996) Sport as symbol. *International Review for the Sociology of Sport* 31 (4), 429–436.

Krein, K. (2008) Sport, nature and worldmaking. *Sports Ethics and Philosophy* 2 (3), 285–301.

Kreutzwiser, R. (1989) Supply. In G. Wall (ed.) *Outdoor Recreation in Canada* (pp. 19–42). Toronto: John Wiley & Sons.

Krippendorf, J. (1986) *The Holidaymakers: Understanding the Impact of Leisure and Travel.* London: Heinemann.

Krippendorf, J. (1995) Towards new tourism policies. In S. Medlik (ed.) *Managing Tourism* (pp. 307–317). Oxford: Butterworth Heinemann.

Kulczycki, C. and Hinch, T. (2014) 'It's a place to climb': Place meanings of indoor rock climbing facilities. *Leisure/Loisir* 38 (3–4), 271–293.

Kulczycki, C. and Hyatt, C. (2005) Expanding the conceptualization of nostalgia sport tourism: Lessons learned from fans left behind after sport franchise relocation. *Journal of Sport Tourism* 10 (4), 273–293.

Kurtzman, J. (1997) The peace games for the new millenium. *Journal of Sport & Tourism* 4 (3), 32–35.

Kurtzman, J. (2001) Sport! tourism! culture!. *Olympic Review* 27 (38), 20–27.

Kurtzman, J. and Zauhar, J. (1995) Tourism sport international council. *Annals of Tourism Research* 22 (3), 707–708.

Kurtzman, J. and Zauhar, J. (2005) Sports tourism consumer motivation. *Journal of & Sport Tourism* 10 (1), 21–31.

Kurtzman, J. and Zauhar, J. (1997) A wave in time: The sports tourism phenomena. *Journal of Sport Tourism* 4 (2), 7–24.

Kurtzman, J. and Zauhar, J. (1998) Golf: A touristic venture. *Journal of Sport & Tourism* 4 (4), 7–12.

Kyle, G. and Chick, G. (2007) The social construction of a sense of place. *Leisure Sciences* 29 (3), 209–225.

Laidlaw, C. (1999) Sport and national identity: Race relations, business, professionalism. In B. Patterson (ed.) *Sport, Society and Culture in New Zealand* (pp. 11–18). Wellington, New Zealand: Victoria University Stout Research Centre.

Laidlaw, C. (2010) *Somebody Stole My Game.* New York: Hachette.

Lamont, M. (2014) Authentication in sports tourism. *Annals of Tourism Research* 45, 1–17.

Lamont, M., Kennelly, M. and Moyle, B. (2014) Costs and perseverance in serious leisure careers. *Leisure Sciences* 36 (2), 144–160.

Lamont, M., Kennelly, M. and Moyle, B. (2015) Non-participating entourage: The forgotten crowd in event management research?. Working paper, Council for Australasian University Tourism and Hospitality Education (CAUTHE) Conference, Gold Coast, Australia, 2–5 February.

Lamont, M. and McKay, J. (2012) Intimations of postmodernity in sports tourism at the Tour de France. *Journal of Sport & Tourism* 17 (4), 313–331.

Laverie, D.A. and Arnett, D.B. (2000) Factors affecting fan attendance: The influence of identity salience and satisfaction. *Journal of Leisure Research* 32 (2), 225–246.

Law, A. (2001) Surfing the safety net: 'Dole bludging', 'surfies' and governmentality in Australia. *International Review for the Sociology of Sport* 36 (1), 25–40.

Law, C.M. (2002) *Urban Tourism: The Visitor Economy and the Growth of Large Cities.* London: Continuum.

Laws, E. (1991) *Tourism Marketing: Service and Quality Management Perspectives.* Cheltenham: Stanley Thornes Publishers.

Lawson, R., Tidwell, P., Rainbird, S., Loudon, N. and Della Bitta, P. (1996) *Consumer Behaviour in Australia and New Zealand.* Sydney: McGraw-Hill Book Company.

Lawson, R., Thyne, M. and Young, T. (1997) *New Zealand Holidays: A Travel Lifestyles Study.* Dunedin: The Marketing Department, University of Otago.

Lea, T., Young, M., Markham, F., Holmes, C. and Doran, B. (2012) Being moved (on) in Darwin and Alice Springs: Walking Australia's frontier towns. *Radical History Review* 114, 139–163.

Lealand, G. (1994) American popular culture and emerging nationalism in New Zealand. *The Phi Kappa Phi Journal* 74 (4), 34–37.

Lee, C., Bergin-Seers, S., Galloway, G., O'Mahony, B. and McMurray, A. (2008) Seasonality in the tourism industry: Impacts and strategies. Boca Raton: CRC for Sustainable Tourism Pty Ltd.

Lee, J.J., Kyle, G. and Scott, D. (2012) The mediating effect of place attachment on the relationship between festival satisfaction and loyalty to the festival hosting destination. *Journal of Travel Research* 51 (6), 754–767.

Lefebvre, H. (1991) *The Production of Space* (D. Nicholson-Smith, trans.). Oxford: Blackwell. (Originally published 1974).

Leiper, N. (1979) The framework of tourism: Towards a definition of tourism, tourist, and the tourist industry. *Annals of Tourism Research* 6 (4), 390–407.

Leiper, N. (1981) Towards a cohesive curriculum tourism: The case for a distinct discipline. *Annals of Tourism Research* 8 (1), 69–84.

Leiper, N. (1990) Tourist attraction systems. *Annals of Tourism Research* 17 (3), 367–384.

Leisure Time (2002) Norway Cup. Publication 44. Bekkelagshogda 1109 Oslo, Norway.

Lenskyj, H.J. (1998) Sport and corporate environmentalism: The case of the Sydney 2000 Olympic Games. *International Review for the Sociology of Sport* 33 (4), 341–354.

Leonard, W.M. (1996) The odds of transiting from one level of sports participation to another. *Sociology of Sport Journal* 13 (3), 288–299.

Lesjø, J.H. (2000) Lillehammer 1994: Planning, figurations and the 'green' winter games. *International Review for the Sociology of Sport* 35 (3), 282–293.

L'Etang, J. (2006) Public relations and sport in promotional culture. *Public Relations Review* 32 (4) , 386–394.

Levey, B. (2010) It ain't fast food: An authentic climbing experience. In S.E. Schmid (ed.) *Climbing Philosophy for Everyone* (pp. 106–116). Chichester: Wiley-Blackwell.

Lew, A.A. (1987) A framework of tourist attraction research. *Annals of Tourism Research* 14 (3), 553–575.

Lew, A.A. (2001) Tourism and geography space. *Tourism Geographies* 3 (1), 1.

Lew, A.A. (2014) Introduction: Globalizing people, places, and markets in tourism. In A.A. Lew, C.M. Hall and A.M. Williams (eds) *The Wiley Blackwell Companion to Tourism* (pp. 191–196). Chichester: John Wiley & Sons.

Lewicka, M. (2011) Place attachment: How far have we come in the last 40 years?. *Journal of Environmental Psychology* 31 (4), 207–230.

Lewis, G. and Redmond, G. (1974) *Sporting Heritage: A Guide to Halls of Fame, Special Collections and Museums in the United States and Canada*. South Brunswick: A.S. Barnes and Co., Inc.

Lima, G.N. and Morais, R. (2014) The influence of tourism seasonality on family business in peripheral regions (No. 03). Católica Porto Business School, Universidade Católica Portuguesa.

Liu, Z. (2003) Sustainable tourism development: A critique. *Journal of Sustainable Tourism* 11 (6) , 459–475.

Liverpool FC Supporters' Club Scandinavia (2002) Liverpool. See http://www.liverpool.no/ (accessed 25 September 2002).

Lockwood, A. and Guerrier, Y. (1990) Labour shortages in the international hotel industry. *Travel and Tourism Analyst* 6, 17–35.

Lopez Bonilla, J.M., Lopez Bonilla, L.M. and Sanz Altamira, B. (2006) Patterns of tourist seasonality in Spanish regions, *Tourism Planning & Development* 3 (3), 241–256.

Loverseed, H. (2000) Winter sports in North America. *Travel and Tourism Analyst* 6, 45–62.

Loverseed, H. (2001) Sports tourism in North America. *Travel and Tourism Analyst* 3, 25–41.

Lowes, M. and Awde, C. (2015) Sport tourism and the discourse of social cohesion at the world pond hockey championship event. *International Journal of Social Ecology and Sustainable Development (IJSESD)* 6 (2), 90–101.

Loy, J.W., McPherson, B.D. and Kenyon, G. (1978) *Sport and Social Systems: A Guide to the Analysis of Problems and Literature*. Reading: Addison Wesley.

Loy, J.W., McPherson, B.D. and Kenyon, G. (1978) Sport as a social phenomenon. In J.W. Loy, B.D. McPherson and G. Kenyon (eds) *Sport and Social Systems: A Guide to the Analysis of Problems and Literature* (pp. 3–26). Reading, MA: Addison-Wesley.

Lubowiecki-Vikuk, A.P. and Basirnska-Zych, A. (2011) Sport and tourism as elements of place branding: A case study on Poland. *Journal of Tourism Challenges & Trends* 4 (2), 33–52.

Lybrand, C.T.C.C. (1996) *Domestic Tourism Market Research Study*. Ottawa: Canadian Tourism Commission.

MacCannell, D. (1973) Staged authenticity: Arrangements of social space in tourist settings. *American Journal of Sociology* 79 (3), 589–603.

MacCannell, D. (1976) *The Tourists: New Theory of the Leisure Class*. New York: Schoken.

Magdalinski, T. (2000) The reinvention of Australia for the Sydney 2000 Olympic Games. *International Journal of the History of Sport* 17 (2–3), 304–322.

Maguire, J. (1994) Sport, identity politics, and globalization: Diminishing contrasts and increasing varieties. *Sociology of Sport Journal* 11 (4), 398–427.

Maguire, J. (1999) *Global Sport: Identities, Societies and Civilisations*. Cambridge: Polity Press.

Maguire, J. (2000) Sport and globalization. In J. Coakley and E. Dunning (eds) *Handbook of Sports Studies* (pp. 356–369). London: Sage.

Maguire, J. (2002) *Sport Worlds: A Sociological Perspective*. Champaign: Human Kinetics.

Maguire, J. and Stead, D. (1996) Far pavilions? Cricket migrants, foreign sojourns and contested identities. *International Review for the Sociology of Sport* 31 (1), 1–24.

Maguire, J. and Stead, D. (1998) Border crossings: Soccer labour migration and the European Union. *International Review for the Sociology of Sport* 33 (1), 59–73.

Maier, J. and Weber, W. (1993) Sport tourism in local and regional planning. *Tourism Recreation Research* 18 (2), 33–43.

Maingard, J. (1997) Imag(in)ing the South African nation: Representations of identity in the Rugby World Cup 1995. *Theatre Journal* 49 (1), 15–28.

Manfredo, M.J. and Driver, B.L. (1983) A test of concepts inherent in experience based-settting management for outdoor recreation areas. *Journal of Leisure Research* 15 (3), 263–283.

Mannell, B., Walker, G.J. and Ito, E. (2014) Ideal affect, actual affect, and affect discrepancy during leisure and paid work. *Journal of Leisure Research* 46, 13–37.

Manzenreiter, W. (2008) The 'benefits' of hosting: Japanese experiences from the 2002 Football World Cup. *Asian Business and Management* 7, 201–224.

March, R. and Wilkinson, I. (2009) Conceptual tools for evaluating tourism partnerships. *Tourism Management* 30 (3) , 455–462.

Marciszewaski, B. (1998) Participation in free time sport recreation activities: Comparison of Gdansk Region, Poland and Guildford, United Kingdom. In S. Scraton (ed.) *Leisure Time and Space: Meanings and Values in People's Lives* (pp. 177–191). Eastbourne: Leisure Studies Association.

Marshall, N.A., Marshall, P.A., Abdulla, A., Rouphael, T. and Ali, A. (2011) Preparing for climate change: Recognising its early impacts through the perceptions of dive tourists and dive operators in the Egyptian Red Sea. *Current Issues in Tourism* 14 (6), 507–518.

Martín, J.M.M., Aguilera, J.D.D.J. and Moreno, V.M. (2014) Impacts of seasonality on environmental sustainability in the tourism sector based on destination type: An application to Spain's Andalusia region. *Tourism Economics* 20 (1), 123–142.

Mason, D.S. and Duquette, G.H. (2008) Urban regimes and sport in North American cities: Seeking status through franchises, events and facilities. *International Journal of Sport Management and Marketing* 3 (3), 221–241.

Mason, D.S., Duquette, G.H. and Scherer, J. (2005) Heritage, sport tourism and Canadian junior hockey: Nostalgia for social experience or sport place?. *Journal of Sport Tourism* 10 (4), 253–271.

Mason, P. and Leberman, S. (2000) Local planning for recreation and tourism: A case study of mountain biking from New Zealand's Manawatu Region. *Journal of Sustainable Tourism* 8 (2), 97–115.

Mason, D., Ramshaw, G. and Hinch, T. (2008) Sports facilities and transnational corporations: Anchors of urban tourism development. In C.M. Hall and T. Coles (eds) *Tourism and International Business: Global Issues, Contemporary Interactions* (pp. 220–237). New York: Routledge.

Matheusik, M. (2001) When in doubt, shop. *Ski Area Management* 40 (1), 66–67, 83.

Mathieson, D. and Wall, G. (1987) *Tourism: Economic, Physical and Social Impacts*. London: Longman.

Matsumura, K. (1993) Sport and social change in the Japanese rural community. *International Review for the Sociology of Sport* 28 (2–3), 135–144.

May, V. (1995) Environmental implications of the 1992 Winter Olympic Games. *Tourism Management* 16 (4), 269–275.

McCabe, S. (2009) Who needs a holiday? Evaluating social tourism. *Annals of Tourism Research* 36 (4), 667–688.

McCabe, S. and Johnson, S. (2013) The happiness factor in tourism: Subjective well-being and social tourism. *Annals of Tourism Research* 41, 42–65.

McCabe, S., Joldersma, T. and Li, C. (2010) Understanding the benefits of social tourism: Linking participation to subjective well-being and quality of life. *International Journal of Tourism Research* 12 (6), 761–773.

McConnell, R. and Edwards, M. (2000) Sport and identity in New Zealand. In C. Collins (ed.) *Sport and Society in New Zealand* (pp. 115–129). Palmerston North: Dunmore Press.

McEnnif, J. (1992) Seasonality of tourism demand in the European community. *Travel and Tourism Analyst* 3, 67–88.

McGillivray, D. and Frew, M. (2015) From fan parks to live sites: Mega events and the territorialisation of urban space. *Urban Studies* 52 (14), 2649–2663.

McGuire, F.A. (1984) A factor analytic study of leisure constraints in advanced adulthood. *Leisure Sciences* 6, 313–326.

McGuirk, P.M. and Rowe, D. (2001) 'Defining moments' and refining myths in the making of place identity: The Newcastle Knights and the Australian Rugby League Grand Final. *Australian Geographical Studies* 39 (1), 52–66.

McIntosh, A.J. and Prentice, R.C. (1999) Affirming authenticity: Consuming cultural heritage. *Annals of Tourism Research* 26 (3), 589–612.

McKay, J. and Kirk, D. (1992) Ronald McDonald meets Baron De Coubertin: Prime time sport and commodification. *Sport and the Media* Winter 136, 10–13.

Reaching Beyond the Gold: The Impact of the Olympic Games on Real Estate Markets. Chicago: Jones Lang LaSalle IP, Inc.

McKenzie, D. (1998) Abreast in a boat: The race against breast cancer *Canadian Medical Association Journal* 159 (4), 376–378.

McKercher, B. (1993) Some fundamental truths about tourism: Understanding tourism's social and environmental impacts. *Journal of Sustainable Tourism* 1 (1), 6–16.

McMurran, A. (1999, 22 January) More the 7000 expected for 2000 Games. *Otago Daily Times*, p. 18.

McPherson, B.D., Curtis, J.E. and Loy, J.W. (1989) *The Social Significance of Sport: An Introduction to the Sociology of Sport.* Champaign: Human Kinetics Books.

Meinig, D. (1979) The beholding eye. In D. Meinig (ed.) *The Interpretation of Ordinary Landscapes* (pp. 33–48). New York: Oxford University Press.

Melbourne Sports and Aquatic Centre (2002) Facilities. See http://www.msac.com.au/sports.html (accessed 24 May 2002).

Melnick, M.J. and Jackson, S.J. (2002) Globalization American-style and reference idol selection: The importance of athlete celebrity others among New Zealand youth. *International Review for the Sociology of Sport* 37 (3–4), 429–448.

Melnick, M.J. and Loy, J.W. (1996) The effects of formal structure on leadership recruitment: An analysis of team captaincy among New Zealand provincial rugby teams. *International Review for the Sociology of Sport* 31 (1), 91–105.

Melnick, M.J. and Thomson, R.W. (1996) The Maori people and positional segregation in New Zealand rugby football: A test of the anglocentric hypothesis. *International Review for the Sociology of Sport* 31 (2), 139–154.

Melo, R. and Sobry, C. (eds) (2017) *Sport Tourism: New Challenges in a Globalized World.* Newcastle upon Tyne: Cambridge Scholars Publishing.

Merkel, U., Lines, G. and McDonald, I. (1998) The production and consumption of sport cultures: Introduction. In U. Merkel, G. Lines and I. McDonald (eds) *The Production and Consumption of Sport Cultures: Leisure, Culture and Commerce* (Vol. Publication No. 62; pp. v–xvi). Eastbourne: Leisure Studies Association.

Metcalfe, A. (1993) The development of sporting facilities: A case study of East Northumberland, England, 1850–1914. *International Review for the Sociology of Sport* 28 (2–3), 107–119.

Meulen, V.D. and Salman, A.H.P.M. (1996) *Management of Mediterranean Coastal Dunes.* Amsterdam: Department of Physical Geography, University of Amsterdam.

Mihalik, B.J. and Simonetta, L. (1999) A midterm assessment of the host population's perceptions of the 1996 Summer Olympics: Support, attendance, benefits, and liabilities. *Journal of Travel Research* 37 (3), 244–248.

Millington, K., Locke, T. and Locke, A. (2001) Adventure travel. *Travel and Tourism Analyst* 4, 65–97.

Milne, S. and Ateljevic, I. (2004) Tourism economic development and the global–local nexus. In S. Williams (ed.) *Tourism: Critical Concepts in the Social Sciences* (pp. 81–103). London: Routledge.

Minnaert, L., Maitland, R. and Miller, G. (2009) Tourism and social policy: The value of social tourism. *Annals of Tourism Research* 36 (2), 316–334.

Miossec, J.M. (1977) L'image touristique comme introduction ý la gÈographie du tourisme. *Annales de gÈographie* 86, 473.

Miranda-Juan Andueza, J. (1997) The role of sport in the tourism destinations chosen by tourists visiting Spain. *Journal of Sport & Tourism* 4 (3), 7–10.

Mitchell, L.S. and Murphy, P.E. (1991) Geography and tourism. *Annals of Tourism Research* 18 (1), 57–70.

Mitlin, D., Hickey, S. and Bebbington, A. (2007) Reclaiming development? NGOs and the challenge of alternatives. *World Development* 35 (10), 1699–1720.

Moen, J. and Fredman, P. (2007) Effects of climate change on Alpine skiing in Sweden. *Journal of Sustainable Tourism* 15 (4), 418–437.

Moore, M.S. (2011) *Sweetness and Blood: How Surfing Spread from Hawaii and California to the Rest of the World, with Some Unexpected Results*. New York: Rodale.

Moore, N.S.R. (1995) National mutual masters games, economic impact assessment, Dunedin, 5–13 February. Unpublished dissertation thesis, University of Otago.

Moragas Spa, M., Rivenburg, N.K. and Larson, J.F. (1995) *Television in the Olympics*. London: J. Libbey.

Morgan, M. (2007) 'We're not the barmy army!': Reflections on the sports tourist experience. *International Journal of Tourism Research* 9 (5), 361–372.

Morgan, N. (2014) Problematizing place promotion and commodification. In A.A. Lew, C.M. Hall and A.M. Williams (eds) *The Wiley Blackwell Companion to Tourism* (pp. 210–219). Chichester: John Wiley & Sons.

Morley, D. and Robins, K. (1995) *Spaces of Identity: Global Media, Electronic Landscapes and Cultural Boundaries*. London: Routledge.

Morse, J. (2001) The Sydney 2000 Olympic Games: How the Australian tourist commission leveraged the games for tourism. *Journal of Vacation Marketing* 7 (2), 101–107.

Moscardo, G. (2000) Cultural and heritage tourism: The great debates. In B. Faulkner, G. Moscardo and E. Laws (eds) *Tourism in the 21st Century: Lessons from Experience* (pp. 3–17). London: Continuum.

Moularde, J. and Weaver, A. (2016) Serious about leisure, serious about destinations: Mountain bikers and destination attractiveness. *Journal of Sport & Tourism* 20 (3–4), 285–303.

Mounet, J. and Chifflet, P. (1996) Commercial supply for river water sports. *International Review for the Sociology of Sport* 31 (3), 233–256.

Mourdoukoutas, P.G. (1988) Seasonal employment, seasonal unemployment and unemployment compensation: The case of the tourist industry of the Greek islands. *American Journal of Economics and Sociology* 47 (3), 315–329.

Mowforth, M. (2002) *Tourism and Sustainability*. London: Routledge.

Mowforth, M. and Munt, I. (1998) *Tourism and Sustainability: New Tourism in the Third World*. London: Routledge.

Mowforth, M. and Munt, I. (2015) *Tourism and Sustainability: Development, Globalisation and New Tourism in the Third World*. London: Routledge.

Moyle, B.D., Kennelly, M. and Lamont, M. (2014) Risk management in triathlon: Amateur athletes reactions to the cancellation of an event. *International Journal of Event Management Research* 8 (1), 94–106.

Mules, T. (1998) Taxpayer subsidies for major sporting events. *Sport Management Review* 1 (1), 25–43.

Murata, S. (2010) Ekosupotsu ni yoru kankou kaihatsu no seitouka to sono riron: 'Seikatsu no umi' no jyuusouteki riyou wo meguru gyomin no taiou [Justification of tourism development by eco-sport, and its logic: Dealings of fishermen against overlapping activities on 'seikatsu no umi']. *Soshioroji* 55 (1), 21–38.

Murphy, P.E. (1985) *Tourism: A Community Approach*. New York: Methuen.

Murray, D. and Dixon, L. (2000) Investigating the growth of 'instant' sports: Practical implications for community leisure service providers. *The ACHPER Healthy Lifestyles Journal* 47 (3–4), 27–31.

Murray, J. (1996) How seasonality affects the economic viability of Canadian tourism businesses. In K. MacKay and K.R. Boyd (eds) *Tourism for All Seasons: Using Research to Meet the Challenge of Seasonality* (pp. 135–146). (Conference Proceedings of the Travel and Tourism Research Association.) Ottawa: Canada Chapter

Mykletun, R.J. and Vedø, K. (2002) BASE jumping in Lysefjord, Norway: A sustainable but controversial type of coastal tourism. Paper presented at the Tourism Research 2002, Cardiff, UK, 4–7 September.

Nadel, J.R., Font, A.R. and Roselló, A.S. (2004) The economic determinants of seasonal patterns. *Annals of Tourism Research* 31 (3), 679–711.

Nahrstedt, W. (2004) Wellness: A new perspective for leisure centres, health tourism, and Spas in Europe on the global health market. In K. Weiermair and C. Mathies (eds) *The Tourism and Leisure Industry: Shaping the Future* (pp. 181–198). Binghampton: The Haworth Press.

Nash, R. and Johnston, S. (1998) The case of Euro96: Where did the party go?. Paper presented at the Sport in the City Conference, Sheffield, UK, 2–4 July.

National Association of Sports Commissions (2017) Economic Impact. See www.sportscommissions.org/blog/economic-impact (accessed 6 January 2018).

Nauright, J. (1995) Introduction. In J. Nauright (ed.) *Sport, Power and Society in New Zealand: Historical and Contemporary Perspectives* (pp. 1–4). Sydney: University of New South Wales Printery.

Nauright, J. (1996) 'A besieged tribe'?: Nostalgia, white cultural identity and the role of rugby in a changing South Africa. *International Review for the Sociology of Sport* 31 (1), 69–89.

Nauright, J. (1997a) *Sport, Culture and Identities in South Africa.* London: Leicester University Press.

Nauright, J. (1997b) Masculinity, muscular Islam and popular culture: 'Coloured' rugby's cultural symbolism in working-class Cape Town c. 1930-1970. *International Journal of the History of Sport* 14 (1), 184–190.

Nettlefold, P.A. and Stratford, E. (1999) The production of climbing landscapes-as-texts. *Australian Geographical Studies*, 37 (2), 130–141.

Netto, A.P. (2009) What is tourism? Definitions, theoretical phases and principles. In J. Tribe (ed.) *Philosophical Issues in Tourism* (pp. 43–61). Bristol: Channel View Publications.

Nevo, I. (2000) Sport institutions and ideology in Israel. *Journal of Sport and Social Issues* 24 (4), 334–343.

New Zealand Rugby Almanac (1936–2017). Auckland: Upstart Press.

New Zealand Tourism Board (1998) All Blacks join forces with McCully, NZTB in South Africa, *Tourism News*, August, Wellington.

Nicholls, J. (1989) *The Competitive Ethos and Democratic Education.* Cambridge, MA: Harvard University Press.

Nogawa, H., Yamaguchi, Y. and Hagi, Y. (1996) An empirical research study on Japanese sport tourism in sport-for-all events: Case studies of a single-night event and a multiple-night event. *Journal of Travel Research* 35 (2), 46–54.

Nowak, J., Petit, S. and Sahli, M. (2010) Tourism and globalization: The international division of tourism production. *Journal of Travel Research* 49 (2), 228–245.

Nusca, A. (2010) The future of air transport: Airbus unveils concept airplane for 2030. See http://www.zdnet.com/article/the-future-of-air-transport-airbus-unveils-concept-airplane-for-2030/ (accessed 19 July 2017).

O'Brien, D. (2006) Event business leveraging the Sydney 2000 Olympic games. *Annals of Tourism Research* 33 (1), 240–261.

O'Brien, D. (2007) Points of leverage: Maximizing host community benefit from a regional surfing festival. *European Sport Management Quarterly* 7 (2), 141–165.

O'Brien, D. and Chalip, L. (2008) Sport events and strategic leveraging: Pushing towards the triple bottom line. In A. Woodside and D. Martin (eds) *Tourism Management: Analysis, Behaviour, and Strategy* (pp. 318–338). Wallingford: CABI.

O'Reilly, N., Lyberger, M., McCarthy, L., Séguin, B. and Nadeau, J. (2008) Mega-special-event promotions and intent to purchase: A longitudinal analysis of the Super Bowl. *Journal of Sport Management* 22 (4), 392–409.

Oberti Resort Design (2016) Valemount Glacier Destination Master Plan. Valemount Glacier Destinations Ltd., Vancouver, BC.

Olds, K. (1998) Urban mega-events, evictions and housing rights: The Canadian case. *Current Issues in Tourism* 1 (1), 2–46.

Olympic Co-Ordination Authority (1997a) *Environment: Committed to Conservation.* Homebush Bay, Sydney: Olympic Co-ordination Authority, New South Wales Government.

Olympic Co-Ordination Authority (1997b) *Environment: Protecting Nature's Gift.* Homebush Bay, Sydney: Olympic Co-Ordination Authority, New South Wales Government.

Olympic Co-Ordination Authority (1997c) *State of Play: A Report on Sydney 2000 Olympics Planning and Construction.* Homebush Bay, Sydney: Olympic Co-Ordination Authority, New South Wales Government.

Onkvisit, S. and Shaw, J.J. (1989) *Product Life Cycles and Product Management.* New York: Quorum Books.

Orams, M. (1998) *Marine Tourism: Development, Impacts and Management.* London: Routledge.

Orams, M. and Brons, A. (1999) Potential impacts of a major sport/tourism event: The America's Cup 2000. *Visions in Leisure and Business* 18 (1), 14–28.

Orsman, B. and Bingham, E. (2000, 27 October) America's Cup $640m boost to NZ economy. *New Zealand Herald*, p. 1.

Osborn, G. (2000) Football's legal legacy: Recreation, protest and disorder. In S. Greenfield and G. Osborn (eds) *Law and Sport in Contemporary Society* (pp. 51–68). London: F. Cass Publishers.

Osborne, A.C. and Coombs, D.S. (2013) Performative sport fandom: An approach to retheorizing sport fans. *Sport in Society* 16 (5), 672–681.

Otto, I. and Heath E.T. (2009) The potential contribution of the 2010 Soccer World Cup to climate change: An exploratory study among tourism industry stakeholders in the Tshwane Metropole of South Africa. *Journal of Sport Tourism* 14 (2–3), 169–191.

Page, S.J., Brunt, P., Busby, G. and Connell, J. (2001) *Tourism: A Modern Synthesis.* London: Thomson Learning.

Page, S.J. and Hall, C.M. (2003) *Managing Urban Tourism.* Harlow: Pearson Education Ltd.

Panchal, J. (2014) *Tourism, Wellness and Feeling Good: Reviewing and Studying Asian Spa Experiences.* Abingdon: Routledge.

Paramio, J.L., Buraimo, B. and Campos, C. (2008) From modern to postmodern: The development of football stadia in Europe. *Sport in Society* 11 (5), 517–534.

Parrilla, J.C., Font, A.R. and Nadal, J.R. (2007) Accommodation determinants of seasonal patterns. *Annals of Tourism Research* 34 (2), 422–436.

Pavlovich, K. (2003) The evolution and transformation of a tourism destination network: The Waitomo Caves, New Zealand. *Tourism Management* 24 (2), 203–216.

Pawłowski, A. (2008) How many dimensions does sustainable development have?. *Sustainable Development* 16 (2), 81–90.

Pealo, W. and Redmond, G. (1999) Sport tourism: Moving into the new millennium. *Recreation and Parks BC* Spring, 22–24.

Pearce, D.G. (1987) *Tourism Today: A Geographical Analysis.* Harlow: Longman Scientific and Technical.

Pearce, D.G. (1989) *Tourism Development* (2nd edn). Harlow: Longman Scientific and Technical.

Pearce, D.G. and Butler, R.W. (eds) (1999) *Contemporary Issues in Tourism Development.* London: Routledge.

Pearce, P. (1982) *The Social Psychology of Tourist Behaviour.* Oxford: Pergamom Press.

Pearce, P. (1988) *The Ulysses Factor: Evaluating Visitors in Tourist Settings.* New York: Springer-Verlag.

Persson, C. (2002) The Olympic Games site decision. *Tourism Management* 23 (1), 27–36.

Pesqueux, Y. (2009) Sustainable development: A vague and ambiguous 'theory'. *Society and Business Review* 4, 231–245.

Pett, R. (2000) The end of the golden weather. Auckland Today, September, 7.

Pettersson, R. and Getz, D. (2009) Event experiences in time and space: A study of visitors to the 2007 World Alpine Ski Championships in Åre, Sweden. *Scandinavian Journal of Hospitality and Tourism* 9 (2–3), 308–326.

Picard, D. and Robinson, M. (eds) (2006) *Festivals, Tourism and Social Change: Remaking Worlds.* Clevedon: Channel View Publications.

Pickel-Chevalier, S., Violier, P. and Sari, N.P.S. (2016) Tourism and globalisation: Vectors of cultural homogenisation? (the case study of Bali). *Advances in Economics Business and Management Research* 19, 452–457.

Pickering, C., Castley, J. and Burtt, M. (2010) Skiing less often in a warmer world: Attitudes of tourists to climate change in an Australian ski resort. *Geographical Research* 48 (2), 137–147.

Pickmere, A. (2000, 27 October) A lot more than just a yacht race. *New Zealand Herald*, p. 13.

Pigeassou, C. (1997) Sport and tourism: The emergence of sport into the offer of tourism. Between passion and reason. An overview of the French situation and perspectives. *Journal of Sport Tourism* 4 (2), 24–47.

Pigeassou, C. (2002) Sport tourism as a growth sector: The French perspective. In S. Gammon and J. Kurtzman (eds) *Sport Tourism: Principles and Practice* (Vol. 76; pp. 129–140). Eastbourne: Leisure Studies Association.

Pigram, J.J. and Wahab, S. (1997) Sustainable tourism in a changing world. In S. Wahab and J.J. Pigram (eds) *Tourism, Development and Growth* (pp. 17–32). London: Routledge.

Pillay, U. and Bass, O. (2008) Mega-events as a response to poverty reduction: The 2010 FIFA World Cup and its urban development implications. *Urban Forum* 19 (3), 329.

Pitts, B.G. (1999) Sports tourism and niche markets: Identification and analysis of the growing lesbian and gay sports tourism industry. *Journal of Vacation Marketing* 5 (1), 31–50.

Plog, S. (1972) Why destination areas rise and fall in popularity. Paper presented at the Southern California Chapter of the Travel Research Bureau, San Diego, California, 10 October.

Poon, A. (1993) All-inclusive resorts. *Travel and Tourism Analyst* 2, 54–68.

Pope, S.W. (1997) Introduction: American sport history – toward a new paradigm. In S.W. Pope (ed.) *The New American Sport History: Recent Approaches and Perspectives* (pp. 1–30). Urbana: University of Chicago.

Porteous, B. (2000) Sports development: Glasgow. *Leisure Manager* 18 (11), 18–21.

Porter, D. and Smith, A. (eds) (2013) *Sport and National Identity in the Post-War World.* London: Routledge.

Preuss, H. (2005) The economic impact of visitors at major multi-sport events. *European Sport Management Quarterly* 5 (3), 281–301.

Preuss, H. (2007) The conceptualisation and measurement of mega sport event legacies. *Journal of Sport & Tourism* 12 (3–4), 207–228.

Preuss, H. (2015) A framework for identifying the legacies of a mega sport event. *Leisure Studies* 34 (6), 643–664.

Priestley, G.K. (1995) Sports tourism: The case of golf. In G.J. Ashworth and A.G.J. Dietvorst (eds) *Tourism and Spatial Transformations: Implications for Policy and Planning* (pp. 205–223). Wallingford: CABI.

Priestley, G.K. (2006) Planning implications of golf tourism. *Tourism and Hospitality Research* 6 (3), 170–178.

Pujik, R. (2000) A global media event?: Coverage of the 1994 Lillehammer Olympic Games. *International Review for the Sociology of Sport* 35 (3), 309–330.

Pyo, S., Uysal, M. and Howell, R. (1988) Seoul Olympics visitor preferences. *Tourism Management* 9 (1), 68–72.

Pyo, S., Cook, R. and Howell, R.L. (1991) Summer Olympic tourist market. In S. Medlik (ed.) *Managing Tourism* (pp. 191–198). Oxford: Butterworth-Heinemann.

Ramshaw, G. (2010a) Remembering the rink: Hockey, figure skating and the development of community league recreation in Edmonton. *Prairie Forum* 25 (2), 27–42.

Ramshaw, G. (2010b) Living heritage and the sports museum: Athletes, legacy and the Olympic Hall of Fame and Museum, Canada Olympic Park. *Journal of Sport & Tourism* 15 (1), 45–70.

Ramshaw, G. (2011) The construction of sport heritage attractions. *Journal of Tourism Consumption and Practice* 3 (1), 1–25.

Ramshaw, G. (2014a) Sport, heritage, and tourism. *Journal of Heritage Tourism* 9 (3), 191–196.

Ramshaw, G. (2014b) Too much nostalgia? A decennial reflection on the heritage classic ice hockey event. *Event Management* 18 (4), 473–478.

Ramshaw, G. and Gammon, S. (2005) More than just nostalgia? Exploring the heritage/sport tourism nexus. *Journal of Sport & Tourism* 10 (4), 229–241.

Ramshaw, G. and Gammon, S. (2010) On home ground? Twickenham stadium tours and the construction of sport heritage. *Journal of Heritage Tourism* 5 (2), 87–102.

Ramshaw, G. and Gammon, S. (2015) Heritage and sport. In *The Palgrave Handbook of Contemporary Heritage Research* (pp. 248–260). Basingstoke: Palgrave Macmillan UK.

Ramshaw, G. and Gammon, S. (2017) Towards a critical sport heritage: Implications for sport tourism. *Journal of Sport & Tourism* 21 (2), 115–131.

Ramshaw, G. and Hinch, T. (2006) Place identity and sport tourism: The case of the heritage classic ice hockey event. *Current Issues in Tourism* 9 (4&5), 399–418.

Redmond, G. (1990) Points of increasing contact: Sport and tourism in the modern world. In A. Tomlinson (ed.) *Sport in Society: Policy, Politics and Culture* (pp. 158–167). Eastbourne: Leisure Studies Association.

Redmond, G. (1991) Changing styles of sports tourism: Industry/consumer interactions in Canada, the USA and Europe. In M.T. Sinclair and M.J. Stabler (eds) *The Tourism Industry: An International Analysis* (pp. 107–120). Wallingford: CABI.

Reeves, M.R. (2000) Evidencing the sport–tourism relationship: A case study approach. Unpublished PhD thesis, Loughborough University.

Reis, A.C., Sousa Mast, F.R. and Vieira, M.C. (2013) Public policies and sports in marginalised communities: The case of Cidade de Deus, Rio de Janeiro, Brazil. *World Leisure Journal* 55 (3), 229–251.

Reis, A.C., Sousa Mast, F.R. and Gurgel, L.A. (2014) Rio 2016 and the sport participation legacies. *Leisure Studies* 33 (5), 437–453.

Reis, A.C., Vieira, M.C. and Sousa Mast, F.R. (2016) 'Sport for development' in developing countries: The case of de Vilas Olímpicas do Rio de Janeiro, Brazil. *Sport Management Review* 19, 107–119.

Reisinger, Y. and Steiner, C.J. (2005) Reconceptualising object authenticity. *Annals of Tourism Research* 33, 65–86.

Relph, E. (1976) *Place and Placelessness*. London: Pion Limited.

Relph, E. (1985) Geographical experiences and being-in-the-world: The phenomenological origins of geography. In D. Seamon and R. Mugerauer (eds) *Dwelling, Place and Environment* (pp. 15–31). Dordrecht: Nijhoff.

Richards, G. (1996) Skilled consumption and UK ski holidays. *Tourism Management* 17, 25–34.

Ritchie, B.W., Shipway, R. and Cleeve, B. (2009) Resident perceptions of mega-sporting events: A non-host city perspective of the 2012 London Olympic Games. *Journal of Sport & Tourism* 14 (2–3), 143–167.

Ritchie, J.B.R. (1984) Assessing the impact of hallmark events: Conceptual and research issues. *Journal of Travel Research* 23 (1), 2–11.

Ritchie, J.B.R. (1999) Policy formulation at the tourism/environment interface: Insights and recommendations from the Banff-Bow Valley study. *Journal of Travel Research* 38 (2), 100–110.

Ritchie, J.R.B. and Lyons, M. (1990) Olympulse VI: A post event assessment of resident reaction to the XV Olympic Winter Games. *Journal of Travel Research* Winter 28 (3), 14–23.

Roberts, R. and Olson, J. (1989) *Winning is the Only Thing: Sports in America since 1945*. Baltimore: The Johns Hopkins University Press.

Robins, K. (1991) Tradition and transition: National culture in its global context. In J. Corner and S. Harvey (eds) *Enterprise and Heritage* (pp. 21–44). London: Routledge.

Robins, K. (1997) What in the world is going on?. In P. Du Gay (ed.) *Production of Culture/Cultures of Production* (pp. 11–67). London: Sage Publications.

Robinson, H. (1979) *A Geography of Tourism*. London: MacDonald and Evans.

Robinson, J.S. (2010) The place of the stadium: English football beyond the fans. *Sport in Society* 13 (6), 1012–1026.

Roche, M. (1994) Mega-events and urban policy. *Annals of Tourism Research* 21, 1–19.

Roche, M. (2000) *Mega-Events and Modernity: Olympics and Expos in the Growth of Global Culture*. London: Routledge.

Rodriguez-Diaz, J.A., Knox, J.W. and Weatherhead, E.K. (2007) Competing demands for irrigation water: Golf and agriculture in Spain. *Irrigation and Drainage* 56 (5), 541–549.

Roehl, W., Ditton, R., Holland, S. and Perdue, R. (1993) Developing new tourism products: Sport fishing in the south-east United States. *Tourism Management* 14 (4), 279–288.

Rogerson, C.M. (2014) Partnerships, tourism, and community impacts. In A.A. Lew, C.M. Hall and A.M. Williams (eds) *The Wiley Blackwell Companion to Tourism* (pp. 600–610). Chichester: John Wiley & Sons.

Rooney, J.F. (1988) Mega sports events as tourist attractions: A geographical analysis. Paper presented at the Tourism Research: Expanding the Boundaries. Travel and Tourism Research Association, Nineteenth Annual Conference, Montreal, Quebec.

Rooney, J.F. (1992) *Atlas of American Sport*. New York: Macmillan Publishing Co.

Rooney, J.F. and Pillsbury, R. (1992) Sports regions of America. *American Demographics* 14 (10), 1–10.

Ross, C.M. and Sharpless, D.R. (1999) Innovative information technology and its impact on recreation and sport programming. *Journal of Physical Education, Recreation & Dance* 70 (9), 26–30.

Ross, G.F. (1998) *The Psychology of Tourism*. Melbourne: Hospitality Press.

Ross, S.D. (2007) Segmenting sport fans using brand associations: A cluster analysis. *Sport Marketing Quarterly* 16 (1), 15.

Rowe, D. (1996) The global love-match: Sport and television. *Media, Culture & Society* 18 (4), 565–582.

Rowe, D. and Lawrence, G. (1996) Beyond national sport: Sociology, history and postmodernity. *Sporting Traditions* 12 (2), 3–16.

Rowe, D., Lawrence, G., Miller, T. and McKay, J. (1994) Global sport? Core concern and peripheral vision. *Media, Culture and Society* 16 (4), 661–675.

Rowe, D., McKay, J. and Miller, T. (1998) Come together: Sport, nationalism, and the media image. In L. Wenner (ed.) *Mediasport* (pp. 119–133). London: Routledge.

Royal and Ancient Golf Club of St. Andrews (R&A) (2010) Using water efficiently. See http://golfcoursemanagement.randa.org/en/Environmental-Impact/Using-water-efficiently.aspx (accessed 10 May 2017).

Ruskin, H. (1987) Selected views of socio-economic aspects of outdoor recreation, outdoor education and sport tourism. In M. Garmise (ed.) *Proceedings of the International Seminar and Workshop on Outdoor Education, Recreation and Sport Tourism* (pp. 18–37). Natanya: Emmanuel Gill Publishing.

Rutty, M., Matthews, L., Scott, D. and Del Matto, T. (2014) Using vehicle monitoring technology and eco-driver training to reduce fuel use and emissions in tourism: A ski resort case study. *Journal of Sustainable Tourism* 22 (5), 787–800.

Rutty, M., Scott, D., Steiger, R. and Johnson, P. (2015) Weather risk management at the Olympic Winter Games. *Current Issues in Tourism* 18 (10), 931–946.

Rutty, M., Scott, D., Johnson, P., Pons, M., Steiger, R. and Vilella, M. (2017) Using ski industry response to climatic variability to assess climate change risk: An analogue study in Eastern Canada. *Tourism Management* 58, 196–204.

Ryan, C. (1995) *Researching Tourist Satisfaction: Issues, Concepts, Problems*. London: Routledge.

Ryan, C. and Lockyer, T. (2002) Masters' games—The nature of competitors' involvement and requirements. *Event Management* 7 (4), 259–270.

Ryan, C., Smee, A. and Murphy, S. (1996) Creating a database of events in New Zealand: Early results. *Festival Management and Event Tourism* 4 (3–4), 151–156.

Ryan, C. and Trauer, B. (2005) Sport tourist behaviour: The example of the Masters games. In J.E.S. Higham (ed.) *Sport Tourism Destinations: Issues, Opportunities and Analysis* (pp. 177–187). Oxford: Elsevier Butterworth Heinemann.

Saarinen, J. (2006) Traditions of sustainability in tourism studies. *Annals of Tourism Research* 33 (4), 1121–1140.

Sage, G. H. (2015) *Globalizing Sport: How Organizations, Corporations, Media, and Politics are Changing Sport*. New York: Routledge.

Salazar, N. (2005) Tourism and glocalization: 'Local' tour guiding. *Annals of Tourism Research* 32 (3), 628–646.

Sallis, J.F., Cervero, R.B., Ascher, W., Henderson, K.A., Kraft, M.K. and Kerr, J. (2006) An ecological approach to creating active living communities. *Annual Review of Public Health* 27, 297–322.

Sampson, K.A. and Goodrich, C.G. (2009) Making place: Identity construction and community formation through 'sense of place' in Westland, New Zealand. *Society & Natural Resources* 22 (10), 901–915.

Sant, S.L. and Mason, D.S. (2015) Framing event legacy in a prospective host city: Managing Vancouver's Olympic bid. *Journal of Sport Management* 29 (1), 42–56.

Santana, G. (1998) Sports tourism and crisis management. *Journal of Sport & Tourism* 4 (4), 12–29.

Saveriades, A. (2000) Establishing the social tourism carrying capacity for the tourist resorts of the east coast of the Republic of Cyprus. *Tourism Management* 21 (2), 147–156.

Scannell, L. and Gifford, R. (2010) Defining place attachment: A tripartite organizing framework. *Journal of Environmental Psychology* 30 (1), 1–10.

Schaffer, W. and Davidson, L. (1985) *Economic Impact of the Falcons on Atlanta: 1984*. Suwanee: The Atlanta Falcons.

Schlossberg, H. (1996) *Sports Marketing*. Oxford: Blakewell.

Schollmann, A., Perkins, H.C. and Moore, K. (2001) Rhetoric, claims making and conflict in touristic place promotion: The case of central Christchurch, New Zealand. *Tourism Geographies* 3 (3), 300–325.

Schreyer, R. and Lime, D.W. (1984) A novice isn't necessarily a novice: The influence of experience use history on subjective perceptions of recreation participation. *Leisure Sciences* 6 (2), 131–149.

Schreyer, R., Lime, D.W. and Williams, D.R. (1984) Characterizing the influence of past experience on recreation behaviour. *Journal of Leisure Research* 16 (1), 34–50.

Schulenkorf, N. (2009) An ex ante framework for the strategic study of social utility of sport events. *Tourism and Hospitality Research* 9 (2), 120–131.

Schumacher, D.G. (2015) Report on the Sports Tourism Industry. National Association of Sports Commissions US.

Schuster, R.M., Thompson, J.G. and Hammitt, W.E. (2001) Rock climbers' attitudes toward management of climbing and the use of bolts. *Environmental Management* 28 (3), 403–412.

Scott, D. (2006a) Global environmental change and mountain tourism. In S. Gössling and C.M. Hall (eds) *Tourism and Global Environmental Change* (pp. 54–75). London: Routledge.

Scott, D. (2006b) US ski industry adaptation to climate change: Hard, soft and policy strategies. In S. Gössling and C.M. Hall (eds) *Tourism and Global Environmental Change: Ecological, Social Economic and Political Interrelationships* (Chapter 15). Abingdon: Routledge.

Scott, D., Hall, C.M. and Gössling, S. (2016a) A review of the IPCC Fifth Assessment and implications for tourism sector climate resilience and decarbonization. *Journal of Sustainable Tourism* 24 (1), 8–30.

Scott, D., Hall, C.M. and Gössling, S. (2016b) A report on the Paris Climate Change Agreement and its implications for tourism: Why we will always have Paris. *Journal of Sustainable Tourism* 24 (7), 933–994.

Scott, D., Jones, B. and Konopek, J. (2007) Implications of climate and environmental change for nature-based tourism in the Canadian Rocky Mountains: A case study of Wateron Lakes National Park. *Tourism Management* 28 (2), 570–579.

Scott, D., Jones, B., Lemieux, C., McBoyle, G., Mills, B., Svenson, S. and Wall, G. (2002) The Vulnerability of Winter Recreation to Climatic Change in Ontario's Lakelands Tourism Region. (Occasional Paper Number 18.) Waterloo: Department of Geography Publication Series, University of Waterloo.

Scott, D. and McBoyle, G. (2007) Climate change adaptation in the ski industry. *Mitigation and Adaptation Strategies for Global Change* 12 (8), 1411.

Scott, D., McBoyle, G. and Minogue, A. (2007) Climate change and Quebec's ski industry. *Global Environmental Change* 17 (2), 181–190.

Scott, D., Steiger, R., Rutty, M. and Johnson, P. (2015) The future of the Olympic Winter Games in an era of climate change. *Current Issues in Tourism* 18 (10), 913–930.

Selin, S. and Chavez, D. (1995) Developing an evolutionary tourism partnership model. *Annals of Tourism Research* 22 (4), 844–856.

Sell, B. (2000, 4 April) Sport in sport-mad New Zealand under severe strain. *New Zealand Herald*, p. A:3.

Sennet, R. (1999) Growth and failure: The new political economy and its culture. In M. Featherstone and S. Lash (eds) *Spaces of Culture: City-Nation-World* (pp. 14–26). London: Sage.

Shank, M.D. and Lyberger, M.R. (2014) *Sports Marketing: A Strategic Perspective*. New York: Routledge.

Shapcott, M. (1998) Commentary on 'Urban Mega-Events, Evictions and Housing Rights: The Canadian Case' by Chris Olds. *Current Issues in Tourism* 1 (2), 195–196.

Sharpley, R. (2014) Tourism: A vehicle for development. In R. Sharpley and D.J. Telfer (eds) *Tourism and Development: Concepts and Issues* (2nd edn, pp. 3–30). Bristol: Channel View Publications.

Sheard, K. (1999) A twitch in time saves nine: Birdwatching, sport, and civilising processes. *Sociology of Sport Journal* 16 (3), 181–205.

Sheard, R. (2014) *Sports Architecture*. Oxford: Taylor & Francis.

Sherlock, K. (2001) Revisiting the concept of hosts and guests. *Tourist Studies* 1 (3), 271–295.

Shibli, S. (1998) The economic impact of two major sporting events in two of the United Kingdom's 'National Cities of Sport'. Paper presented at the Sport in the City Conference, Sheffield, UK, 2–4 July.

Shimizu, S. (2014) Tokyo: Bidding for the Olympics and the discrepancies of nationalism. *International Journal of the History of Sport* 31 (6), 601–617.

Shipway, R. (2008) Road trip: Understanding the social world of the distance runner as sport tourist. In Proceedings of CAUTHE 2008 Annual Conference: Tourism and Hospitality Research, Training and Practice: 'Where the "bloody hell" are we?', Griffith University, Gold Coast, Australia, 11–14 February.

Shipway, R., Holloway, I. and Jones, I. (2012) Organisations, practices, actors and events: Exploring inside the distance running social world. *International Review for the Sociology of Sport* 48 (3), 259–276.

Shipway, R. and Jones, I. (2007) Running away from home: Understanding visitor experiences and behaviour at sport tourism events. *International Journal of Tourism Research* 9 (5), 373–383.

Shipway, R., King, K., Lee, I.S. and Brown, G. (2016) Understanding cycle tourism experiences at the Tour Down Under. *Journal of Sport & Tourism* 20 (1), 21–39.

Shore, B. (1994) Marginal play: Sport at the borderlands of time and space. *International Review for the Sociology of Sport* 29 (4), 349–365.

Shultis, J. (2000) Gearheads and golems: Technology and wilderness recreation in the twentieth century. *International Journal of Wilderness* 6 (2), 17–18.

Silk, M. (2002) 'Bangsa Malaysia': Global sport, the city & the mediated refurbishment of local identities. *Media, Culture & Society* 25 (4), 775–794.

Silk, M. and Andrews, D.L. (2001) Beyond a boundary? Sport, transnational adverstising, and the reimaging of national culture. *Journal of Sport and Social Issues* 25 (2), 180–201.

Silk, M. and Jackson, S.J. (2000) Globalisation and sport in New Zealand. In C. Collins (ed.) *Sport in New Zealand Society* (pp. 99–113). Palmerston North: Dunmore Press.

Silvestre, G. and Oliveira, N.G. (2012) The revanchist logic of mega-events: Community displacement in Rio de Janeiro's West End. *Visual Studies* 27 (2), 204–210.

Simmons, D. and Urquhart, L. (1994) Measuring economic events: An example of endurance sports events. *Festival Management and Event Tourism* 2 (1), 25–32.

Simpson, J.A. and Weiner, E.S.C. (eds) (1989) *The Oxford English Dictionary* (2nd edn; Vol. XVII). Oxford: Clarendon Press.

Sims R., Schaeffer, R., Creutzig, F., Cruz-Núñez, X., D'Agosto, M., Dimitriu, D., Figueroa Meza, M.J., Fulton, L., Kobayashi, S., Lah, O., McKinnon, A., Newman, P., Ouyang, M., Schauer, J.J., Sperling, D. and Tiwari, G. (2014) Transport. In O. Edenhofer, R. Pichs-Madruga, Y. Sokona, E. Farahani, S. Kadner, K. Seyboth, A. Adler, I. Baum, S. Brunner, P. Eickemeier, B. Kriemann, J. Savolainen, S. Schlömer, C. von Stechow, T. Zwickel and J.C. Minx (eds) *Climate Change 2014: Mitigation of Climate Change. Contribution of Working Group III to the Fifth Assessment Report of the Intergovernmental Panel on Climate Change.* Cambridge, UK/New York: Cambridge University Press.

Slowikowski, S.S. and Loy, J.W. (1993) Ancient athletic motifs and the modern Olympic games: An analysis of rituals and representations. In A.G. Ingham and J.W. Loy (eds) *Sport in Social Development* (pp. 21–49). Champaign: Human Kinetics.

Smith, A. (2000) Civil war in England: The clubs, the RFU, and the impact of professionalism on rugby union, 1995–99. In A. Smith and D. Porter (eds) *Amateurs and Professionals in Post-War British Sport* (pp. 146–188). London: Frank Cass Publishers.

Smith, A. (2005) Reimaging the city: The value of sport initiatives. *Annals of Tourism Research* 32 (1), 217–236.

Smith, A. (2010) The development of 'sports-city' zones and their potential value as tourism resources for urban areas. *European Planning Studies* 18 (3), 385–410.

Smith, S.L.J. (1983) *Recreation Geography.* London: Longman.

Snepenger, D., Houser, B. and Snepenger, M. (1990) Seasonality of demand. *Annals of Tourism Research* 17 (4), 628–630.

Snyder, E. (1991) Sociology of nostalgia: Halls of fame and museums in America. *Sociology of Sport Journal* 8 (3), 228–238.

Sonmez, S.F., Apolstolopoulos, Y. and Talow, P. (1999) Tourism in crisis: Managing the effects of terrorism. *Journal of Travel Research* 38 (1), 13–18.

Sousa Mast, F.R., Reis, A.C., Gurgel, L.A. and Duarte, A.F.P.L.A. (2013) Are cariocas getting ready for the games? Sport participation and the Rio de Janeiro 2016 Olympic Games. *Managing Leisure* 18 (4), 331–335.

Sousa Mast, F.R., Reis, A.C., Sperandei, S., Gurgel, L., Vieira, M.C. and Pühse, U. (2016) Physical activity levels of economically disadvantaged women living in the Olympic city of Rio de Janeiro. *Women & Health.* doi: 10.1080/03630242.2015.1101745.

Spinney, J. (2006) A place of sense: A kinaesthetic ethnography of cyclists on Mont Ventoux. *Environment and Planning D: Society and Space* 24 (5), 707–732.

Spivack, S.E. (1998) Health spa development in the US: A burgeoning component of sport tourism. *Journal of Vacation Marketing* 4 (1), 65–77.

Sport Tourism International Council (1995) Sport tourism categories revisited. *Journal of Sport Tourism* 2 (3), 6–11.

Sport Tourism International Council (1998) Case study of a sports tourism destination: Lake Placid and region. *Journal of Sport Tourism* 4 (4), 36–38.

Spracklen, K. (2013) *Leisure, Sports & Society.* Basingstoke: Palgrave Macmillan.

Spurr, R. (1999) Tourism. In R. Cashman and A. Hughes (eds) *Staging the Olympics: The Event and its Impact* (pp. 148–156). Sydney: UNSW Press.

Standeven, J. and De Knop, P. (1999) *Sport Tourism.* Champaign: Human Kinetics.

Stanley, D. and Moore, S. (1997) Counting the leaves: The dimensions of seasonality in Canadian tourism. Paper presented at the Proceedings of the Travel and Tourism Research Association, Canadian Chapter, University of Manitoba, Winnipeg.

Stansfield, C.J. (1978) The development of modern seaside resorts. *Parks and Recreation* 5 (10), 14–46.

Stebbins, R.A. (2007) *Serious Leisure: A Perspective for Our Time* (Vol. 95). New Brunswick: Transaction Publishers.

Steele, W. (2006) Engaging rock climbers: Creating opportunities for collaborative planning and management in protected areas. *Australasian Parks and Leisure* 9 (2), 42–48.

Steenveld, L. and Strelitz, L. (1998) The 1995 Rugby World Cup and the politics of nation-building in South Africa. *Media, Culture & Society* 20 (4), 609–629.

Steiger, R. (2010) The impact of climate change on ski season length and snowmaking requirements in Tyrol, Austria. *Climate Research* 43 (3), 251–262.

Steiger, R. (2011a) The impact of climate change on ski touristic demand using an analogue approach. In K. Weiermair, H. Pechlahner, A. Strobl, M. Elmi and M. Schuckert (eds) *Coping with Global Climate Change. Strategies, Policies and Measures for the Tourism Industry* (pp. 247–256). Innsbruck: Innsbruck University Press.

Steiger, R. (2011b) The impact of snow scarcity on ski tourism. An analysis of the record warm season 2006/07 in Tyrol (Austria). *Tourism Review* 66 (3), 4–15.

Steiger, R. and Abegg, B. (2018) Ski areas' competitiveness in the light of climate change: Comparative analysis in the Eastern Alps. In D.K. Müller and M. Więckowski (eds) *Tourism in Transitions: Recovering Decline, Managing Change* (pp. 187–199). Cham: Springer.

Steiger, R. and Stötter, J. (2014) Climate change impact assessment of ski tourism in Tyrol. *Tourism Geographies* 15 (4), 577–600.

Stepchenkova, S. and Zhan, F. (2013) Visual destination images of Peru: Comparative content analysis of DMO and user-generated photography. *Tourism Management* 36, 590–601.

Stevens, T. (1998) Capitalising on sport: Cardiff's future strategy. Paper presented at the Sport in the City Conference. Sheffield, UK, 2–4 July 1998.

Stevens, T. (2001) Stadia and tourism-related facilities. *Travel and Tourism Analyst* (2), 59–73.

Stevens, T. and van den Broek, M. (1997) Sport and tourism: Natural partners in strategies for tourism development. *Tourism Recreation Research* 22 (2), 1–3.

Stevens, T. and Wooton, G. (1997) Sports stadia and arena: Realising their full potential. *Tourism Recreation Research* 22 (2), 49–56.

Stevenson, D. (1997) Olympic Arts: Sydney 2000 and the Cultural Olympiad. *International Review for the Sociology of Sport* 32 (3), 227–238.

Stewart, B. (2001) Fab club. *Australian Leisure Management* October/November, 16–19.

Stewart, B. and Smith, A. (2000) Australian sport in a postmodern age. *International Journal of the History of Sport* 17 (2–3), 278–304.

Stewart, B., Smith, A. and Nicholson, M. (2003) Sport consumer typologies: A critical review. *Sport Marketing Quarterly* 12 (4), 206–216.

Stewart, J.J. (1987) The commodification of sport. *International Review for the Sociology of Sport* 22, 170–190.

Stranger, M. (2010) Surface and substructure: Beneath surfing's commodified surface. *Sport in Society* 13 (7–8), 1117–1134.

Sugden, J. and Tomlinson, A. (1996) What's left when the circus leaves town? An evaluation of World Cup USA 1994. *Sociology of Sport Journal* 13 (3), 238–258.

SUKOM (1996) 'Let's Make It Great' (Issue No. 3, Restricted Circulation). Report to the General Assembly of the Commonwealth Games Federation. SUKOM 98 Berhad, Kuala Lumpur.

SUKOM (1998) Walkabout: Special edition for Kuala Lumpur 98. Kuala Lumpur: Malaysia-On-Call Sdn. Bhd./SUKOM 98 Berhad.

Swarbrooke, J. and Horner, S. (1999) *Consumer Behaviour in Tourism*. Oxford: Butterworth Heinemann.

Swart, K. (2000) An assessment of sport tourism curricular offerings at academic institutions. *Journal of Sport & Tourism* 6 (1), 5–9.

Sylvester, C. (1999) The western idea of work and leisure: Traditions, transformations, and the future. In E.L. Jackson and T.L. Burton (eds) *Leisure Studies: Prospects for the Twenty-First Century* (pp. 17–33). State College: Venture Publishing, Inc.

Tabata, R. (1992) Scuba diving holidays. In B. Weiler and C.M. Hall (eds) *Special Interest Tourism* (pp. 171–184). London: Belhaven Press.

Taks, M. (2013) Social sustainability of non-mega sport events in a global world. *European Journal for Sport and Society* 10 (2), 121–141.

Taks, M., Chalip, L. and Green, B.C. (2015) Impacts and strategic outcomes from non-mega sport events for local communities. *European Sport Management Quarterly* 15 (1), 1–6.

Taks, M., Chalip, L., Green, B.C., Kesenne, S. and Martyn, S. (2009) Factors affecting repeat visitation and flow-on tourism as sources of event strategy sustainability. *Journal of Sport & Tourism* 14 (2–3), 121–142.

Taks, M. and Scheerder, J. (2006) Youth sports participation styles and market segmentation profiles: Evidence and applications. *European Sport Management Quarterly* 6 (2), 85–121.

Tan, A. (1998) Critical success factors in sports tourism development: Their applicability to Singapore. *Journal of Sport & Tourism* 5 (1), 21–34.

Tassiopoulos, D. and Haydam, N. (2008) Golf tourists in South Africa: A demand-side study of a niche market in sports tourism. *Tourism Management* 29 (5), 870–882.

Teigland, J. (1999) Mega-events and impacts on tourism: The predictions and realities of the Lillehammer Olympics. *Impact Assessment and Project Appraisal* 17 (4), 305–317.

Thamnopoulos, Y. and Gargalianos, D. (2002) Ticketing the large scale events: The case of Sydney 2000 Olympic Games. *Facilities* 20 (1–2), 22–33.

The Japan News/Yomiuri (2017) Japan to shoulder part of the security costs for Tokyo Olympic Games. See http://www.standard.net/World/2017/04/03/Japan-to-shoulder-part-of-security-costs-for-Tokyo-Olympic-Games (accessed 20 July 2017).

Thibault, L. (2009) Globalization of sport: An inconvenient truth. *Journal of Sport Management* 2, 1–20.

Thompson, S.M. (1985) Women in sport: Some participation patterns in New Zealand. *Leisure Studies* 4 (3), 321–331.

Thompson, S.M. (1988) Challenging the hegemony: New Zealand women's opposition to rugby and the reproduction of a capitalist patriarchy. *International Review for the Sociology of Sport* 23 (3), 205–211.

Thompson, S.M. (1990) Thank the ladies for the plates': The incorporation of women into sport. *Leisure Studies* 9 (2), 135–143.

Thomson, R. (2000) Physical activity through sport and leisure: Traditional versus non-competitive activities. *Journal of Physical Education New Zealand* 33 (1), 34–39.

Thornley, A. (2002) Urban regeneration and sports stadia. *European Planning Studies* 10 (7), 813–818.

Thorpe, H. (2011) *Snowboarding Bodies in Theory and Practice*. Basingstoke: Palgrave Macmillan.

Throssell, C., Lyman, G., Johnson, M., Stacey, G. and Brown, C. (2009) Golf course environmental profile measures water use, source, cost, quality, and management and conservation strategies. *Applied Turfgrass Science*. doi:10.1094/ATS-2009-0129-01-RS.

Timothy, D. and Boyd, S.W. (2002) *Heritage Tourism*. London: Prentice Hall.

Todorova, V. (2015) Special report: Saving water in the UAE. The National UAE. See http://www.thenational.ae/uae/environment/special-report-saving-water-in-the-uae (accessed 24 June 2017).

Tokarski, W. (1993) Leisure, sports and tourism: The role of sports in and outside holiday clubs. In A.J. Veal, P. Jonson and G. Cushman (eds) *Leisure and Tourism. Social and Environmental Change* (pp. 684–686). Sydney: World Leisure and Recreation Association.

Tolkach, D., Chon, K.K. and Xiao, H. (2016) Asia Pacific tourism trends: Is the future ours to see? *Asia Pacific Journal of Tourism Research* 21 (10), 1071–1084.

Tomlinson, A. (1996) Olympic spectacle: Opening ceremonies and some paradoxes of globalization. *Media, Culture & Society* 18 (4), 583–602.

Tomlinson, A. (1999) *The Game's Up: Essays in the Cultural Analysis of Sport, Leisure and Popular Culture.* Aldershot: Ashgate Publishing Ltd.

Tomlinson, R., Bass, O. and Bassett, T. (2011) Before and after the vuvuzela: Identity, image and mega-events in South Africa, China and Brazil. *South African Geographical Journal* 93 (1), 38–48.

Tourist Authorities of Göteborg (2002) Gothia Cup. See http://www.gothiacup.se (accessed 24 October 2002).

Tow, S. (1994) Sports tourism: The benefits. *Journal of Sport Tourism* 2 (1), 1–7.

Traer, R. (2002) CEO: Canadian Sport Tourism Alliance. Personal communication, 1 November.

Trauer, B. and Ryan, C. (2005) Destination image, romance and place experience: An application of intimacy theory in tourism. *Tourism Management* 26 (4), 481–491.

Travel News (2010) Sport tourism – Britain's great cash cow. See http://www. breakingtravelnews.com/news/article/sport-tourists-flock-to-britain/ (accessed 22 March 2017).

Tresidder, R. (1999) Tourism and sacred landscapes. In D. Crouch (ed.) *Leisure and Tourism Geographies* (pp. 137–148). London: Routledge.

Tsai, J.L. (2007) Ideal affect: Cultural causes and behavioral consequences. *Perspectives on Psychological Science* 2 (3), 242–259.

Tsai, J.L., Knutson, B. and Fung, H.H. (2006) Cultural variation in affect valuation. *Journal of Personality and Social Psychology* 90 (2), 288–307.

Tuan, Y.F. (1974) *Topophilia: A Study of Environmental Perception, Attitudes, and Values.* Englewood Cliffs: Prentice Hall.

Tuan, Y.F. (1975) Place: An experiential perspective. *Geographical Review* 65 (2), 151–165.

Tuan, Y.F. (1977) *Space and Place: The Perspective of Experience.* Minneapolis: University of Minnesota Press.

Tuck, J. (2003) Making sense of emerald commotion: Rugby union, national identity and Ireland. *Identities: Global Studies in Culture and Power* 10 (4), 495–515.

Tuppen, J. (2000) The restructuring of winter sports resorts in the French Alps: Problems, processes and policies. *International Journal of Tourism Research* 2 (5), 327–344.

Turco, D.M. (1998) Travelling and turnovers. Measuring the economic impacts of a street basketball tournament. *Journal of Sport & Tourism* 5 (1), 7–14.

Turco, D.M., Riley, R. and Swart, K. (2002) *Sport Tourism.* Morgantown, WV: Fitness Information Technology.

UNFCCC (2015) Adoption of the Paris Agreement. See https://unfccc.int/resource/docs/2015/cop21/eng/l09r01.pdf (accessed 31 May 2016).

United Nations (2008) International Recommendations for Tourism Statistics 2008. Statistics Division Series M No. 83/Rev. 1, Department of Economic and Social Affairs, New York.

United Nations (2015) Transforming Our World: The 2030 Agenda for Sustainable Development. See https://sustainabledevelopment.un.org/post2015/transformingourworld (accessed 10 September 2011).

United Nations (2017) Sports and Human Rights. See http://www.ohchr.org/EN/NewsEvents/Pages/SportsandHumanRights.aspx (accessed 9 September 2017).

United States Golf Association (USGA) (2014) Is your course environmentally and economically sound?. See http://www.usga.org/course-care/usga-sustainability.html (accessed 23 February 2017).

Unruh, D. (1980) The nature of social worlds. *Pacific Sociological Review* 23, 271–296.

Upneja, A., Schafer, E.L., Seo, W. and Yoon, J. (2001) Economic benefit of sport fishing and angler wildlife watching in Pennysylvania. *Journal of Travel Research* 40 (1), 68–78.

Uriely, N. (1997) Theories of modern and postmodern tourism. *Annals of Tourism Research* 24 (4), 982–985.

Urry, J. (1990) *The Tourist Gaze: Leisure and Travel in Contemporary Societies*. London: Sage.

Usher, L.E. and Gomez, E. (2016) Surf localism in Costa Rica: Exploring territoriality among Costa Rican and foreign resident surfers. *Journal of Sport & Tourism* 20 (3–4), 195–216.

Van Wynsberghe, R. and Ritchie, I. (1998) *(Ir)Relevant Ring: The Symbolic Consumption of the Olympic Logo in Postmodern Media Culture*. Albany: State University of New York Press.

Videira, N., Correia, A., Alves, I., Ramires, C., Subtil, R. and Martins, V. (2006) Environmental and economic tools to support sustainable golf tourism: The Algarve experience, Portugal. *Tourism and Hospitality Research* 6 (3), 204–217.

Vieira, M.C., Sperandei, S., Reis, A.C. and Silva, C.G.T. (2013) An analysis of the suitability of public spaces to physical activity practice in Rio de Janeiro. *Preventive Medicine* 57 (3), 198–200.

Vincent, J., Hill, J.S. and Lee, J.W. (2009) The multiple brand personalities of David Beckham: A case study of the Beckham brand. *Sport Marketing Quarterly* 18 (3), 173.

Voumard, S. (1995, 25 November) Jonah's Big Date. *The Sydney Morning Herald*, p. 14.

Wahab, S. and Pigram, J.J. (eds) (1997) *Tourism Development and Growth: The Challenge of Sustainability*. London: Routledge.

Wahab, S. and Cooper, C. (2001) *Tourism in the Age of Globalisation*. London: Routledge.

Walker, G.J. and Virden, R.J. (2005) Constraints on outdoor recreation. In E. Jackson (ed.) *Constraints to Leisure* (pp. 201–219). State College: Venture Publishing.

Walker, G.J., Deng, J. and Dieser, R.B. (2001) Ethnicity, acculturation, self-construal, and motivations for outdoor recreation. *Leisure Sciences* 23 (4), 263–283.

Walker, G.J., Hinch, T. and Higham, J. (2010) Athletes as tourists: The roles of mode of experience and achievement orientation. *Journal of Sport & Tourism* 15 (4), 287–305.

Walker, S. (2001) Sport mad nation?. *Australian Leisure Management* October/November, 32–35.

Wall, G. (1997) Sustainable tourism: Unsustainable development In S. Wahab and J.J. Pigram (eds) *Tourism, Development and Growth* (pp. 33–49). London: Routledge.

Wall, G. and Mathieson, A. (2005) *Tourism: Change, Impacts, and Opportunities*. Harlow: Pearson College Div.

Wang, N. (1999) Rethinking authenticity in tourism experience. *Annals of Tourism Research* 26 (2), 349–370.

Ward, T. (2009) Sport and national identity. *Soccer & Society* 10 (5), 518–531.

Warshaw, M. (2010) *The History of Surfing*. San Francisco, CA: Chronicle Books.

Washington, R.E. and Karen, D. (2001) Sport and society. *Annual Review of Sociology* 27, 187–212.

Watson, A.E. and Roggenbuck, J.W. (1991) The influence of past experience on wilderness choice. *Journal of Leisure Research* 23 (1), 21–36.

Weaver, D. and Lawton, L. (2002) *Tourism Management*. Brisbane: Wiley & Sons.

Webb, S. and Magnussen, B. (2002) Evaluating major sports events as cultural icons and economic drivers: A case study of Rugby World Cup 1999. Paper presented at Tourism Research 2002, an international interdisciplinary conference in Cardiff, Wales.

Wedemeyer, B. (1999) Sport and terrorism. In J. Riordan and A. Kruger (eds) *The International Politics of Sport in the 20th Century* (pp. 217–233). London: E&FN Spon.

Weed, M.E. (1999) 'More than sports holidays': An overview of the sport–tourism link. In M. Scarrott (ed.) *Exploring Sports Tourism: Proceedings of a SPRIG Seminar held at the University of Sheffield on 15 April 1999* (pp. 6–28). Sheffield: Sheffield Hallam University.

Weed, M.E. (2002) Football hooligans as undesirable sports tourists: Some meta-analytical speculations. In S. Gammon and J. Kurtzman (eds) *Sport Tourism: Principles and Practice* (pp. 35–52). Eastbourne: Leisure Studies Association.

Weed, M.E. (2003) Why the two won't tango! Explaining the lack of integrated policies for sport and tourism in the UK. *Journal of Sport Management* 17 (3), 258–283.

Weed, M.E. (2005) Research synthesis in sport management: Dealing with 'chaos in the brickyard'. *European Sport Management Quarterly* 5 (1), 77–90.

Weed, M.E. (2006) Sports tourism research 2000–2004: A systematic review of knowledge and a meta-evaluation of method. *Journal of Sport & Tourism* 11, 5–30.

Weed, M.E. (2007) *Olympic Tourism*. London: Routledge.

Weed, M.E. (2009) Progress in sports tourism research? A meta-review and exploration of futures. *Tourism Management* 30 (5), 615–628.

Weed, M.E. (2010) Sport fans and travel: Is 'being there' always important. *Journal of Sport & Tourism* 15, 103–109.

Weed, M.E. (2011) *The Journal of Sport & Tourism*: A maturing literature. In T.D. Hinch and J.E.S. Higham (eds) *Sport Tourism Development* (2nd edn; pp. 447–450). Bristol: Channel View Publications.

Weed, M.E. and Bull, C. (1997a) Integrating sport and tourism: A review of regional policies in England. *Progress in Tourism and Hospitality Research* 3 (2), 129–148.

Weed, M.E. and Bull, C. (1997b) Influences on sport tourism relations in Britain: The effects of government policy. *Tourism Recreation Research* 22 (2), 5–12.

Weed, M.E. and Bull, C. (1998) The search for a sport tourism policy network. In I. Cooper and M.F. Collins (eds) *Leisure Management: Issues and Applications* (pp. 277–298). Wallingford: CABI.

Weed, M.E. and Bull, C. (2004) *Sport Tourism: Participants, Policy and Providers*. Oxford: Butterworth-Heinemann.

Weed, M.E. and Bull, C. (2009) *Sports Tourism: Participants, Policy and Providers* (2nd edn). Oxford: Butterworth-Heinemann.

Weed, M.E. and Bull, C. (2012) *Sports Tourism: Participants, Policy and Providers* (2nd edn). London: Routledge.

Weed, M.E., Bull, C., Brown, M., Dowse, S., Lovell, J., Mansfield, L. and Wellard, I. (2014) A systematic review and meta-analyses of the potential local economic impact of tourism and leisure cycling and the development of an evidence-based market segmentation. *Tourism Review International* 18 (1), 37–55.

Weighill, A.J. (2002) Canadian Domestic Sport Travel in 2001. Report prepared for Statistics Canada and the Canadian Tourism Commission, Ottawa, Canada.

Weiss, O., Norden, G., Hilscher, P. and Vanreusel, B. (1998) Ski tourism and environmental problems: Ecological awareness among different groups. *International Review for the Sociology of Sport* 33 (4), 367–380.

Wellard, I. (2016) *Researching Embodied Sport: Exploring Movement Cultures*. London: Routledge.

Wheaton, B. (2000) 'Just do it?': Consumption, commitment, and identity in the windsurfing subculture. *Sociology of Sport Journal* 17 (3), 254–274.

Wheaton, B. (ed.) (2004) *Understanding Lifestyle Sport: Consumption, Identity and Difference*. London: Routledge.

Wheaton, B. (2007) After sport culture: Rethinking sport and post-subcultural theory. *Journal of Sport and Social Issues* 31 (3), 283–307.

Wheaton, B. (2013) *The Cultural Politics of Lifestyle Sports*. London: Routledge.

Wheeller, B. (1991) Tourism's troubled times: Responsible tourism is not the answer. *Tourism Management* June, 91–96.

Wheeler, K. and Nauright, J. (2006) A global perspective on the environmental impact of golf. *Sport in Society* 9 (3), 427–443.

Whistler Blackcomb (2017) See https://www.whistlerblackcomb.com/ (accessed 2 September 2017).

White, P. and Wilson, B. (1999) Distinctions in the stands. An investigation of Bourdieu's 'habitus', socioeconomic status and sport spectatorship in Canada. *International Review for the Sociology of Sport* 34 (3), 245–264.

Whitson, D. (2004) Bringing the world to Canada: 'The periphery of the centre'. *Third World Quarterly* 25 (7), 1215–1232.

Whitson, D. and Macintosh, D. (1996) The global circus: International sport, tourism and the marketing of cities. *Journal of Sport and Social Issues* 20 (3), 278–295.

Wicker, P., Hallmann, K. and Breuer, C. (2013) Analyzing the impact of sport infrastructure on sport participation using geo-coded data: Evidence from multi-level models. *Sport Management Review* 16 (1), 54–67.

Wiley, C.E., Shaw, S.M. and Havitz, M.E. (2000) Men's and women's involvement in sports: An examination of the gendered aspects of leisure involvement. *Leisure Sciences* 22 (1), 19–31.

Williams, J. (1994) The local and the global in English soccer and the rise of satellite television. *Sociology of Sport Journal* 11 (4), 376–397.

Williams, D.R. and Champ, J.G. (2015) Performing leisure, making place: Wilderness identity and representation in online trip reports. In S. Gammon and S. Elkington (eds) *Landscapes of Leisure: Space, Place and Identities* (pp. 220–232). Basingstoke: Palgrave Macmillan.

Williams, D.R. and Kaltenborn, P. (1999) Leisure places and modernity: The use and meaning of recreational cottages in Norway and the USA. In D. Crouch (ed.) *Leisure/Tourism Geographies: Practices and Geographical Knowledge* (pp. 214–230). London: Routledge.

Williams, D.R., Patterson, M., Roggenbuck, J. and Watson, A. (1992) Beyond the commodity metaphor: Examining emotional and symbolic attachment to place. *Leisure Sciences* 14, 29–46.

Williams, A.M. and Shaw, G. (eds) (1988) *Tourism and Economic Development: Western European Experiences*. London: Belhaven.

Wilson, H. (1996) What is an Olympic city? Visions of Sydney 2000. *Media, Culture & Society* 18 (4), 603–618.

Wilson, H. (1998) Television's tour de force: The nation watches the Olympic Games. In D. Rowe and G. Lawrence (eds) *Tourism, Leisure and Sport: Critical Perspectives* (pp. 135–145). Sydney: Hodder Headline.

Wolbier, J. (2004) Matters of scale: Planet golf. *World Watch Magazine*, 17, np.

Wood, I. (1998, 2–4 July) Hong Kong: The event capital of Asia. Case studies on the International Dragon Boat Championships and Hong Kong Rugby Sevens. Paper presented at the Sport in the City, Sheffield, UK.

Woods, R. (2016) *Social Issues in Sport*. Champaign, IL: Human Kinetics.

Woodman, T. and Hardy, L. (2001) A case study of organizational stress in elite sport. *Journal of Applied Sport Psychology* 13 (2), 207–238.

Woolley-Fisher, P. and Chambers, E.J. (1990) The Edmonton Eskimos: An economic impact study (unpublished report). Western Centre for Economic Research, Edmonton, Canada.

World Commission on Environment and Development (WCED) (1987) *Our Common Future (The Bruntland Report)*. London: Oxford University Press.

World Tourism Organisation (1981) *Technical Handbook on the Collection and Presentation of Domestic and International Tourism Statistics*. Madrid: World Tourism Organization.

World Tourism Organisation (1994) *National and Regional Tourism Planning: Methodologies and Case Studies.* London: Routledge.

World Tourism Organisation (2001) *Tourism after 11 September 2001: Analysis, Remedial Actions and Prospects* (Special Report, Number 18, Market Intelligence Section). Madrid: World Tourism Organisation.

World Tourism Organisation (2002) *Tourism Recovery Already Underway.* Madrid: World Tourism Organisation.

World Tourism Organisation (2016) UNWTO tourism highlights, 2016 edition. See http://www.e-unwto.org/doi/pdf/10.18111/9789284418145 (accessed 25 January 2017).

World Tourism Organisation and International Olympic Committee (2001) Sport and Tourism: Sport Activities During the Outbound Holidays of the Germans, the Dutch and the French. Report published by the World Tourism Organisation and International Olympic Committee, Madrid.

Wright, J. and Clarke, G. (1999) Sport, the media and the construction of compulsory heterosexuality: A case study of women's rugby union. *International Review for the Sociology of Sport* 34 (3), 227–243.

Wynveen, C.J., Kyle, G.T. and Sutton, S.G. (2012) Natural area visitors' place meaning and place attachment ascribed to a marine setting. *Journal of Environmental Psychology* 32 (4), 287–296.

Xiang, Z. and Gretzel, U. (2010) Role of social media in online travel information search. *Tourism Management* 31 (2), 179–188.

Yamaguchi, S., Akiyoshi, R., Yamaguchi, Y. and Nogawa, H. (2015) Assessing the effects of service quality, past experience, and destination image on behavioral intentions in the spring training camp of a Japanese professional baseball team. *Journal of Convention & Event Tourism* 16 (3), 228–252.

Yang, L. and Wall, G. (2009) Ethnic tourism: A framework and an application. *Tourism Management* 30 (4), 559–570.

Yeoman, I., Brass, D. and McMahon-Beattie, U. (2007) Current issue in tourism: The authentic tourist. *Tourism Management* 28 (4), 1128–1138.

Yiannakis, A. (1975) A theory of sport stratification. *Sport Sociology Bulletin* 4, 22–32.

Yiannakis, A. and Gibson, H. (1992) Roles tourists play. *Annals of Tourism Research* 19 (2), 287–303.

Young, K. and Smith, M.D. (1988) Mass media treatment of violence in sport and its effects. *Current Psychology: Research & Reviews* 7 (4), 298–311.

Yusof, A. and Douvis, J. (2001) An examination of sport tourist profiles. *Journal of Sport Tourism* 6 (3), 1–10.

Zapata Campos, M.J. (2014) Partnerships, tourism, and community impacts. In A.A. Lew, C.M. Hall and A.M. Williams (eds) *The Wiley Blackwell Companion to Tourism* (pp. 567–577). Chichester: John Wiley & Sons.

Zhu, P. (2009) Studies on sustainable development of ecological sports tour resources and its industry. *Journal of Sustainable Development* 2 (2), 1–4.